汉译世界文学名著丛书

大洋国

〔英〕詹姆士·哈林顿 著

何新 译

James Harrington
OCEANA
Edited By
S. B. Liljegren
HEIDELBERG 1924
CARL WINTERS UNIVERSITÄTSBUCHHANDLUNG
根据海德堡卡尔·温特斯大学书店 1924 年版译出

汉译世界文学名著丛书
出版说明

1902年，我馆筹组编译所之初，即广邀名家，如梁启超、林纾等，翻译出版外国文学名著，风靡一时；其后策划多种文学翻译系列丛书，如"说部丛书""林译小说丛书""世界文学名著""英汉对照名家小说选"等，接踵刊行，影响甚巨。从此，文学翻译成为我馆不可或缺的出版方向，百余年来，未尝间断。2021年，正值"汉译世界学术名著丛书"出版40周年之际，我馆规划出版"汉译世界文学名著丛书"，赓续传统，立足当下，面向未来，为读者系统提供世界文学佳作。

本丛书的出版主旨，大凡有三：一是不论作品所出的民族、区域、国家、语言，不论体裁所属之诗歌、小说、戏剧、散文、传记，只要是历史上确有定评的经典，皆在本丛书收录之列，力求名作无遗，诸体皆备；二是不论译者的背景、资历、出身、年龄，只要其翻译质量合乎我馆要求，皆在本丛书收录之列，力求译笔精当，抉发文心；三是不论需要何种付出，我馆必以一贯之定力与努力，长期经营，积以时日，力求成就一套完整呈现世界文学经典全貌的汉译精品丛书。我们衷心期待各界朋友推荐佳作，携稿来归，批评指教，共襄盛举。

商务印书馆编辑部
2021年8月

目　录

《大洋国》引言 …………………………………… 1

绪言 ……………………………………………… 8

绪言（第二部分）………………………………… 57

立法议会 ………………………………………… 89

大洋国的典章制度 ……………………………… 92

关于整个共和国的总结 ………………………… 288

结论 ……………………………………………… 300

人名对照表 ……………………………………… 327

《大洋国》引言

有一位歌颂者对大洋国[①]曾作过这样的礼赞:"啊!大洋国,你是天地间最幸运的国家!你得天独厚而又当之无愧。你那永远五谷丰登的原野不会被冰雪所封,也不会有赤日流浆的时候。塞里斯和巴克斯[②]永远是你那里形影不离的一对座上客。你的森林不是食人猛兽的窝巢;你那一望无际的草原也不是毒蛇的渊薮,而是无数牛羊的牧草,供给你——牛羊的放牧者,丰美的乳汁和金黄色的羊毛。夜幕并没有把你笼罩在黑暗的恐怖中,反而使你产生一种柔和的感觉。你的白昼是我们珍视生命的原因,也是最长

[①] 根据传统说法,大洋国指的是英国。诗人汤姆森(Thomson)对这种传统曾作详细描叙。早在击败无敌舰队以前,英国在文学传统中就被称为"天然的海上皇后"。

本书中有两句话说:"海洋为威尼斯的成长定下了法律;而大洋国的成长则为海洋定下了法律。"英国历史和考古学家坎登(Camden)说英国是一个"海上贵妇"。这些似乎都明确地说明,英国人把自己的国家看作是威尼斯的后继者。十九世纪,符洛德(Froude)写了一本书,名为《大洋国或英国及其殖民地》,他的概念就是从本书作者这里取得的。

[②] 根据神话,塞里斯(Ceres)是专司谷物的女神,巴克斯(Bacchus)是酒神,意谓大洋国永远五谷丰登,酒食不愁。——译者

的白昼。"正像贝蒂厄斯①所说的,普里尼这段狂热的赞颂②看来既是指大洋国本身,也是指现在已成为这个共和国的两个殖民省的玛辟细亚和庞诺辟亚。③

至于这三个地区的民族情况,大洋国人虽是那样地温驯,但又是全世界最富于尚武精神的民族。维罗拉密厄斯④说:"励精图治的国家应该注意它们的贵族和士绅是不是增加得太快了,因为这样会使一般臣民变成垂头丧气的村夫和卑贱的乡下佬,实际上也就是使他们成为士绅的奴仆。正如同灌木林的情况一样,如果树苗留得太多,就不可能得到青秀的矮树丛,而是一片杂乱的小灌木丛。国家的情况也是这样,如果士绅到处充斥,平民就会卑污不堪。其结果是,一百个人里也挑不出一个适于戴盔甲的;对于军队的主体——步兵来说,情况尤其是这样。在那种情形下,人口虽多,但实力却很薄弱。要证实我们说的话,最好把大洋国和

---

① 皮尔·贝蒂厄斯(Pierre Bertius,1565—1629)的许多著作中并没有这段话。作者可能是在假托他人,暗示这书写的是英国。——译者

② 这一段话在英国作家的著作中是常出现的,作者虽说是出自普里尼(Plinie)的手笔,然而实际上却可能是从塔西佗的《农夫集》中取材编写成的。根据已有材料来看,罗马的两个普里尼都没有写过这种话。

③ 作者可能是通过希腊文将英国的情形烘托出来。玛辟西亚(Marpesia)指的是伊达山的丛林或希腊神话中阿美逊女王及其勇敢的人民,并以此隐喻苏格兰,因为作者描叙苏格兰时,说它主要是一个以战士著称的国家。庞诺辟亚(Panopea),指的是古战场佛西斯,作者的描述可能使读者想起沉寂而富于牧歌情调的佛西斯惨遭战祸后的景况,这里暗指爱尔兰。

④ 维罗拉密厄斯(Verulamius)暗指培根,原语出自《培根论说文集》(1958年商务印书馆出版中译本,水天同译)。本书所引培根语多系根据拉丁文核对。——译者

法国作一比较。大洋国的幅员和人口虽然差得很远，但在实力上却又远为优越！因为大洋国的庶民是优良的兵种，而法国的农民就不是。"在这一段话中，维罗拉密厄斯就像马基雅弗利①在他以前所做的那样，谈了一段很不完整的道理。其实这就是所有权或产权的均势。他在歌颂大洋国君主潘纳古斯②的高瞻远瞩而令人赞叹的计划时，这一点倒说得比较明白。他说这计划"为田庄和农舍立下了一个标准。也就是说，使田庄和农舍保有不大的一份定额土地，其数量能使每个臣民都能丰衣足食，而不陷入奴役状况；同时要使耕者有其田，而不由雇工耕种田地。"他说，"这样就的确能达到维琪尔追怀古意大利时所说的'土地丰饶，兵强马壮，国势强盛'③的境地。"

耕地培养了英勇的士兵，因而也就培育了强盛的共和国。维罗拉密厄斯在歌颂潘纳古斯的时候，并没有注意到这一点，而潘纳古斯也不配受到这种歌颂；因为如果掌犁锄的也拿上了剑的话，他就会用来保卫自己的财产。因此，大洋国人民的财产愈多，就愈能永远享受自由。大洋国的特征，和古意大利的情形有些相像。古意大利一切都是为了共和国。罗马在意大利境内立国时，也最为重视农村中的部族，并且从农民中选拔执政官。这个国家的政

---

① 马基雅弗利（Machiavelli，1469—1527），意大利著名政治思想家，以《君主论》等书传世。
② 潘纳古斯（Panurgus）是希腊文，原义为灵活，狡狯。此处暗指英王亨利七世的朝政。
③ 见维琪尔（Virgil）叙事诗《伊尼特》，其中仿荷马体裁描述伊尼特在漫游非洲最后到意大利建立新王国的故事。

府采取了议会的形式,使村野农民一直能过问国家大事。人民永远厌恶君主的朝廷。爱慕虚荣和逢迎拍马的野心,被认为是都市行会作风。农民或乡村的生活方式虽然比较粗野,但被认为是共和国的菁华。亚里士多德说:"有农民的民主才有最好的共和国。"他认为这种共和国是保卫自由的最坚强的卫士,是最不易发生变革或骚乱的国家。因此,除非是国家的基础(这一点下面将要谈到)崩溃,这种人民是极少发生动摇和变乱的。凡是城市生活有较大影响的共和国,就很少或从来没有平静的时候,雅典的情形就是这样。在最好的情况下,也会由于做得过分,而使事情受到损害。因此罗马的城市部族便是由人民大会的群众组成的,这些人都是通过释放令才获得自由的自由民,在声望上与农民不能相比。的确,威尼斯的情况也许有些不同,因为他们那里的士绅(一切有权进入政府的人的称谓)完全习惯于过城市生活,但是人民大会的群众、职员、公民以及其余的老百姓却完全被排斥于城市生活之外。除开威尼斯以外,由一个城市组成的共和国无疑都是动荡不安的,因为人人都会进行野心活动。但国家如果是由乡村组成的,同时又做到耕者有其田的话,那么人民就会安居乐业,并且会产生一种最淳朴和最稳定的共和国,像大洋国就是这样。

玛辟细亚在同一岛屿的北部,是艰苦勤劳而人口众多的民族的保育者。过去,这个地方的树苗太密了,因而人民的勇敢和他们的艰苦精神不能相称;但那里的贵族却是例外,他们用一种与波兰相类似的方式统治那个国家,只是国王不像波兰那样由选举产生。后来大洋国粉碎了那里贵族的奴役,使人民得到了自由。玛辟细亚为了报答大洋国的措施,就成了一个取之不尽、用之不竭的辅助部队的兵源。庞诺辟亚是邻近的一个岛屿，它是一个懒惰而懦弱民族的慈母。这个地方在古代就被大洋国的武力所征服。后来为了摆脱桎梏，那里的人口几乎被杀绝了，到最后才重新充实了一个新的民族。但是由于土质或空气上的某种不良因素，新的种族后来又衰落了。这个地方既不可能产生适宜征战的战士，而且事实上又没有这种必要。于是对大洋国本身的利益说来，最好是通过对国库最有利的方式来整顿这个土质肥沃、商港遍布的省份。在我看来（如果我考虑这个问题还算及时的话），完成这项工作的最好方法是让犹太人移民到那里去，允许他们保有自己的仪式和法律。因为这样做就能立刻使足够数目的犹太人从世界各地纷纷来归。[1]虽然现在的犹太人已完全商业化了，但是在迦南乐土（Land of Canaan）[2]上，他们全部是以农为业的。直到从那里流放出来以后，他们才不再是土地的主人。毫无疑义，犹太人有了物产丰富的地区和优良的港口以后就会兼擅农业与商业。庞诺辟亚只要具有足够的人口，就能提供四百万镑净地租，这还没有把农业和贸易的利益计算在内。像这样勤劳的民族，后两种利益至少会多过地租数字的一倍。这样，庞诺辟亚就能永远为犹太人和他们的子孙所耕作。在七年的时间内，他们应供养保卫他们的殖民省的军队。七年期满后，则应每年缴纳二百万镑赋税。此外，

---

[1] 根据历史记载，爱德华一世在1290年曾把犹太人全部驱逐出境。而经过三百五十年左右以后，哈林顿之所以提出向爱尔兰移殖犹太人的计划，显然是由于犹太人在这段漫长的岁月以后，又开始大量进入英格兰，并获得允许定居。

[2] 即今巴勒斯坦西部地方。——译者

对犹太人和本共和国来说，供养殖民省军队的关税都是一项莫大的好处，双方都无法用其他任何方式获得。共和国如果用任何其他方式接纳犹太人，都会伤害国本。因为在一切民族中他们是最不愿进行合作的民族，他们只会在分散的地区找一席栖身之地，对于整个共和国绝没有任何用处，但他们却吸去了能够维持本地有用成员的养料。

如果用这种方式来整顿庞诺辟亚，就会形成一个军需供应处，再加上玛辟细亚的附庸军，就会成为取之不尽、用之不竭的宝库。这些地区都处在海岛之上，就好像是上帝专为一个共和国设计出来的。从威尼斯的情形就可以看出这种地形对于类似的政府是多么有利。但是威尼斯由于无险可守，同时又缺乏正式军队，所以便只能成为一个自保的共和国。但这种地形却使我们这类似的政府成了一个进取的共和国。它的基础是开天辟地以来最坚强的基础。

海神用镣铐紧紧地把前者铐起；
而用海水的两臂拥抱着后者。

海洋为威尼斯的成长定下了法律，而大洋国的成长则为海洋定下了法律。

上面所讲的那些地区在古时是彼此独立而相互为敌的王国。直到后来玛辟细亚的摩菲厄斯①根据袭位权利继承了大洋国的王

---

① 摩菲厄斯（Morpheus）是罗马神话中的睡神，此处暗指英王詹姆斯一世。意思是说，那时所实行的临时应付的政策已把国家送入睡乡，直到内战爆发的时候，才惊醒过来。

位后，这些国家不仅统一在一位君主之下，而且好像着了魔一样，浸沉在酣睡中①；直到最后才被内战的号角声惊醒。这些事实产生了一些后果，下面的讨论就是谈这些后果，一共分为四部分：

（1）绪言：说明政府的原理。

（2）立法议会：说明建立共和国的艺术。

（3）大洋国的典章制度：说明上述艺术的效果。

（4）结论：说明这种政府的一些后果。

---

① 摩菲厄斯（Morpheus）是罗马神话中的睡神，此处暗指英王詹姆斯一世。意思是说，那时所实行的临时应付的政策已把国家送入睡乡，直到内战爆发的时候，才惊醒过来。

绪　言
（说明政府的原理）

詹诺蒂[①]是威尼斯共和国情况最杰出的描述者，他曾把整个政府的发展体系分成两个时代或两个阶段。第一个阶段随着罗马自由的终结而告终。这一过程也可以称为古代经纶之道的过程或帝国。这种经纶之道首先是由上帝在创立以色列共和国时亲自启示给人类的，后来人们从上帝在自然界的足迹中体察出来。希腊人和罗马人一致遵从了这种做法。另一个阶段是从恺撒的武功开始的。这种武功窒杀了自由，是古代经纶之道变成近代经纶之道的过渡时期。近代经纶之道是由于匈奴人、哥特人、汪达尔人、伦巴底人、撒克逊人等的侵入所造成的。他们攻破了罗马帝国，用许多恶劣的政府形式丑化了世界的全部面貌。在这个时期，那些恶劣的政府在西方世界尤为腐化。但威尼斯却是个例外，它由于有金城汤池之固，所以便逃避了蛮族的毒手，并一心遵行古代经纶之道；其完美的程度甚至高于自己的典范。

---

① 詹诺蒂（Janotti，1492—1593）是意大利政治经济学家，著有《威尼斯共和国》一书。他认为，理想的政府是由君主、贵族和民主三种政体融合而成的。——译者

上述两个时代之间是有关系的。根据法律或古代经纶之道来给政府下定义，它便是一种艺术。通过这种艺术，人类的世俗社会才能在共同权利或共同利益的基础上组织起来，并且得到保存。根据亚里士多德和李维①的说法，这就是法律的王国，而不是人的王国。

根据事实或近代经纶之道来给政府下定义，它也是一种艺术。通过这种艺术，某一个人或某一些人使一个城邦或一个国家隶属于自己，并按他或他们的私利来进行统治。在这种情况下，由于法律是按照一个人或少数家族的利益而制定的，因而就可以说是人的王国，而不是法律的王国。

力图恢复前一种政府的只有一位政治家——马基雅弗利，但他的著作却没有受人重视。"利维坦"②则要消灭这种政府，他想把自己的著作强塞给各个大学。因为"利维坦"说："亚里士多德的《政治学》中的另一个错误是，他认为一个秩序良好的共和国，不应该由人来统治，而应该由法律来统治。但是，一个人只要具

---

① 李维（Livy，公元前59—公元17），罗马著名的历史学家，著有《罗马史》一百四十二卷，但保存下来的仅三十五卷。——译者

② "利维坦"本来是《圣经》中的一个大怪物。英国杰出的唯物主义哲学家托马斯·霍布斯（Hobbes，1588—1679）就用这个象征性的名字来称呼国家，并用它作书名。这里实际上是指霍布斯及其国家学说。他认为在国家组成以前的自然状态下，"人对人似虎狼"。整个社会都进行着"一切人反对一切人的战争"。为了安全，人们不得不订立契约，自动地把无限制的自然权利交给统治者，这样就形成了国家。他认为国家是根据十七条自然法建立起来的，统治权是绝对的，既不能分割，也不能让渡。人民不能反抗统治者，一切生杀予夺、宣战媾和都必须由统治者掌握。他任意杀戮平民，也不算不义。——译者

有自然的感官，虽然既不能读书，又不能写字，也全都能发现自己是被自己所惧怕的人统治着，如果不服从时，就将被这种人杀死或伤害；法律仅仅是白纸上写黑字，不假手于人和刺刀，他不会相信能伤害他；情形难道不是这样吗？"我承认，长官制度就是武装起来的法律。法庭上的法官之于法律；正像炮床上的炮手之于大炮。不过，我并不敢以下述方式和一位具有任何机智的人进行辩论说：整个一支军队，尽管他们既不能读书，也不能写字，并不会惧怕炮床，因为他们知道那不过是一堆泥土和石头。同时他们也不会惧怕大炮，因为没有人动手去点燃它，就不过是一堆顽铁。因此，整个一支军队所惧怕的只是一个人。"利维坦"的全部政治学说中都贯穿着这种推论（往后在不同的地方遇到这问题时，还要加以说明）。更糟的是，他说："亚里士多德、西塞罗以及其他生活在民主国家的希腊人、罗马人，不是从自然的原则中推论出这些权利，而是从自己共和国的实践中转抄到自己的书中去的，就好像是文法学家根据诗来叙述语言的规则一样。"[1] 这种说法正如同一个人告诉大名鼎鼎的哈维[2]说，他编写血液循环的论文，不是根据自然原则推论出来的，而是根据这次或那次的人体解剖推论出来的。

因此，本绪言往下的部分将根据相应于詹诺蒂的两个时代所制定的两项政府的定义，分成两部来继续讨论。首先是按照古代

---

[1] 见霍布斯：《利维坦》，第2篇，第21章。

[2] 哈维（William Harvey，1578—1657），英国著名的医生，血液循环的发现者。最著名的著作是《心血运动论》。——译者

经纶之道对政府的原理作一般讨论,其次是根据近代经纶之道,对大洋国以往的政府作特别讨论。

按照古人①和他们的渊博的门徒马基雅弗利(后世唯一的政治家)的说法,政府共分三类:即一人政府、贤人政府和全民政府;用比较精辟的名字来称呼,就是君主政体、贵族政体和民主政体。他们认为,这三种政体都有退化的倾向,所以都是恶的。因为统治者应该按照理智去治理;如果治理天下时竟一本情欲之私,那么他们便是倒行逆施。理智和情欲既是两回事,因而以理智为本的政府是一回事,以情欲为本的政府的蜕化又是另一回事。但这两种政治并不一定出现在两个不同的政府中;正好像活的人体是一回事,死的人体又是另一回事,但死与活的状况并不一定发生在不同的人身上一样。不过一种政府的蜕化最后会造成另一种政府的诞生。蜕化的君主政体、贵族政体和民主政体分别叫作暴君政体、寡头政体和无政府状态。立法者发现这三种政府纵使在最好的时候也是没有价值的,于是便发明了另一种把三者混合在一起的政体,只有这种政体才是好的。这就是古人之道。

但是"利维坦"却肯定,他们全都受了骗。他认为除了上述三种政体的一种以外,自然界中再也没有其他政府;他还认为这三种政体是永远不朽的,它们的蜕化名称不过是人们的幻觉罢了。关于这一方面,在我们讨论其中哪一种是由罗马的元老和公民组成的时候,就会了解了。

现在还是让我来遵古人之意,抒一己之见。我认为政府的原

---

① 指亚里士多德和西塞罗等人。

则可以分成两方面：一方面是内在的或心灵的素养；另一方面是外表的或财富的条件。心灵的素养包括先天的和后天获得的品质，例如智慧、智虑、勇敢等等都是。财富的条件就是资财。另外还有一种躯体的条件，包括健康、美丽、体力等。但是躯体的条件在这儿不拟加以讨论，因为如果一个人或一支军队能够获得胜利或建立帝国，这是由于他们的纪律、武器和勇敢，而不是由于先天的健康、美丽或体力；因为被征服的民族也许比征服者更健康、更美丽和更有体力，但这些都无济于事。因此，政府的原理就存在于心灵的素养或财富的条件之中。相对于心灵素养方面，产生的就是权威。而相对于财富条件方面，产生的就是权力或帝国。由此可见，"利维坦"说财富就是权力时虽然是正确的，但是他说经纶之术或经纶之术的名誉就是权力时，却是错误的。因为一个人的学问或经纶之术不是权力，正如同一本书或一位作者的学问或经纶之术不是权力一样。正确地说来，这就是权威。一位学问高深的作家虽然没有权力，但可能有权威。一个愚笨的地方长官虽然有权力，但除此以外却不一定有权威或尊严。这两者的区别在李维叙述有关伊凡德[①]的事迹时曾经谈到过。他认为，与其说伊凡德以权力来统治，不如说他以权威来统治。

首先谈谈财富。人的依靠财富，不像对其他东西那样是出于选择的，而是出于生活必需。因为一个人如果需要面包，那么他就会成为面包施予者的仆人。如果一个人用这种方式来供养全体人民，那么人民就在他的统治之下。

---

① 罗马神话中的人物，罗马人以之与希腊人相联系。——译者

国家有两种，一种是本土或民族国家，另一种是国外的或殖民省的国家。

本土国家是建筑在所有权上的。

所有权就是动产或不动产的所有权，也就是对土地、金钱或商品的产权。

一个或多数的土地所有主或地主将以某种比例占有土地或全国领土的各部分。产权的均势或地产的比例是怎样的，国家的性质也就是怎样的。很少土地或根本没有土地的城市，收益在于贸易，不在此例。

如果一个人是一片领土的唯一地主，或者他的土地超过人民所有的土地（比如占有土地的四分之三），那么他就是大君主。因此，土耳其皇帝的称号就是根据财产得来的，他的国家也是极权君主政体的国家。

如果少数人或一个贵族阶级，或者是贵族连同教士一起，成为地主；他们所拥有的土地也可能按上述比例超过人民，这就形成哥特型的均势（关于这个问题，将在本书的第二部分详加讨论）。这样的国家就是混合君主政体的国家，如西班牙、波兰和以往的大洋国等都属于这一类。

如果全体人民都是地主，他们所拥有分给他们的土地，使少数人或贵族阶层的范围内没有一个人或相当数目的人能够压倒他们，那么这种国家如果不受武力干预，就是一个共和国。

这三种政体的任何一种，如果用武力加以干涉，那么不是用政府来迁就基础，就必然是用基础来迁就政府。如果不按均势的原则来维系政府，便不是自然的做法，而是暴力的做法。因此，如果这种做法只是为了一位君主,就成了暴君政体;如果是为了少数人,就成寡头政体;如果是由人民的权力掌握,就成了无政府状态。上述的每一种混乱局面中,均势都发生了偏差,所以都只能维持一个短暂的时期。因为这违反了均势的性质,均势是绝不会被摧毁的,被摧毁的只是违抗它的一切。

但是,另外还有某些混乱的种子深深地潜伏在均势之中,其存在的时期较长,所造成的恐怖也较大。首先,如果贵族阶层拥有一半或一半左右的财产,而人民又拥有另一半财产时,那么要是不改变均势,就只有让一方吃掉另一方,没有其他补救的办法。例如在雅典,人民就吃掉了贵族;而在罗马,贵族就吃掉了人民。其次,如果君主拥有一半左右的所有权,而人民拥有另一半,那么政府就会变成君主和人民双方屠杀的场所;一部分以军事殖民地为基础,一部分以元老和人民为基础的罗马帝国的情况就是这样。今天,某些政府还多少具有这种性质。据说它们正是依靠混乱的局面生存的。在这种情况下,确定均势就会招致灾难。但是在前三种情况下,不确定均势则又会使政府废弛。在土耳其,除了大君主之外,任何人拥有土地都是不合法的,所以均势已经由法律确定了,国家也就是稳固的。大洋国的君主虽然常常垮台,但是王权却始终没有动摇过。直到让渡法向贵族让了步,允许他们出售自己的产业,因而破坏国家的基础时,情况才改变。古语说得好:"土地一失,海洋就冲进了爱奥尼亚。"当拉栖第梦①遵守

---

① 拉栖第梦(Lacedemon),即斯巴达。——译者

莱喀古斯①所制定的土地分配法时,便是稳固的;一旦破坏了这项原则,就不能再存在下去了。这种确定土地均势原则的法律,叫作土地法,是上帝亲自首先采用的;他把迦南的土地用抽签的办法分给他的人民。②这种土地法具有这样的性质,以致在它实行的时候,政府的形式除非得到上帝的同意,否则便没有发生过变更。发生变更的情形就是以色列人那桩史无前例的事情:当他们有自由时,竟要求有一位国王。③不论是君主国家、贵族国家,还是民主国家,没有土地法便都不能长期存在。

动产或金钱的所有权,往往会刺激莫利乌斯或曼利阿斯④这样的人物;如果共和国不拥有某种独裁的权力,这种所有权便是很危险的,虽然它很少或根本不会成功。因为国家是在产权的基础上产生的,所以便需要一定的根基或立足地。但除了土地以外,就不可能有根基。因为没有土地,它就像空中楼阁一样。

不过像荷兰和热那亚这类的城邦,土地很少,或根本没有土

---

① 莱喀古斯(Lycurgus)是古斯巴达国家制度的创立者,据推断,他生活在公元前八世纪左右,是斯巴达王的叔父兼训导人。传说他公布了"瑞特拉"(Rhetra)公约,并进行大规模的土地改革,把领土按斯巴达国民军的男子数目,划分为九千到一万段等量的"份地",平均分配给每个人。——译者
② 见《圣经》旧约《约书亚记》各章。
③ 据《圣经》旧约《撒母耳记》(上)第8章记载,以色列人原来只有士师秉上帝之意治理。但后来他们要求立国王,触怒了上帝。立王后他们的土地法就被破坏了。田地被占去,人身被奴役。
④ 指罗马执政官马尔库斯·曼利阿斯·卡匹托利奴斯(Marcus Manlius Capitolinus)。他曾为平民债务人辩护,反对苛刻的贵族债权人;次年就被控以叛国罪,并被护民官从山峰推下坠死。此处即指其与动产或金钱的所有权——债务的关系。

地，大部分依靠贸易维持。因此他们在钱财方面的均势就相当于上述情形下各种土地的均势。

"利维坦"看来虽然是在谈古代的体制，但实际上却在追随他盛气凌人的老师卡尼底斯①，抓住了公众的剑，并把政府的全部形式和实质都贬低在这把剑之下。因为他断言："有人认为一切君主的权力都是通过契约得来的，也就是说，君主接受权力是有条件的；其实这种意见是由于不了解一个简单的真理，即契约不过是空口说白话，除开从公众的剑上得到的权力以外，并没有其他权力来强迫、限制、约束或保护任何人。"② 不过他谈法律时又说，没有这把剑，法律只不过是一纸空文而已。这时他也应当想到这把剑要是没有人的手去运用，便不过是一堆冷冰冰的铁而已。掌握这把剑的手就是一个国家的武力。而一个国家的武力不是战场上的军队，就是随时准备走上战场的军队。但是军队是一头食量惊人的野兽，必须加以喂养。因此，这就需要看你具有什么样的牧场，而你所具有的牧场又要取决于财产的均势。没有财产的均势，公众的剑只不过是徒负空名或一只呱呱乱叫的青蛙而已。因此，如果把"利维坦"关于武力和契约的话说得更直截了当一点，情形就是这样：任何人要是能像土耳其皇帝对待他的封土骑兵那样喂饱这只食量巨大的野兽，便大可以嘲笑"利维坦"这样的人，

---

① 卡尼底斯（Carneades，公元前213—前129年），希腊哲学家，不可知论者。西塞罗的《论讲演》说："卡尼底斯的演说雄劲过人，变化万千，令人景仰。没有确证的事情他就不为之辩护，没有推翻的事情就不提出攻击。"作者此处嘲讽霍布斯的推理方式。

② 见霍布斯：《利维坦》，第2篇，第18章。

认为他是通过契约而得到权力的，或是对任何这类东西负有义务。事实上，只有在这种情况下，契约才是空口说白话。但是，如果拥有佃户与扈从的贵族的财产是这头野兽的牧场，那么这头公牛是认识它的主人的牛舍。在这样的体制下，国王除了根据契约进行统治之外，就不可能有其他的方式。如果国王破坏契约，那些字句就会打在他的头上。

不过，"利维坦"说："当一个人民的议会成为主权者时，就没有人会相信任何这一类的契约曾在会议成立时被通过。"① 但是普布利科拉②所订立的、有事提交人民决定以及人民得到保民官的契约，又是怎么一回事呢？可是，"利维坦"说："呸！谁也不会傻到说，罗马的人民大会曾和罗马人订立了一项契约，规定在某某条件下握有主权；如果这项契约没有履行，罗马人就可以废黜罗马的人民大会。"③ 在"利维坦"的话中有几点是值得注意的。因为他认为罗马共和国只有一个单一的议会，然而事实上它却拥有元老院和人民大会。他又说，元老院和人民大会并不是根据契约来办事的，然而事实上他们所制定的每一项法律都是他们之间所订立的契约。他说，单一的议会成了主权者，然而事实上只有人民大会才是主权者。他们古老的契约或法律规定，人民定法令，元老只审核。这说明他们从一开始就是主权者。他说，一个委员会

---

① 见霍布斯：《利维坦》，第2篇，第18章。
② 普布利科拉（Publicola），罗马共和国伽图后的第一任执政官，属于罗马一大家族，布鲁土斯的同僚。——译者
③ 见霍布斯：《利维坦》，第2篇，第18章。

如果成为主权者，就不可能是有条件的。然而事实上十人团[①]就是成为主权者的委员会，而且是在某种条件下成为主权者的。"利维坦"又说，一切产生主权者的条件或契约在主权者产生后，本身就无效了。[②]这样说来，十人委员会选出以后就应该永远是罗马共和国的合法政府；罗马共和国废黜十人委员会是不合法的。同时西塞罗的著述如果对共和国另有看法，那就不是根据自然法则写的。现在再让我们谈谈其他对均势问题认识得更清楚的人的看法。

我们可以看到亚里士多德在不同的地方，特别是在他谈论过分的财富的时候，都充分地谈到了这个问题。他说："当一个人或少数人拥有的财富超过平等法则或共和国组织所能容忍的程度时，就是发生暴乱的原因。其结果大半是产生君主政体。也正因为如此，贝壳流放法（Ostracism）[③]才能在阿各斯和雅典等地实行。但是最好还是在暴乱刚开始发展时就防止，这比在发生以后再寻求补救的办法要强。"

马基雅弗利没有彻底了解到，如果一个共和国受到贵族的危害，就是因为他们在均势上压倒了别人；这样一来，他便差之毫厘、失之千里了，这是十分危险的。他说贵族和民主政府是不两立的，民主政府和贵族也是不两立的。因此就使我们认为，在这

[①] 十人团或十人委员会（Decemvirs）是罗马在公元前452年选出的最高权力机关；公元前450年又选出新的十人委员会。著名的罗马十二铜牌法就是这个委员会制定的。——译者

[②] 见霍布斯：《利维坦》，第2篇，第18章。

[③] 按希腊史，人民用投票的方法将不良分子逐出国外十年或五年，投票时用破陶器片或贝壳，故称贝壳流放法。——译者

种政府下，人民是这样地痛恨贵族，以致每遇到一个就要杀掉一个。但是，除了在内战时期以外，就绝找不出任何例证。我们看到，甚至在瑞士，贵族不仅仅安全，而且还受到尊敬。马基雅弗利虽然没有看到我所提出的均势原则，但这项原则倒解释了他的学说，而且他在下一句话中和其他许多地方的判断也都证实了这项原则。他下结论说："准备在士绅众多的地方建立共和国的人，除非首先消灭士绅，否则他的事业就不可能成功。准备在人民的生活条件很平等的地方建立君主政体的人，除非他离间人民当中最好事和最有野心的人，使他们在实质上而不是在名义上成为士绅或贵族，否则是绝不可能实现的。这就是说，要用土地、城堡和财宝使他们富起来，从而使他们在其余的人之间获得力量，并使其余的人依靠他们。这样就可以使他们依赖君主来满足自己的野心，而君主就可以通过他们来维持自己的权力。"

在下边这一点上，我是同意马基雅弗利的：当贵族或士绅的力量压倒民主政府的时候，他们就会彻底消灭或破坏民主政府。同样的道理，往后我将指出，在民主政府中，贵族或士绅的力量如果没有超过民主政府，那么他们便是这个政府的生命和灵魂。

根据以上的话来看，有关公众的剑或军队的权利的争论，似乎可以搁下不提了。因为不管政府将采取什么政体，也不管它怎样变化，这种争论总是和所有权失去均势分不开的。即使像罗马共和国那样，法律与习惯另有规定，指明执政官不通过人民大会提出并经元老院制定的法律批准，就不得干预军事；因之，人民就掌握了剑，而贵族则在所有权上占优势。像这种办法除了走向毁灭之外，绝不会有其他结局。因为正像一座建筑物脱离地基必然要倒塌一样，法律离开了理智、军队离开了所有权的均势，也必然要垮台。关于以所有权为基础的民族或本土国家的均势问题，谈到这里为止。

国外或殖民省的国家的均势问题在性质上就相反了。人们大可以说，如果一个政府，有了正当发展，拓殖了疆土，而拥有殖民省是不合法的，那就等于说诚实无欺地购得土地的人拥有佃户也是不合法的。但是，怎样才能合乎正义地获得一个殖民省的问题则属于另一个范畴。在这里我不准备多谈，只是想说明一下怎样去保持一个殖民省，或是在哪一种均势的原则下去保持一个殖民省。为了说明这一点，我首先要指出不应该在哪一种均势的原则下保持一个殖民省。我已经说过，不论是哪一种民族国家或独立国家，都是由那些在国内维持适当的所有权均势的人来治理的。但是，殖民省国家或附属国家却不应由那些在省内维持所有权均势的人来统治。因为这样就会使殖民省的附属政府变成民族的独立政府。像土耳其人那样的绝对君主制，在国内外安置人民时，不是把它的人民当作终身的佃农就是当成任意使其退租的佃农。因此，他们的本民族政府和殖民省政府就是一个整体。但是在允许公民或臣民享有土地所有权的政府中，最富有的人就是国内拥有最大权力的人。但在殖民省中，最富有的人不论是本地臣民还是移民，却是最不易被容许进入殖民省政府的人。因为人正像花草或树根一样，会被移殖区的土质所同化。因此，罗马共和国把公民的殖民区设立在意大利境内时，就以最好的方式繁殖了自身，并归化了那个地区。如果它不以意大利境界为限来设立这种殖民区，这就会疏远它的公民，并把自由的根苗移殖到海外，而这种自由的根苗又可能产生非本国的或野蛮与敌对的后果。因此，罗马共和国从来没有用这种方式来分散自己和自己的力量，直到它陷入皇帝们的奴役下，情况才改变。罗马皇帝们，由于对人民在海外所能做出的事情比他们在国内所能做出的事情恐惧小，所以便抛却了人民，采取了倒行逆施的路线。

马末娄克[①]是外国人，是统治埃及的萨卡辛民族，因此他们绝不敢把自己的统治建筑在所有权上。所有权自然会和当地的民族利益结合起来，因而也就必然会瓦解那一殖民省的外国羁绊。除非有人能以相反的理由说服我，我将认为马末娄克的国家是一个由军队组成的共和国。在那里，普通的士兵就是人民，中高级军官就是元老院议员，而将军就是君主。

我们可以说，威尼斯也有某些相同的地方，而人们往往错看了那里的政府。因为威尼斯虽然不能容纳全体人民，但也从没有排斥过他们。威尼斯共和国的元老院实行优越的轮流执政制，所以它的制度是所有制度中最民主的。它在刚建立制度的时候，就

---

① 马末娄克（Mamaluke）为阿拉伯文，原意是奴隶。特指十世纪伊斯兰教法蒂米（Fatimite）王朝的哈里发和后来艾尤彼得（Ayupite）王朝的苏丹掳入埃及并训练成军队的奴隶。许多马末娄克获得了自由，掌握大权，有些还成了拥有奴隶的都督。1250年，艾尤彼得的最后一位苏丹突然死去，于是马末娄克便掌握了政权，成为马末娄克王朝，延续达二百五十年之久，埃及也在这个王朝的统治之下。马末娄克的统治者又分属两个朝代：前期的巴哈莱特（Bahrites）朝（1260—1382）和后期的柏吉特（Burjite）朝（1382—1517）。巴哈莱特朝主要是土耳其人和蒙古人，定居在尼罗河畔的一个岛上；柏吉特朝主要是萨卡辛人（Circassians），定居在开罗。1517年，当土耳其人征服埃及的时候，马末娄克仍留在军队里；1798年，他们为拿破仑所败。到了1811年，他们实际上就被穆罕默德·阿里消灭了。

容纳了全体人民。目前生活在威尼斯政府之下而不参与政权的人，不是在制度建立后自愿不参加政府的，就是被武力征服的人。因此，威尼斯的臣民是以殖民省方式统治的。上面已经说过，所有权的均势和殖民省的政府无关。马末娄克不敢在各省把政府置于所有权的均势之上，唯恐民族的利益会根除非本土的利益；威尼斯人也是一样，不敢在这种均势上来容纳它的臣民，唯恐外国的利益连根消灭本民族的利益。这种利益正是当时三千位统治者的利益。同时他们也怕把共和国扩展到全部领土上去，因为像这样就可能丧失地形上的有利条件，而它的生存则大都需要依靠这种地形上的有利条件。西班牙政府在西印度①采取的办法也是这样，它委派本国出生的人士出任这些殖民省的统治者，而不允许"克利奥尔"②进入这些殖民省的政府，尽管他们的祖先是西班牙人也不准。

可是，如果一位君主或一个共和国可以用这种方式来保有一块国外的领土，那么也许有人要问：为什么他不可以用同样的方式来维系本国的领土呢？对于这个问题，我的回答是：因为他能够用本国的领土来维系国外的领土，但不能用国外的领土来维系本国的领土。在这以前我已经说明，维系殖民省的不是该省的均势。通过这个答案则可以说明怎样才能维系殖民省，这就是以本国领土的优势压倒国外的领土。因为如果一个国家的均势是按比例分配财产得来的，那么它压倒另一个国家的优势就可以利用各

---

① 指西班牙帝国在南美洲秘鲁和墨西哥等地的殖民地。
② 克利奥尔（Creoles）指西班牙或欧洲人在殖民地生长的后代。

种不同的有利条件来取得。举例来说，罗马共和国压倒它的殖民省时是利用比较优越的政府的活力来对待比较混乱的政府，或者是利用一支比较优越的军队来制胜一支在勇气或训练上比较差的武力。马末娄克人以强悍的民族性来对付温顺的埃及人，也是这一类的例子。地形上的均势在这问题上也可以收到极好的效果。我们知道，丹麦的国王绝不是最有势力的君主，但是他却能在松德（波罗的）海峡向最强大的君主收取过境税。因为这位国王利用陆地的有利地势，可以使大海向他纳贡①。而威尼斯利用海洋的有利条件，则使陆地来供养它的海湾。在海洋的环抱中，它是牢不可破的。至于西印度的殖民地则还是婴儿，没有母城哺乳就不能生活。但是像这样的殖民地如果是到了断奶的年龄而没有断奶，那就是我判断错了。使我大惑不解的是君主们却乐于用该断奶而不断奶的方式来耗尽自己的精力。以上所谈的是权力的原则，不管是民族国家还是殖民省国家，也不管是本国的还是外国的都能适用。这些原则都是外在的，都是以财富的条件为基础的。

接着要谈的是有关权威的原则；这是内在的原则，是以心灵的各种素养为基础的。能够把心灵的素养和财富的有利条件在政府里结合起来的立法者，就最接近上帝的业绩。上帝的政府包括天国和尘世。柏拉图说：当君主是哲学家，或哲学家当了君主的

---

① 根据詹姆斯·斯蒂芬逊（Joannes Stephanius）《丹麦和挪威王国》一书的记载：整个欧洲的大型海船往返于瑞典海面或东西方其他国家进行贸易时，必须通过所谓"松德"（Sound）海峡；到了那里必须降帆向克隆贝根（Cronenburgum）炮台致敬，并须缴税，否则就将货物没收。

时候,世界就幸福了。他所用的语言虽然不同,但是谈的却是上面的道理。所罗门说:"我见日光之下有一件祸患似乎出于掌权的错误(不论是显贵才智之士或奴仆,就国王的利益来说,国王都把他们放在武力之下),就是愚昧人立在高位,富足人(可能是在德行和智慧上,或心灵的素养上的富足,也可能是财富方面很富足,其均势能使他们体会到国家的利益)坐在低位。我见过仆人骑马,王子像仆人在地上步行。"[①] 有人忧郁地抱怨说,权力和权威的原则、心灵的素养和财富的条件,并没有在帝国的桂冠或皇冕上相遇而并存过!因此,如果我们多少还有些爱国心或经纶之术的话,就让我们从私人利益的泥潭里跳出来,沉思美德,伸出手来消除这种"光天化日之下的祸患"吧!凡是不能防止这种祸患的政府,就不可能是好政府。凡是能免于这种祸患的政府,就必然是完美的政府。所罗门告诉我们,产生这种祸患的原因是由于"掌权的人",是由于那些排斥天国的珍贵美德和美德对政府的影响——权威,而以尘世秽物为均势基础的权力原则。我们找寻权力的均势时是在地面上行走。但是正像前面所说的,如果要寻求权威的原则,就必须上升到更接近于天国或上帝圣像的境地,上帝圣像就是人类的灵魂。

人类的灵魂(它的生活或运动就是永不间断的玄思或思维)是理智和情欲这一对劲敌的情妇。他们一直在追求她;她属意于两者或其中之一时,便决定了人类尘世生活中的苦乐。

不管情欲在一个人的思维中是什么,只要通过一个人的意志

[①] 见《圣经》旧约《传道书》,第10章,第5—7节。

体现在行动上,就成了恶行或罪恶的镣铐。同样,不管理性在一个人的思维中是什么,只要是通过他的意志体现在行动上,就成了美德和精神的自由。

还有,一个人的恶行必然会为自己招致痛悔或耻辱,同时也会使别人感到可耻或可怜。同样,一个人的德行必然会为自己带来荣誉,同时也会给别人一种具有权威的感觉。

政府正是一个国家或城邦的灵魂。因此,在共和国事务的辩论中,由决议体现的理性必然是美德。如果一个国家或城邦的灵魂是主权,那么国家或城邦的美德就必然是法律。但是如果政府的法律就是美德,美德就是法律;那么它所治理的国家就是权威,权威也就是它所治理的国家。

再者,如果一个人的自由存在于他的理智的王国中,那么缺乏理智便会使他成为情欲的奴隶。由此可见,一个共和国的自由存在于法律的王国之中,缺乏法律便会使它遭受暴君的恶政。我认为,亚里士多德和李维所说的"共和国是法律的王国而不是人的王国"就是以这些原则为根据的。但"利维坦"竟无端地指责这种说法不以自然原则为基础。他们绝不能这样说。因为"利维坦"说:"古希腊和罗马人的历史和哲学著作以及政治学方面所有继承上述诸贤的人所写的书籍和论述中经常称道的自由,并不是个人的自由,而是共和国的自由。"如此说来,他也大可以说,共和国里的个人财产并不是个人财产,而是共和国的财产。因为财产的平等就会产生权力的平等,而权力的平等则不仅仅是整个共和国的自由,而且也是每一个人的自由。老实说,一个人要是对真相没有肯定的证明,就不可能这样无礼地对待最伟大的作家,也绝不会这样断然反对所有的古代学说。但是证明究竟是什么呢？这还用得着问？"虽然直到今天路迦①城的楼阁上还写着'自由'两个大字，可是谁也不能就此推断说，这里的人比君士坦丁堡②的人得到了更多的自由或豁免国家劳役的权利。所以不论是君主国家还是民主国家，个人的自由都是一样的。"③这真是虎头蛇尾的说法，使人感到模棱两可。因为"路迦人不受路迦法律约束的自由或豁免权并不比土耳其人不受君士坦丁堡法律约束的自由或豁免权大"是一句话；"路迦人根据路迦法律而享有的自由或豁免权并不比土耳其人根据君士坦丁堡法律而享有的自由或豁免权大"又是另一句话，这两句话是完全不同的。第一句话可以适用于所有的政府，第二句话则非但不适用于任何两国的政府，而且与下述事实也相去很远。因为大家都了解，土耳其最显赫的官僚也是个佃农，他本人和他的财产都得听他主子摆布。而拥有土地的最卑贱的路迦人则是人身和土地的自由主人；除了法律之外，不受任何东西约束。法律是由全体平民制定的，目的只是在保护每一个平民的自由。不然，他们就是咎由自取了。通过这个办法，个人的自由便成了共和国的自由。

我们知道，一个共和国之中制定法律的是人。因而主要的问题似乎是：怎样才能使一个共和国成为法律的王国，而不是人的

---

① 路迦（Luca 或 Lucca）是意大利的城市名，在 1370 年以前就获得了独立，最后在 1860 年为意大利所并。十七世纪有些作家把它当作自由的坚强堡垒。

② 君士坦丁堡曾被土耳其奴役达五百年之久，所以这话的意思是，民主政体下的人民并不比君主政体下的人民更自由。——译者

③ 见霍布斯：《利维坦》，第 2 篇，第 21 章。

王国？由于一个共和国之中进行辩论并作出决定的也是人，因而问题便是：怎样才能保证一个共和国的辩论和决议是根据理智作出的？理智既然常常和个人冲突，所以个人也常常是和理智冲突的。

有人认为这话是俏皮话，但没有大害处。纵使理智就是利益，那么有各种不同的利益，就有各种不同的理智。

首先是个人的理智，这也就是个人的利益。

第二是国家的理智，这也就是所罗门说得不够正确的"统治者"的利益，实际上这就是指君主的利益、贵族的利益或人民的利益。

第三种理智是全体或人类的利益。"甚至在那些缺乏思想意识的自然界动物身上，我们都能看到有一种法则在指导它们采取哪些方式来达到自己的完美境界，此外还有一种法则把它们当成一个整体的组成部分来制约它们，这种法则使每一成员为其他成员的福利服务，把整体利益放在任何私利之上。他们就像是听到了命令，叫他们放弃私人利益，设法群策群力减轻眼前的自然灾害。其情形有如石头或其他沉重的东西抛却了习惯部位或重心往上飞。"[①] 共同权利、自然法则或整体利益比局部权利或利益要优越，各个体也都承认这一点。"因此，我们虽然可以说，动物会自然而然地发挥自己的作用或奔赴自身的利益，但是这句话却不能说得太笼统。因为我们看到有许多动物对于同类动物，或至少对它们

---

① 参看胡克（Hooker）：《教会体制》，1622年伦敦版，第1卷，第3章，第5节。

的下一代，会制约自己，不求自身的利益。"①

这样说来，人类要不是比动物更不公正，就必须同样承认他们的共同利益就是共同权利。如果理智不是别的东西，只是利益，而全人类的利益又是正确的利益；那么，人类的理智就必然是正确的理智。现在我们可以好好推论一下，要是民主政府的利益最接近全人类的利益，那么民主政府的理智就必然最接近正确的理智。

但是，也许有人要说，困难还是存在的。因为尽管民主政府的利益是正确的理智，人们却不是就理智本身的正确与否来看理智的，而是就理智是否有利于自己来看理智的。所以要解决这个困难，就必须办到这一点，即指出一个政府的律令正像上帝在大自然中的法则那样，能迫使这个或那个人放弃自身特殊的打算，而从共同的福利或利益的角度来打算。这一切都只是为了说服民主政府下的每一个人，不要把自己想吃的东西一把夺过来，而是要在公共餐桌上表现得克己复礼，把自己所具有的最好的一切以礼让的方式献给共同的利益。这种法令是可能建立起来的。它可能，甚至必然会让共同权利或利益在所有的情况下都占上风，尽管各啬是个人私利中牢不可破的性质。实现这一切的方式既确实又方便，甚至连小姑娘都知道这不过是她们在不同场合普遍实行的办法而已。比方说，假如有两位姑娘共同接到一块没有分开的饼，两人都应分得一份。这时其中一位对另一位说：你分吧，我来选。要不然就我分你选。分法一旦决定下来，问题就解决了。分者如果分得不均，自己是要吃亏的，因为另一位会把好的一块

---

① 参看格劳修斯：《战争与和平法》，1651年阿姆斯特丹版，序言第2页。

拿走。因此,她就会分得很平均,这样两人都享受了权利。"深哉:上帝丰富的智慧和知识"①,"从婴孩或吃奶的口中,建立了能力"②,卓越的哲学家争论不休而无法解决的问题,以至国家的整个奥秘,竟由两位娇憨的姑娘给道破了。国家的奥秘就在于均分和选择。如果我们能了解上帝在自然界的业绩,就会明了他甚至连谁应该分、谁应该选的问题都没有留下让人类去争论,而是把人永远分成两个阶级。一个阶级有均分的自然权利,另一个有选择的自然权利。举例来说:

一个共和国不过是人类的世俗社会。让我们取某一数目(如二十)的人,然后立即把他们组成一个共和国。这二十人如果不全是白痴(也许他们全是)的话,那么聚在一起时就必然会有这样的差别,即其中约有三分之一的人比较聪明,或者至少不像其余的人那么傻。这六位虽然与其余的人分别不大,经过熟悉之后,终于被发觉出来,并且像头上长着最大的角的雄鹿一样,领导着全体。因为当这六位在互相讨论和争辩问题的时候,显示了自己的优越才能,使其余十四位看到了他们从来没有想到的事,或是弄清了他们过去莫名其妙的各种真理。每遇到有关大家的重大事件,不论是困难还是危险,这十四位就要听他们的话,正像一群孩子指望他们的父亲一样。于是这六位的杰出才能和他们所取得的影响,就成了其余十四位的依靠和慰藉,这就是父辈的权威。这种权威只能是上帝为了达到这项目的而在人类团体中传播的一

---

① 见《圣经》新约《罗马书》,第11章,第33节。
② 同上书旧约《诗篇》,第8篇,第2节。

种自然的贵族政体。因此，作为人民来说，把这些人当作指导者，不仅是他们自然应负担的义务，而且也是他们应正面负担的义务。所以以色列人民就曾接受命令，"按着各支派，选举有智慧、有见识、为众人所认识的，为他们的首领"[①]。在目前的例子中说来，被公认的那六位就成了元老。不过，这并不是出于继承的权利，也不单纯是看他们的财产多，而是根据他们卓越的才能选举出来的。他们的产生如果取决于财产，就会造成强迫或勒索人民的权力，而根据才能的选举则能提高他们领导人民的权威或美德的影响。因此，元老的职务并不是人民的司令官，而是人民的顾问。顾问的应有职务首先是讨论他们所要参议的事项，然后就他们讨论过的事项提出建议。因此，元老的指示绝不是法律，而且也绝不能称为法律，它只是元老的建议。在建议酝酿成熟以后，他们就有责任向人民提出。因此，元老只不过是为共和国的事项进行辩论而已。进行辩论就是辨别或区别表面相同而实际并不相同的事物，或者是分别并权衡各种理由。这实际上也就等于是均分。

既然元老已经做了均分的工作，那么究竟谁来选择呢？这事去问分饼的两位姑娘就行了。因为如果均分的人又是选择的人，那么另外一个人的情形就等于是这人根本不分而一起拿走了。这人既自分自选，她就会按照自己的意思来分。由此可见，如果元老除了均分以外还有更多的权力，共和国就绝不可能平等。但是在实行单一议会制的共和国里，除了进行均分的机构之外，就没有其他机构进行选择。因此，这种议会就必然会发生争夺，也就

---

① 见《圣经》旧约《申命记》，第 1 章，第 13 节。

是会发生内讧。因为在这种情况下，除了自行把饼瓜分以外，就没有其他分法。

除了成立另一个进行选择的议会以外，再没有其他任何补救的办法。少数人的智慧可以是人类的光明，但是少数人的利益却不是人类的利益，也不是共和国的利益。我们既经承认利益就是理智，所以他们就绝不能担任选择的任务，否则就会窒息这种光明。进行分配的议会既然包含着共和国的智慧，所以选择的任务就应当由包含着共和国利益的代表会议或议会担任。共和国的智慧既然在于贵族，所以共和国的利益就在于全体人民。在共和国包括整个民族的情况下，人民本身就必然太大而难于集会。因而这个担任选择任务的议会就应当由平等的代表会议组成，其中除了全体人民的利益之外，不考虑其他任何利益。建立这种议会的方式最好是举实例说明。关于这一点，我留待以后讨论典章制度时再谈。就目前所举的例子说来，六人进行均分，十四人进行选择，就必然会把二十人的全部利益考虑进去。

所谓均分和选择，用共和国的词汇来说，就是辩论和决定。凡是元老辩论过的任何事项，得向人民提出。经人民批准之后，就通过长老的权柄和人民的权力加以制定，两方面汇合起来就制成了法律。

"利维坦"说，不假手于人和剑，制成的法律不过是白纸上写的黑字而已。共和国中的这两个组织——元老院和人民大会——只是立法机构，因而必须有第三个机构来推行制定的法律，这就是行政机构。行政机构加上其余人为的东西，共和国便包括提议案的元老院、批准议案的人民议会和执行议案的行政机构。共和国既通过元老院而具有贵族政体的性质，通过人民大会而具有民主政体的性质，通过行政机构而具有君主政体的性质，所以便是完美无缺的。除了这种人为的或自然的共和国之外，再也没有其他形式的共和国了。马基雅弗利如果说，古人认为这是唯一优良的政府形式，那就不足为奇了。对我来说，如果古人认为此外还有任何其他形式的共和国，倒的确是值得奇怪的。因为如果有纯君主制这种政体存在，那么，就应该有纯贵族制或纯民主制的政体存在。然而据我了解，这些都是不存在的。行政机构的数目和职能，在各国都有所不同，但有一个条件是一切行政机构都必然相同的；缺乏这个条件，共和国就会解体。也就是说，行政官员的手既是执行法律的力量，那么行政官员的心就必须向人民负责，保证他施政时是按照法律行事的。从这里"利维坦"就可以看出，运用法律的手或剑就在行政机构之中，而不是在行政机构之上。

至于我是否正确地以自然为根据写出了共和国的原理，我将通过以色列共和国的组织，向上帝求得印证；并通过古代经纶之道的总系统，向全世界求得印证。不过，关于这类的共和国，将在讨论立法议会时详加论述，目前只是从以色列共和国开始，简单地谈谈。

以色列共和国包括元老院、人民大会和元首。

以色列人民第一次划分时，按照家谱分为十三个支派、家族或宗族。每个支派最早出生的人就是领导本支派的首领，[①] 只有利未人被留下来供奉祭坛，他们除了大司祭之外，并没有其他族长。

---

① 见《圣经》旧约《民数记》，第1章。——作者

在第二次划分中，以色列人民就根据土地法按地区划分，①或是把迦南的土地用抽签的办法分给他们，而余下来的什一税则全部归利未人。根据他们的地区划分法，支派就只有十二个。

这样划分好的人民群众，通过吹号的办法，有条不紊地参加会议②。会众似乎分成两种；因为如果只吹一只号，便只有各支派的首领和长老集合③举行会议；吹两只号时，则全体人民都参加全民大会④。全民大会（Congregation）是英文译名，希腊人称它为公民大会（Ecclesia），或上帝的大会（the Church of God）⑤，犹太法学者则称它为大会（Synagoga magna）。古时在雅典、斯巴达和以弗所等地，公民大会这个名词也可以通用作"市民会议"或"人民会议"，因为在《圣经》里，这些地方就用这个名称。⑥虽然从事译述的人对这个名称有不同的翻法，但我却不认为有什么值得赞扬的地方。因为我知道他们这种做法使我们失去了良好的一课。使徒们借用了这个名称来称呼他们的性灵会议，目的是想使我们看出他们有意让教会当局民主化或民众化。这一点在他们其余的制度中也显然看得出来。

以色列人民的集会或会议是以军事形式召集的，⑦但具有共和

---

① 见《圣经》旧约《约书亚记》，第12—24章。——作者
② 同上书《民数记》，第10章，第7节。——作者
③ 同上书，第10章，第4节。——作者
④ 同上书，第10章，第3节。——作者
⑤ 同上书《士师记》，第20章，第2节。——作者
⑥ 同上书新约《使徒行传》，第19章，第32节。——作者
⑦ 同上书旧约《士师记》，第20章，第2节。——作者

国的批准权或肯定一切法律的权力。在以色列人民以上帝为王时，甚至连上帝提出的法律①，也是由这种会议批准。当他们反对或罢免上帝为世俗的主宰，选举扫罗为王时，②我们显然看出，上帝并没有为民主政府中的立法者立下否定或逃避人民权力的先例。当时立法者和人民的权力是对立的。尽管上帝正确地谴责了以色列人民的这种负义行为，但是他还是命令仅次于自己的最高元首撒母耳听取人民的意见，因为要是人民的选举不算数，就不成其为共和国了。同时上帝安慰撒母耳说："他们不是厌弃你，乃是厌弃我，不要我做他们的王。"以色列人民不要上帝统治他们，是把他当作世俗的元首来罢免的。因此，当上帝为世俗元首时，人民甚至有权罢免他本人，这使我们无法怀疑，人民对自己在全部《圣经》中所承认的法律都有权否决。除开几个部分以外，一般讲来，这些法律可以归为两大类③：一类是和人民在摩押立约时所制定的法律，一类是和人民在何烈山立约时所制定的法律。我认为，这两部分法律等于以色列人民的全部法律。如果以色列的每一项法律都是由上帝提出的，并且一律是与人民立约后制定的，那就只有经过以色列人民决定的法律才是他们的法律。因此，那个共和国的批准权便在于人民。同时，人民所享有的批准权并不仅限于

---

① 见《圣经》旧约《出埃及记》第19章第5—8节说："如今你们若实在听从我的话，遵守我的约，就要在万民中做属我的子民，因为全地都是我的。你们要归我作祭司的国度，为圣洁的国民……百姓都同声回答说，凡耶和华所说的我们都要遵行。"

② 同上书《撒母耳记》（上），第8章，第7节。

③ 同上书《申命记》，第29章。——作者

法律事项，而且在某些情形下也包括司法权[1]、宣战权[2]、宗教问题审理权[3]以及长官（如士师或独裁官[4]、国王[5]、郡主[6]）选举权等。这些权力是由大会或以色列大会来行使的，但行使的方式并不始终一样。因为有时候这些权力是由人民用口头表决方式来行使的，[7] 有时候只是用抽签方式来行使的。[8] 在其他一切情形下，这些权力则都是用表决或表决与抽签相结合的方式来行使的，例如伊利达（Eldad）和米达（Medad）的情况就是这样。[9] 关于这两个人，我将在讨论元老院时再谈。

在旧约全书中，以色列的元老称为七十长老，而在新约全书中，则称为长老议事会（Sanhedrim）。这个名称通常都译为议会（Council），它是由上帝指定成立的。除摩西外，由七十位长老[10]

---

[1] 见《圣经》《约书亚记》，第7章，第16节；《士师记》，第20章，第8、9、10节。——作者

[2] 同上书《士师记》，第20章，第8、9、10节；《撒母耳记》（上），第7章，第6、7、8节。——作者

[3] 同上书《历代志》（上），第13章，第2节；《历代志》（下），第30章，第4节。——作者

[4] 同上书《士师记》，第11章。——作者

[5] 同上书《撒母耳记》（上），第10章，第17节。——作者

[6] 同上书《玛加伯书》（上），第14章。——作者

[7] 同上书《出埃及记》第19章第8节说："百姓都同声回答说，凡耶和华所说的，我们都要遵行。"原文所指的可能是这一段。

[8] 同上书《约书亚记》，第7章，第1节；旧约《撒母耳记》（上），第10章。——作者

[9] 同上书《民数记》，第11章，第26节。

[10] 同上书，第11章。——作者

组成。这七十位长老首先由人民选出，①但选举的方式与其说是明言，还不如说是暗示。②然而，据说"伊利达与米达本是在那些被录的人中，却没有到会幕那里去"③。关于这一段，我要是不同意犹太学者的说法，便没法理解。所以我认为伊利达和米达是由支派中推选出来的，因而被录为长官的竞争者。但是后来由于在抽签中落了空，因而就既没有随同七十位中签任长老的人到会幕去或上帝批准的地方去，也没有到元老的会场去。因为会议的会场开始是在会幕的庭上，后来又设在神庙的厅里，这个地方后来就叫作"石室"或"铺华石处"④。以色列的选举如果是这样的，那么威尼斯的选举便只是同样程序的颠倒而已。在威尼斯，由于选举人是用抽签办法来选出的，所以竞选人也可以说是这样产生的，而行政官员则由大议会或人民大会投票选举。以色列的长老议事会的组成情形是这样：摩西在世的时候和他死后的继承者，都作为首领或执政官坐在会议的中央，他的左首是传令官长或首席元老，其余的议席呈角状围在两旁，就像一弯新月，最末端坐的是书记。

由于以色列的立法者是绝对没有错误的，法律是上帝赐予的，

---

① 见《圣经》旧约《申命记》第 1 章第 13 节说："你们要按着各支派，选举有智慧、有见识、为众人所认识的，我立他们为你们的首领。"

② 同上书《民数记》，第 11 章。——作者

③ 同上。

④ 据《圣经》新约《约翰福音》第 19 章第 13 节记载："彼拉多听见这话，就带耶稣出来，到了一个地方，名叫铺华石处，希伯来话叫厄巴大，就在那里坐堂。"

人们不宜加以变动；因而以色列的元老在行使权力时，与所有其他的元老院就大不相同了，唯有雅典的阿柳波阁① 例外，因为雅典的阿柳波阁也是比最高法院高一点。我认为，以色列的长老议事会在以色列的被掳子孙由以斯拉（Esdras）率领归来以前，几乎看不到向人民提议案的事情。当时制定了一项以色列前所未有的新法律，这就是一种开除教籍，或说得更恰当一点，驱逐出教的法律。② 以色列的长老议事会向人民提建议的权利虽是从以斯拉时期起才比较频繁地行使，但这并不见得是他们不能经常享有这种权利，而只是由于既定法律十分完备和正确，没有必要行使，所以才没有行使。由此可见，以色列议会的职能是属于行政方面的，其作用在于行使既定的法律；③ 就一个元老院来说，这是很少见的。而在《圣经》里，议会本身就是祭司和利未人。④ 这种说法并没有其他的意思，只是说，在这个年轻的共和国里，祭司和利未人是最精通法律的，也最容易被选入元老院，否则他们就根本不可能拥有权力。至于法庭组织则包括二十三位长老所组成的法庭和三位审判员组成的审判小组；前者在每个城市的城门口开庭，而后

---

① 雅典元老按例至卫城北阿柳波阁山（战神山）上开会，兼理立法司法事宜。该会亦因地得名。——译者

② 关于祭司以斯拉率领以色列的被掳子孙回归耶路撒冷，以及为了要离弃他们的外邦妻子儿女而制定法律的情况，参看《旧约》《以斯拉记》，第9、10两章。

③ 见《圣经》旧约《申命记》，第17章，第9、10、11等节。——作者

④ 按《圣经》，利未人（The Levite）是以色列人的一个支派，专门从事宗教仪式方面的职务；犹太教中的大祭司、祭司等都出自利未人。从广义上来说，凡是从事神职的人统称利未人。

者则差不多每个村镇都有。这两个组织是隶属于长老会的行政机构的一部分,以后我将在更好的时机,较详细地讨论它。这些部分正是摩西接受米甸的祭司叶忒罗(Jethro)①的劝告,在这个共和国设立并经上帝批准的。②我认为叶忒罗是个异教徒;对我来说,这件事本身就足以证明甚至连上帝本人都允许我进一步利用在任何地方找到的人类经纶之道,这种经纶之道不论是在异教徒的国家里或在其他地方证实了自身的价值都一样。甚至正因为如此,所以才有人说:我们拥有《圣经》,而且《圣经》里的共和国的原型是由创造世界的同一位上帝创造的,但完全看不到《圣经》,或不关心《圣经》;而异教徒则由于没有《圣经》的原本,所以便自己写出了自己的《圣经》。这一点由于以后将有详尽的说明,所以目前只简单地提一提。

雅典政府是由以下各部分组成的:(1)投豆元老院③专提议案;(2)人民会议或大会专作决议,这种大会作过分频繁的辩论就是雅典毁灭的原因;(3)阿柳波阁元老,九人组成的执政官委员会以及其他各级官员担任执行的任务。

拉栖第梦的组织情况是这样:(1)元老院提议案;(2)人民会议或议会仅作决议,从不作辩论(这正是它能够维持长久的原因);(3)两位王、监察官法庭以及其他的各级官员则担任执行的任务。

---

① 叶忒罗是摩西的岳父。——译者
② 见《圣经》旧约《出埃及记》,第18章。——作者
③ 雅典元老院表决时投黑白豆,表示赞成与反对,故称投豆元老院。——译者

迦太基的组织是：(1)元老院提议案，有时也作决议；(2)人民作决议，有时也作辩论（这正是亚里士多德加以非难的错误）；(3)另有苏菲特（Suffetes）①、百人会以及其他各级官员担任执行的任务。

罗马的情形是这样：(1)元老院提建议；(2)会议或人民大会作决议，并过分频繁地进行辩论（这是造成动乱的原因）；(3)执政官、监察官、营造官、保民官、行政长官、财务官以及其他各级官员则担任执行的任务。

威尼斯包括以下各方面：(1)元老院提建议，有时也作决议；(2)大议会或人民大会有程序地作决议；(3)元首、中央长官、检察官、十人共治议会以及其他各级长官则担任执行的任务。

瑞士与荷兰共和国的组织程序也具有相同的性质，不过在方式上比较欠明确。因为不管是州还是城市，都是由主权者（人民）委派和指示他们的代表参加州议会或全国议会（或元老院）。在委托之中人民就把决议权保留在自己手里。代表们在议会或元老院里进行辩论，但除了人民原先委托给他们的权限或由于进一步的需要而再度委托给他们的权限之外，并没有其他的决议权。至于行政方面，他们在每州或城市都设有兼理行政与司法的长官或裁判官。此外还有那些专管公众性质更大以及和联盟有关的事务的官员，如解决州或城市之间以及不属于同一州或城市的人民间的争执的官员等。

我们可以进一步地说明，异教的政治家不仅根据自然法则著

---

① 迦太基政府的执政官。——译者

述，而且也似乎是在根据《圣经》著述。我们说，上帝曾经是以色列共和国的王；而亚里士多德则认为凡是以法律为王的共和国就是上帝的王国。后来由于人的贪婪或情欲，把权力放在以理念（即上帝的旨意）为本的法律的王国之上。就这个意义来说，上帝等于被抛弃了或被罢免了，不能再像他在以色列那样治理人民。但是"利维坦"却这样说："由于阅读了这些希腊和罗马作家（就上述意义来看，他还可以加上希伯来作家）的著作，青年人和所有其他没有坚强的理智可以抵制毒素的人，由于十分钦羡他们军队的指挥官所完成的显赫战功，所以对于他们所做的其他一切也想入非非，满以为他们的高度繁荣不是由于个别人的竞争，而是由于他们的民主政府的优越，根本没有考虑到他们的不良制度时常发生的变乱和内战。"[①] 首先，根据"利维坦"的说法，他对于异教著述家所提出的责难正是在责难《圣经》。对于持有异教作家那种意见的人，他就称之为青年人或不能抵制毒素的人。马基雅弗利是唯一追求古代经纶之术的人。根据他那坚强的理智看来，马基雅弗利便是一个乳臭未干、刚刚读完李维的《罗马史》的青年人了。他的理智有多坚强，从下面这一段话中就可以看出。因为他承认古代共和国是极端繁荣的，这就等于是放弃争论，因为产生这种繁荣的共和国自然应当具有充分的原因。他为了躲避这一点，所以就说这不过是由于某些个人的竞争而产生的，就好像这样伟大的竞争可以不需要同样伟大的美德，这样伟大的美德不要最好的教育，这种最好的教育不要最好的法律，而最好的法律也

---

① 见霍布斯：《利维坦》，第2篇，第29章。

可以不要卓越的政策就能产生。

在这些共和国中，如果有某些在政策方面较不完整，其情形就更为混乱；那么这事实就不但能说明某个特殊的共和国根基不固，而且能普遍说明这种政策的优点。如果没有实现这种良政的国家而竟会更加繁荣，试问实现了的国家又将怎样呢？

解答这一问题时，让我把"利维坦"请出来。他在所有的政府之中只认为君主政体是完美的。我有三个问题，请他好好研究一下：

第一，这种政府的完整性，必须依靠制度中某种动荡的均势。也就是说，它所统治的人民中必须没有一个发生煽动骚乱的念头。或者说，纵使有了这种念头，也没有这种力量。

第二，君主政体达到了这种完整程度后，并不能成为完美的政府，其中还必然有许多危险的漏洞存在。

第三，民主政体达到了这种完美状态时，就成了完美的政府，而不会有漏洞。

第一点无需加以证明。

第二点的证明是这样，前面已经说过，君主政体有两种，一种是凭武力建立的，另一种是以贵族为基础建立的。在文明世界或自然界中不可能还有第三种形式。古代有些号称王国的国家，如哥特人在西班牙建立的国家或汪达尔人在非洲建立的国家，进行统治时都没有依靠贵族，而只依靠人民的议会。[①]但当初描述这

[①] 据格劳修斯《战争与和平法》所载，在哥特人与汪达尔人的王国中，国王可以由人民任意撤除，法律也可以由人民任意废止。

些国家的著作家都明确地指明，这种国王仅仅是头目。人民不但可以为国王定立法律，而且可以任意废黜。按理说，在那种情形下，也不可能出现其他方式。因此，这些国家就根本不能成为君主国，要就是缺陷比别的国家大得多。

至于土耳其这类凭武力建立的君主国，可以说是君主政体中达到完美境地的范例。但其中危险的漏洞却不是凡人的智慧与力量所能补救的。近卫军常起野心，并且永远有力量发动叛乱；他们可以将省督甚至君王本身凌迟处死。因此，土耳其的君主政体便不是完整的政府形式。

以往的大洋国，未衰败前在封建君主政体中是最完美的范例。但其中危险的漏洞，也不是凡人的智慧和能力所能补救的。贵族由于有扈从人员与佃户，所以就常常产生叛乱的野心，而且也永远具有这种力量。土耳其的近卫军引起这类灾难后，马上就会平息。但这种贵族则将引起绵延不断的战争，使国家血流漂杵。而就战争的原因说来，如果人民无需依赖贵族的话，便是毫不相干的。如红玫瑰与白玫瑰之战①就是例子。其他类似的君主国家，如西班牙、法兰西和德意志也常常发生这类事情。因此，以贵族为基础的君主国便不是一种完美的政府。

关于第三点证明，"利维坦"向我让步，承认除了君主政体与民主政体的共和国以外就没有其他共和国。这样说来，如果君主

---

① 十四世纪时，英王爱德华三世想通过与豪门贵族通婚的方式加强王位，结果反而使这些贵族强大，引起了战争。由于双方以红玫瑰和白玫瑰为号，所以又称玫瑰战争。

政体中没有一种是完美的政府形式，那么要就根本没有完美的政府形式，要就只有民主政体才是完美的政府形式。关于民主政体，我所要说的比"利维坦"在以往和未来对君主政体所说的一切还要多。现列举如下：

1. 这种政府从没有被任何君王征服过，从开天辟地起到现在为止都是这样。如果希腊的共和国受到了马其顿王的奴役，那只是由于他们自己首先把共和国破坏了。

2. 这种政府常常使强有力的君王获得丰功伟绩。

3. 这种政府如果发生了叛乱，也不是由于某类政体的缺点而产生的，只是由于某个特殊组织中所存在的缺点。发生这种缺点的机构一定是不平等的。

4. 这种政府如果是接近平等的，就绝不会发生叛乱。不然，试问谁又能为我指出拉栖第梦和威尼斯曾经发生过叛乱呢？

5. 这种政府如果达到了完全平等的状况，那么它的组织就将具有一种均势。任何人都无法说明，在这种政府内部和统辖下的人们何以会起心或有力量发动叛乱，扰乱共和国。因此，一个平等的共和国是唯一没有缺陷的共和国，也是唯一尽善尽美的政府形式，现在再让我们回过头来谈前面的问题。

根据理性和经验所证明的看来，共和政府一般是由元老提案，由人民议决，并由官吏执行的政府。但有些国家在这些机构方面却不如其他国家好。原因是它们的组织、均势或职能中存在着障碍，因之便出现了千差万别的形式。

这些形式的第一种分法应将以色列、雅典、拉栖第梦等单独国家算作单独的国家,并将亚该亚、伊托利亚、黎息亚①、瑞士和荷兰等算作同盟国家。

第二种分法是马基雅弗利的分法,即将谋求自保的拉栖第梦和威尼斯同盟等算作一类,将谋求扩张的雅典和罗马算作另一类。在这一分法中,我认为分别只是前一类国家所包括的公民人数仅够防卫所必需的人数,而后一种则将容纳足以扩张的人民。

第三种分法在以往还没有见过,将国家分为平等的与不平等的两种。这一问题对于国内的和平与安全说来尤其是一个主要的问题。因为一个共和国发生不平等现象,就将使它分成党派,因而使人们不断发生争端;某些党派会企图维持优势地位和不平等状况,而另一些党派则企图实现平等。这就是罗马人民与贵族或元老院不断发生冲突的原因。但在平等的共和国中,冲突之不可能发生,就像两边重量相等的天平不会偏向一边一样。比方说,威尼斯共和国由于政体是最平等的,所以人民与元老院之间便从来没有发生过冲突。

一个平等的共和国的基础或产权均势和上层建筑都是平等的。换句话说,它在土地法和轮流执政方面都是平等的。

平等的土地法,便是建立和保持产权均势的永久法。根据这种法进行分配,贵族阶级或少数人的圈子里的某一个人或某一些人就不可能由于拥有大量土地而压倒全体人民。

如果土地法能解决国家的基础问题,那么轮流执政的制度就可以解决上层建筑的问题。

---

① 城邦名,在小亚细亚,受希腊影响极大。——译者

平等地轮流执政就是政府中平等地轮流交替，或相继担任一种官职，其任期极为利于轮转，并且大家都平等地轮流卸任，所以便能依次通过各部分将全体都包括在内。接替他人官职时是由人民自由选举或投票的方式决定的。

相反的情形便是官职任期的延长。这样就会破坏轮流执政的制度，破坏共和国的生活方式或自然运转状况。

这种人民选举或人民投票是最自由的方式。这种选举方式不会使人受人情约束（以往有一种情形是谁接受了好处就出卖了自由），也不会使人失去情面。它不会使人由于害怕敌人或对于朋友感到难为情而破坏个人的自由。

因此，西塞罗便说："人民所喜欢的法律是使他们喜笑颜开、使他们的思想得到保护和自由得到保障的法律。"① 罗马的人民投票时，是秘密地将小木片投进标明为赞成或反对的瓮中。西塞罗认为投片或投票的制度是受人民欢迎的制度。因为这种制度可以不妨碍人们表示他们的好恶，于是便可以增加他们发表意见的自由。我现在无需详细论述这种投票制度，因为《典章制度》一章将谈到威尼斯的制度，这是最完美的典范。

根据以上所说的看来，一个平等的共和国是在平等的土地法的基础上建立的政府。其上层建筑分为三个机构：（1）元老讨论和提议案，（2）人民议决，（3）行政官员执行；官职由人民投票选举，平等地轮流执政。轮流执政虽然可以不需要投票，同时投票也不一定会产生轮流执政制度，然而往下"典章制度"一章中

---

① 见西塞罗：《为普朗西阿声辩》，Ⅵ，16。

所说的投票，不但能包括两方面，同时也是最平等的方法。因此，往后再谈到投票时，我就将兼指轮流执政。

谈过平等共和国的原理以后，我就要尽我所看到的情形来举一个实例。如果这种工作具有任何价值的话，这就是因为它是第一个完全平等的范例。威尼斯虽然最接近这种共和国，但仍然是为了谋求自保而成立的共和国。像这样的共和国，由于被包括在政权之内的公民人数很少，而没有包括进去的人数又很多，所以从外面看来仍然是不平等的。任何共和国只要是设省而治，就必然会形成这种情况，只是不会达到这种程度。虽然我个人认为威尼斯还没有达到完整的平等状态，但从内部和官职方面看来，它却是最为平等的。这一方面是由于它的法律补救土地法的缺陷时，在基础上并不是很清楚的和有效的。同时，它的上层建筑也没有由于投票或轮流执政而变成完全均衡的。它由于公民人数很少，所以大的行政职位便不断地在少数人手中转来转去。詹诺蒂有一次承认道，一个士绅一旦当上了陆地的萨维俄（Savio）官，往后就很少不能升任海上萨维（Savi）官、陆地萨维官、大萨维官、参议员等更大的官职，他还可以进入十人共治委员会或独裁参议会，或充当无需卸任的奥罗加忒利或监察官。如果威尼斯的这些事情，或王位世袭的拉栖第梦的另一些事情，以及元老院终身任职的议员（虽然也是人民选举的）等等，在谋求自保或公民极少的共和国中都没有引起不平等现象（其实是很难想象的），那么在谋求扩张或人数众多的国家中就显然会引起很大的不平等。在这种国家里，由于官职被集中在少数人手中，所以就严重地妨碍了轮流执政。

也许有人会说（无妨认为这是坚强的反对理由）：即令一个共

和国达到了理想的平等,但一切都安排好之后,便只要两三个人就可以统治好了。从这一点看来,民主国家虽然外表上是十分完美的,但也只能说明这种政策的愚笨,并且说明了君主政体的优越性。其实有许多民主政府遇到困难时,便采用独裁政权,像罗马就是例子。

  关于这一点,我的答复是这样:真理是火花,反对意见则是风箱。所以我们的共和国在这种反对意见之下特别放出了异彩。因为在一个共和国中,如果要通过人民的选举而获得崇高地位,便只有美德受到一致公认时才能达到目的。如果政权是民主的和平等的,便尤其如此。如果德行出众的人权威不能过人,那个共和国便十分愚笨而又不公平了。美德受到适当的激励,国家能有适当的人选服务,是两得其宜的事情。这些德行出众的人就是柏拉图认为应当做国王的哲学家,而这些国王又是所罗门认为应当登上王位的人。[①] 这些人的战马是权威的战马,而不是帝国的战马。如果把这些马像独裁权力的战马一样绑在帝国的战车上,那么他们就会像太阳的车子一样,隔一个时期发一次光。[②] 如果说共和国是法治的政府而不是人治的政府,那么这种国家便是以德治理的王国而不是以人治理的王国。当王国在某一人身上失败时,马上就会出现接替的人而中兴。维琪尔说得好:

  前者去而后者继,

---

 ① 参看本书第 23—24 页。——译者
 ② 希腊神话说阿波罗是太阳神,驾车驱日而行。——译者

都有君主的权杖放光芒。①

这样就能使普天之下，娇气尽除。除开平等的共和国以外，其他国家的统治者都可能产生这种习气。

说完以上各点之后，现在最好是对于另一些人说一两句。他们既恫吓贵族士绅，说人民如何可怕，同时又恫吓人民，说贵族士绅如何可怕；仿佛贵族与人民的利益是水火不相容的。②事实上一个励精图治的国家如果只有人民而没有贵族，或只有贵族而没有人民，就正如同一支军队只有士兵而没有官长，或只有官长而没有士兵一样。因此，这种说法是非常错误的，说这种话的人的用意并不都像马基雅弗利所表现的那样，马基雅弗利要不是具有他那种用意，便也成问题了。共和国的创立、治理和军队的带领等问题中的某些事情，尽管有伟大的神学家、法律家和各种事业中所出现的伟人存在，仍然是专属士绅阶级天才人物的事务。所以一般都说：一个人如果创立了共和国，他首先就一定是一个士绅。比方说，摩西就是法老③的女儿教导出来的。底修斯④和梭伦⑤也是贵族出身，而且被雅典人民认为是值得做国王的人。莱喀古

---

① 见维琪尔史诗《伊尼特》，Ⅵ，143。
② 指马基雅弗利。
③ 法老（Pharaoh）是古埃及王称号。——译者
④ 底修斯（Theseus）是雅典传说中的国王，据说他曾多次征战，扩张了雅典的声威。——译者
⑤ 梭伦（Solon，公元前638？—前558？）是古雅典的立法家，希腊七贤之一。——译者

斯是皇族。罗慕洛①和努马②是王子。布鲁土斯③和普布利科拉④是贵族。为罗马人民牺牲性命并复兴共和国的革拉古兄弟⑤的父亲曾两度立军功,母亲则是西庇阿⑥的女儿康尼莉娅(Cornelia),托勒密(Ptolemy)王曾经向她求过婚,而且她还不屑去做埃及的皇后。大洋国唯一的立法者,大名鼎鼎的奥尔佛斯·麦加利托⑦(往下就可以见到)也是贵族子弟。"利维坦"竟说,政治学不比他的大作《论公民》⑧更古老,这简直是信口开河。在共和国的内政与军事方面获得任何名望的人,也莫不都是士绅阶级人物。罗马人民从平民阶级中选出的其他长官也都是品德相同的名门子弟,只是由于贵族地位被篡夺,所以才不具有这种称号。荷兰国内由于缺少贵族,所以才到外国去借用王子来当他们的将军,借用士绅来当他

---

① 罗慕洛(Romulus)是罗马传说中的开国君主,据传为母狼养大,后被奉为神明。——译者

② 努马(Numa)是罗马传说中继罗慕洛之后的第二个国王,据说是罗马宗教仪式的创始人。——译者

③ 布鲁土斯(Brutus,公元前85—前42)是罗马共和国的首领,恺撒暗杀团的一分子。——译者

④ 见本书第17页注②。——译者

⑤ 提庇略·革拉古和盖乌斯·革拉古(Gracchi),罗马执政官,奴隶主时代民主政治的代表人物,他们主张把大地主的土地分与贫民,其目的在于巩固奴隶制度。——译者

⑥ 西庇阿(Scipio)是罗马大将,击败汉尼拔的将军,后被人诬害,因其女婿革拉古而得救。——译者

⑦ 奥尔佛斯·麦加利托(Olphaus Megaletor),希腊文原义指光明和全心全意,暗指英国何人,不甚明确。——译者

⑧ 霍布斯的名著,发表于1642年,原文为拉丁文。

们的指挥官。瑞士每逢缺少贵族，便把公民送归外国王子麾下，而不由自己来把人作这种高贵的使用。这些就说明了人类的慷慨大度。任何地方要是没有贵族来驱策平民，他们就会因循苟且，并且会不管全世界和攸关大众的自由，其情形就像是罗马人失去了贵族一样。所以平民在和平时期就应当把贵族当成自己的眼珠看待，在战时就应当把贵族当成胜利看待。如果康尼莉娅不屑去做埃及的皇后，如果罗马的执政官坐在自己的席位上睥睨最伟大的君王，那么就让贵族热爱平民吧，平民由于推崇他们的美德，在共和国中为他们提供的宝座，比任何王国中的君主都高。

如果共和国的平等首先在于土地法的平等，其次在于轮流执政的平等，那么共和国的不平等就必然是土地法或轮流执政制不存在或不平等，要不然就是两者同时发生毛病。

以色列和拉栖第梦两个共和国，具有很大的相似之处（根据犹太学者约瑟夫斯［Josephus］的说法，以色列人说自己和拉栖第梦人是很相似的），他们的土地法都是平等的，但轮流执政制却都是不平等的，以色列人尤其如此。根据摩西的话来看，他们的议事会或元老院原先是由人民选举的，但后来竟没有得上帝的训示就用任命法来选定继位者。后来诚行派信徒[①]的世俗习惯，如驱除出族，财产公有以及其他的风俗习惯都是继承以色列人的习惯。这种人有许多后来都入了基督教，这些风俗也被介绍到基督教会里来。至于士师、苏菲特或独裁官的选举，在时机、任期和职务

---

① 犹太教的一个支派。

方面都是不规则的。这一点在《士师记》①中就可以看出，其中经常提到那时以色列人没有王，也就是说没有士师。在《撒母耳记》中，首先就说到"以利（Eli）做以色列的士师四十年"②，随后又提到"撒母耳生平做以色列的士师"③。在拉栖第梦，元老是由人民投票选出的；其任期虽是终身的，但并非完全不平等。至于他们国王的世袭权，要是没有土地法的话，恐怕早就把国家摧毁了。

雅典和罗马人在土地法方面基础是不相等的。雅典的土地法摇摆不定，罗马人则根本没有土地法。如果罗马人在更古的时候曾经实行过土地法，那么他们事后也没有保持下来。所以到提庇略·革拉古时代，贵族就几乎把平民的土地全吃掉了。贵族用佃农和奴仆来耕种土地；因此到那时再行补救，本来已经太晚，而方式又过于猛烈，所以共和国便灭亡了。

他们在轮流执政制方面基础也是不相等的，但情形刚好倒过来了。雅典人的元老是一次用抽签的办法选出的，而不是用投票方式选出的。每年不是更换一部分，而是整个更换。人选不是世袭贵族。他们的任期并不太长，所以不能完全理解自己的职务，并做到尽善尽美的程度，也无法具有充分的权柄来防止人民不断造成的骚动。这种骚动最后就造成了雅典的灭亡。尼细阿斯④虽

---

① 见《圣经》旧约《士师记》，第17章，第6节；第19章，第1节；第21章，第25节。

② 同上书《撒母耳记》（上），第4章，第18节。

③ 同上书，第7章，第15节。

④ 尼细阿斯（Nicias）是伯罗奔尼撒战争后雅典的贵族派领袖，后来主持与斯巴达订立和约。——译者

然竭尽所能，企图挽狂澜于既倒，但也无济于事。如果雅典是由于人民的固执而崩溃的，那么罗马便是由于贵族的野心而灭亡的，原因都是没有平等的轮流执政制。人民原先如果有平等的轮流执政权，可以进入元老院，他们到时候就会以轮流执政的方式担任行政职位。然而元老议席始终是被贵族把持着，行政官职也大部分被贵族占据了。土地法是由他们一手执行和保持的，所以就使得共和国动弹不得了。

前面已经根据经验和理智证明，一个共和国不论是平等还是不平等，都必然包含着三种总机构，即元老院辩论与提议案，人民大会决议，行政官员执行。但"利维坦"却说："共和国是由一个人或一个单独的议会管理的。"[1] 说这话时，他既举不出例证，也提不出理由。我真是不胜诧异。据他自己说，他使成千上万在这一点上感到动摇的缙绅先生们对于这种政府养成了一种自觉的服从习惯（这是他乐用的词句）。我对这一点也深感遗憾。

这一部分讨论打算在短短的篇幅中尽量完备地对古代经纶之道和全部政治艺术提出一个概说。现在我准备用以下的话来结束：

前两个机构，也就是元老院与人民大会，都是立法机构。政治家在政治学中所指出的法律部分就是专研究这两个机构的。第三种机构是执行机构，政治学中所谓的政体与审判程序讨论的就是这种机构。我们必须对这三部分略加讨论。

首先谈法律。它不是宗教法就是世俗法。前者是关于宗教事务的，后者是关于政治事务的。

---

[1] 见霍布斯：《利维坦》，第 2 篇，第 18 章。

根据古代经纶之道的一般情况看来，宗教法或关于宗教事务的法律是由行政官员掌握的。但根据教皇制成立以后的一般近代经纶之道，这种法律则从行政官员手中取走了。

宗教信仰如果不是根据个人的良心取得的，对他说来便是一文不值的。所以，信仰自由便是主要的自由。一个政府如果主张自由而又压制信仰自由，便是自相矛盾的。所以一个人如果要求个人信仰自由而又反对国家信仰自由，便是十分荒谬的。

共和国不是旁的，就是国家的信仰。如果一个人相信个人的信仰就能产生个人的宗教，那么相信国家的信仰就能产生国教。这种说法究竟有没有道理，两种信仰究竟是不是能相谋合，我们只要顺着次序看一看古代共和国的情形就明白了。

在以色列共和国中，国教的管理不属于祭司或利未人，除非这种人同时又是长老或元老。但要当长老，就只有通过选举才能办到。他们只是由于后一种身份，人民才必须"按着他们所指教的一切话，谨守遵行，要按他们所指教的法律……不听从的，那人就必治死。"[1] 但以色列的世俗法与宗教法就是一回事，所以具有其中一种权力的长老，就必然具有另一种权力。国教事务既然由长老裁决，所以耶和华说过下面这句话之后，信仰自由就自那天起根据这句话而归于先知及其门徒了。上帝说："我必……给他们兴起一位先知……谁不听他奉我的名所说的话，我必讨他的罪。"[2] 这些话讲的都是先知的权利，超过了该共和国的一切法令。所以

---

[1] 见《圣经》旧约《申命记》，第17章，第9节等段。
[2] 同上书，第18章，第17—19节。

以利亚才会拒绝服从国王,而且把国王的使者用火烧死。^① 国教除了殿堂以外在其他任何地方贡献牺牲都是不合法的,但先知却自己就是自己的殿堂。他可以像以利亚在迦密山所做的一样,^② 随便在哪里贡献牺牲。洗者约翰和我们的救主就是根据这种方式收门徒,并向人民宣教的。这种方式与我们的救主关系更大。我们现在集会布道的权利也是从那里得来的。因此,基督教是根据而不是违抗以色列共和国的法令成长起来的。同时这个政府也没有伤及信仰自由。直到后来,世俗自由也在希律、皮拉多与提庇略三大暴君^③之下被破坏了,情形才有所改变。

更进一步说,根据保罗所说的话看来,雅典人的宗教中掺杂着许多迷信成分。无神论者阿基比阿德曾经把麦邱里神像的胡子剃去,使它变成奇形怪状的像。但他要是不跑得快的话,自己的头也会被人民割下来了。^④ 当保罗和他们辩论时,他们喜爱新道,所以便大受欢迎。后来保罗把亚略巴古的官丢尼修说服信了主,这事并没有使保罗受到伤害,也没有使丢尼修的荣誉受到损失^⑤。至于罗马的情形,如果西塞罗在他的杰作《论神性》中把共和国

---

① 见《圣经》旧约《列王纪》(下),第1章,第9节等段。

② 同上书《列王纪》(上),第18章,第19节。

③ 提庇略(Tiberius)是耶稣被杀时的罗马皇帝,皮拉多(Pilate)是当时罗马驻巴勒斯坦的总督,希律(Herod)是罗马治下的犹太君主。——译者

④ 阿基比阿德(Alcibiades)是雅典名将,在伯罗奔尼撒战争中他热烈鼓动出征。临行前有人陷害他,将麦邱里神像毁坏,并诬称是他毁的,后来他因此而投降斯巴达,使雅典大为受挫。——译者

⑤ 见《圣经》新约《使徒行传》,第17章。亚略巴古即阿柳波阁,见本书第37页注①。丢尼修按近音应译为代奥尼苏。

的国教推翻了,他绝不是由于执政官的身份而占到了什么便宜。近代经纶之道中却有一种卑污和贫乏的性质,它不但会伤害世俗政府,而且还会伤害宗教本身。如果叫一个人在宗教方面不管理性的论证,只向神发誓,看主教或长老信什么就信什么,那就是一种迂腐的作风,正像一把剑拿在一个冬烘先生手里就成了棍棒一样。由于这种方式,基督教虽然最不赞成战争,但宗教战争却只在基督教成立了以后才发生。关于这一点,我们就只有归之于教皇了。由于教皇不将信仰自由给予君主和共和国,所以他们也就无法把自己所没有的东西给予人民。因此,君主和臣民有时是由于教皇的怂恿,有时是由于彼此之间争吵而养成了一种前所未有的该诅咒的风俗,即为宗教而战,并否认行政长官有任何审理权。但行政长官失去宗教方面的权力后,就失去了信仰自由。因为信仰自由在这种情况下没有权力可以加以保护。但人民所受的教导如果不同,他们就会留心观察,分清什么是田凫的鸣声,什么是斑鸠的叫唤。

关于世俗法律方面,如果它偏在一边,而均势又偏在另一边,那么政府就必须重新订立典章制度。在这种情形下,一个法律家如果劝你把政府适应于他的法律,你就不要听他的话。这正好像一个裁缝叫你把身子适合他的紧身上衣一样没道理。除非政府首先就是健康的,否则说得头头是道的法律改革也是危险的。一个健康的政府就好比是一株健康的树,用不着怎样操心也不会结出坏果实来。要是树本身有病,果实就永远也没法改造了。如果树没有根而又结出外表很好的果实,那就特别值得注意,因为这是极毒的果实。如果奥古斯特(Augustus)没有定下优良的法律,罗马帝国的内部就绝不可能那样慢慢地被提庇略的暴政和往后继位的皇帝腐蚀掉。法律的最高普遍准则就是要简明。从西塞罗的说法看来，罗马的政治情况最好的时候，就是根据十二铜表法治理的时候。塔西佗也说："法网日繁，共和国就腐败了。"有人也许会说，法律少的时候，有许多事情就会要用武断的方法决定。但是法律多的时候，要武断决定的事情就更多了。根据查士丁尼（Justinian）和最杰出的立法家的说法来看，这种法律就会促使诉讼人缠讼不休。梭伦所定的法律很少，莱喀古斯所定的法律更少。目前的各种政府中，法律最少的就要算共和国。我们不妨用这样一段论审判或法庭制度的话来结束本章：这种讨论如果不举实际例子是不可能做好的。各个政府的制度和审判程序都各不相同，其中以威尼斯的为最好。他们对法庭的裁决权不大注意，而只重视法庭制度。因此，这种裁决权就不可能拖延或发生危害；它会而且也必然会最快地作出处理，并可能提出人性中最合乎正义的裁决。详细的方式在这里不多说，因为往下谈到大洋国人民的司法情形时还将详细叙述。以上所说的是绪论的第一部分，也就是讨论古代经纶之道的第一部分。

绪言（第二部分）

在这一部分我预备讨论关于近代经纶之道的兴起、发展和衰落的经过。

前面已经说过，近代经纶之道是从哥特人、汪达尔人、匈奴人和伦巴底人入侵罗马帝国以后开始的。但在近代经纶之道的结构中绝看不出有任何地方可以与古代经纶之道相提并论，所以当中必有一个过渡时期。通过这个过渡时期，古代经纶之道就可以渐次转化退位，而近代经纶之道则可以壮大力量和获得推动。这个中间阶段以恺撒的武功（人类在政治上的"可庆幸的罪"）为嚆矢，往后罗马帝国历代皇帝受人唾骂的统治都在其内。在这次暴风雨中，罗马共和国好比海洋中的一只航船，它被迫抛弃了自己珍贵的货物。从此以后，共和政体除了在威尼斯海湾以外再没有出现过了。

《圣经》里说，"罪恶是你们自己造成的，以色列人啊！"相应这句话的道德箴言是："人必自侮，然后人侮之。"一切政治事务也莫不如此。从上面所举的罗马人的例子来看，他们是由于自己在土地法中的疏漏，让贪欲有可乘之机，于是便使自己和后代子孙丧失了无价之宝的自由。

按罗马人的土地法规看来，他们的土地应当分给人民。条文中有的没提到殖民地，在这种情形下他们就无须迁居。还有的条文提到了殖民地，而且还以去殖民地为条件。这时他们就要离开自己的城邦搬到指派给他们的土地上安家立户。分配的土地，或者说按照上述任意一种土地法应加分配的土地，可以归为三类。一种是从敌人手里夺来分给人民的土地；一种是从敌人手里夺来后、表面上充为公地，但实际上为贵族霸占了的土地；还有一种是国家花钱买来准备分给人民的土地。这方面的法律中关于把战争中夺得的和国家用钱买来分给人民的土地的条文，从未引起过争执。但是涉及收回贵族侵占的土地，把大家共同取得的战利品分给人民的法令，一经提出就必然引起严重的骚乱，人民始终也未能获得这种法令。即使是取得了，贵族也不会遵守。贵族们不仅保住了自己所侵占的财产，而且还借此大发其财，逐渐把国家分配给人民的土地完全买到自己手里来。等到革拉古兄弟发现这种情况，就已经太晚了，他们发觉共和国的均势已经完了。那时人民的力量极其微弱，如果用强力手段使人民重新获得贵族的土地，事实上只会把事情弄得一塌糊涂。这只能以最坏的效果证实他们的领导者所发现的经纶之道是正确的。大洋国所发生的情况正好相反，它的均势倾向于人民，所以人民便推翻了贵族。而罗马的贵族则在苏拉（Sylla）的率领下推翻了人民，推翻了共和国。苏拉把战争中征服的土地分给他的四十七个军旅的士兵。但这时土地已经不是敌人的，而是人民的了。这样他就设立了军事殖民地，首创了一种新的均势，为日后的君主政治奠定了基础。苏拉能够被推为"无限期的独裁者"，同时继他而起的执政官也拥有同样大的权力，这并不是什么奇迹。

到了帝国时代，罗马的皇帝们保留了这种军事殖民地，用以豢养他们的军队。如奥古斯特把土地分给老兵，所以他能击败他的政敌布鲁土斯和卡西乌斯（Cassius）。我认为这种军事殖民中所包含的就是所谓"军俸士兵"，意思是他们所保有的土地所有权，是国家给他们的军俸，可以终身享有。但条件是遇有战争时他们要自费服军役。到亚历山大·谢维路斯（Alexander Severus）皇帝的时代，更允许这些老兵的后裔以同样的条件继承这种军俸地。这就是罗马皇帝构成均势的所有权状况。除了这种食军俸的兵士以外，罗马的皇帝们认为还必须有寸步不离地保护他们安全的御林军。根据奥古斯特的前例，数目共有八千人。但由于这种政府中存在着前面所说的那种无可救药的缺点，所以这些御林军正好是历史上弑君最多的军队。在这方面，罗马的君主政治和今天土耳其的情况很相似。土耳其皇帝也有一个近卫军总部和骑兵总部。近卫军总部管的是近卫队和近卫步兵团，他们是皇帝的随身保驾者。不凑巧的是，他们也非常贪婪皇帝的血。骑兵总部管的是将土耳其皇帝的全部土地分给佃户终身使用，但条件是要始终不断地服军役，或随时应征服役，费用由蒂马斯中支出。土耳其人说蒂马斯就是"军俸"。看到这一点，我们就可以不必多谈土耳其的政治制度了。

但是穆罕默德和他们的经纶之术在世界上颇有些威望，主要是因为除了以色列的君主政体以外，罗马的君主政体是最不完整的，而土耳其的制度则是以往最完整的君主政治制度。情形是这样，正和以色列是由议事会和全体会议组成的一样，罗马也是由元老院和人民大会组成的。但土耳其则是清一色的纯君主政治。

这种纯与不纯并不是决定于当初立法者的智慧，而是民族特征不同的结果。东方民族，除了奴隶制度以外根本就不知道还有别的生活状况，唯有以色列人是例外，这应当归功于他们的土地法。至于西方民族则历来就爱好自由，不论处于怎样绝望的环境，总不能使他们屈服。即便是枷锁套在头上的时候，他们也会怀着一种希望，要为自己保留一部分自由。

恺撒的传记家苏旦尼乌斯（Suetonius）说，恺撒在人民大会上只要求任命一半高级官吏的权力，留下其余的一半由人民去选举。同时麦克纳斯①虽然不愿奥古斯特给人民以自由，但也不愿他剥夺人民的自由。因为他对奥古斯特说过："你不要认为我赞成你把罗马元老和公民置于专制的奴役之下。像这种事，我不应当说，你也不应当做。"所以，这个帝国既不是兀鹰，也不是呆鸟，而只是量力飞行。一方面它需要压榨人民以满足兵士的贪欲，一方面又得答应保护人民和元老不使他们遭受军队的侵犯。所以罗马皇帝永远夹在人民和兵士之间，被拖来拖去，直到死在一方手中为止，很少有例外。马基雅弗利对这一点已经说得更清楚。嗜血的刽子手御林军，常为主子屠杀别人，也为自己而屠杀主子。这批人从奥古斯特一直保留到君士坦丁大帝。君士坦丁因为他们背叛自己，支持他的竞争者玛克森提乌斯（Maxentius），一怒之下解散了他们，把他们调离罗马的坚固要塞，分散到各个行省里去。同时以往规定分给士兵的军俸地只是终身享用，同时还必须服军役，

---

① 麦克纳斯（Mæcenas）是奥古斯特最亲近的朋友，著名的文学艺术的保护者。——译者

在君士坦丁手里，就改成了世袭财产。于是最初维持帝国统治的整个基石现在正式废除了。这个事实清楚地说明罗马皇帝老早就找到了其他的支持，这个支持便是雇佣的哥特军队。哥特人最早来自德意志北部或瑞典，他们对多密善（Domitian）大帝作战获胜以后，长期以来就在蔓延，逼近罗马帝国的边陲。接着他们就开始入侵。原先罗马皇帝常常雇用他们来为自己打仗（正如同法国人今天雇用瑞士人一样），为此而在报酬的概念下付给他们的东西，他们却看作是对自己的纳贡，于是每当稍有差错的时候，他们便经常登门强行索取，以致在荷诺里乌斯（Honorius）时代，他们就洗劫了罗马，占领了意大利。这就是古代经纶之道转入近代经纶之道的开始。也就是说，这次崩溃使汪达尔人、匈奴人、伦巴底人、法兰克人、撒克逊人从四面八方拥入罗马帝国，摧毁了罗马古老的语言、文化、经纶之术、风俗和城市；改变了国家、海洋、山川和人的名称；往日的卡米卢斯、恺撒、庞培现在换上了埃德蒙、理查、杰弗里。

首先让我们谈谈这些政治舞台上的新人物的政治基础或均势。法律学家喀尔文说："'封建'这个词是哥特语，含义很复杂，可以指战争，也可以指保有征服的土地。这是战胜者以永远奉他为王和永远做他的臣民为条件封赠给他的有功劳的部将和兵士的土地。"[1]

这种土地的分封共分三级：第一级是诸侯（Nobility）的采邑，他们有公爵、侯爵和伯爵的称号。意大利人被征服后，城市、城堡和村庄都分封给他们了。他们的封邑就像皇宫一样豪华，并且

---

[1] 见让·喀尔文（Jean Calvine）：《世俗法与教会法论文集》，第368页。

也被称为皇宫。他们在封邑中有铸造钱币、任命官吏、征收关税路税、没收财产等权力。

第二级封土是男爵（Baron）的封土，是由前述的诸侯经过国王的同意封给下一等级的人的土地。条件是除了效忠于国王以外，他们应当用武力维护他们诸侯领主的地位和财产。

封土的最低一级，是由第二级的男爵分封给贵族或非贵族出身的下属的土地。他们对男爵的义务和男爵对诸侯的义务相同，称之为贵士（Vavasors）。这就是哥特人的均势结构，也是今天基督教国家最初立国时的结构。因此，如果有时间的话，我本应当在这里再谈一下德意志的帝国和法国、西班牙、波兰的王国。但说过这一些以后，关于近代经纶之道的一般原则大家一定很清楚了。往下就要讲比较专门的东西，内容可分三个部分：

第一部分：以往大洋国的君主政体。

第二部分：这种君主政体的解体。

第三部分：目前共和国的产生。

以往大洋国的君主政体应当和好几个民族联系起来看，因为这些民族都曾先后征服和统治过大洋国。首先是罗马人，其次是条顿民族，第三是斯堪的那维亚人，第四是纽斯特利亚人[①]。

在罗马人占领时期，大洋国被划为罗马的一个行省。关于罗马人的政治制度我就从略了，因为在别处我将谈到罗马人的行省

---

① 纽斯特利亚（Neustria）是墨洛温时代的西法兰克王国。公元511年克洛维（Clovis）把国土一分为二，东部为奥斯特拉西亚（Austrasia），西部为纽斯特利亚。到912年纽斯特利亚改为诺曼底公国。此处纽斯特利亚人就是诺曼底人。纽斯特利亚这个名字从诺曼底出现后即逐渐消失，几乎不为人所知。

政府。但我们应当记住，如果说我们现在不再赤身裸体、披着斑斑点点的兽皮东奔西跑，并且学会了写字看书和有了文化，这一切都是直接从罗马人那里得来的，或者是通过条顿人间接得来的。从条顿民族的语言中就可以明白地看出，他们的文化除开从罗马那里得来的以外，就没有旁的来源。在他们的语言中，除了从拉丁文借来的字以外，自己就没有表示"读"和"写"的字眼。同时，由于条顿民族这样吸收的文化的帮助，我们才能有这个多年信奉的宗教。因此，我认为我们不应当忘记罗马人。由于他们，我们才从野兽进化为人类，才由一个愚昧无知、默默无闻的民族（如果我们不把自己估计得太高的话）变成了一个明智而伟大的民族。

罗马人把大洋国作为他们的一个行省统治之后，条顿民族是第一个把过去的君主政体输入大洋国的民族。继他们之后又来了斯堪的那维亚人。但斯堪的那维亚人统治的时期较短，而且他们对前人的政府形式极少更动，所以便可以略而不谈。条顿民族模仿了哥特人的均势，把全国的土地分给三个封建阶层，即郡伯（Ealdorman）、贵士（King's Thane）、豪士（Middle-Thane）①。

---

① 所谓 Thane 原来就是侍从武士兼陪臣之类的人物，跟随国王者为贵士，跟随诸侯者为豪士，都领有封土。前者与后来的男爵（baron）相当，后者和骑士（knight）相当。thane 在诺曼底人入侵以后即消灭，而变为一等男爵，二等男爵。应当注意的是，外国的封爵和中国的公、侯、伯、子、男不同。外国的封爵是慢慢演变而来的，而且是此起彼落，我们按其大小译成中国的公、侯、伯、子、男，其实是不相等的。譬如在英国最初只有 Earl（伯），那时并无其他的爵位，在当时，伯就是最大的也是唯一的封爵。侯爵到查理二世时才出现，公爵到 1337 年爱德华受封为黑太子康沃尔公爵时才有。而且如伯、男、贵士最早也不是爵位，都是陪臣、家将、侍从等副贰之职。——译者

全国土地的区划就和全国各区的统治一样，很难说是从什么时候开始的。任何政府没有区划是无法进行统治的。条顿族时期所用的区划是"郡"（County）。每郡有一个郡伯或长官（High Reeve）。后来郡伯变成伯（Earl），长官成了郡长（Sheriff）。

郡伯也称贵士，是国王的大佃户和敕封土骑士。有时整个郡都是他的封土，郡伯的称号就是这样得来的。也就是说，他所统治的范围是一个郡，有时多于一个郡，有时不到一个郡，多余的地方属国王统治。除此以外，他有时还能在郡伯辖区内的城镇或自治市其他地方具有三分之一或其他习惯份额的利益。譬如，埃色利德自己和他的继承人就拥有包括三四个郡的整个麦西亚王国，这个例子可以说明古代伯的封土之广阔，此外还有其他的人封土也不相上下。

贵士也是一种封号。由于这个称号，他们可以根据自己对国王的服役而直接从国王那里领有五海德[①]土地。也就是说，一个乡下人如果能有一个小教堂、一个厨房、一个钟厅（就是屋内有一口钟，晚餐时击钟召集全家人一同进餐），一座邸宅门加门厅（即门廊），并在宫廷中具有一定的职位，那他就是贵士。但一海德（也称卡拉卡）地或一犁地究竟有多少很难确定，因为其数目没有定规。但一般认为一海德地就是用一架犁所能耕种的土地面积或总出产量与此相当的土地。此外还要加上各种附属物。

豪士是一个封建阶层，但不是一种封号。豪士也称豪绅，他

[①] 海德（hide）是英国古代一种土地单位，一个海德是一百二十英亩，这被认为是养活一个自由民全家人所需要的土地数目。——译者

的封土称豪绅庄（Vavasory），其土地是诸侯授予的而不是直接由国王授予的。

各级封土的占有和保持情况既然如此，这就说明了条顿民族君主制度的均势情况。郡伯的财富是惊人的，以致由于自己所有权的均势而获得的权力成了名副其实的"小皇帝"。他们具有两种司法权，一种是在其辖区的法院内所具有的司法权，另一种是在王国高等法院内所具有的司法权。

在借以取得郡伯称号的封土中，如果全郡领土都是他的封土，他就可以掌管郡法院，一切诉讼费也归他使用或算作他的利益。如果他的封土只是郡的一部分，那么除了在他自己的封土以内，便只是代表国王行使的司法权，一切诉讼费和利益归国王所有。换言之，他等于代行没有郡伯的郡内的郡长的日常职务。在这种情况下，他们被称为子爵。在有郡伯的郡内，郡法院由郡伯和主教主持，方式和今天的郡长两年巡回法庭相似。在这种情况下，全郡的宗教法律和世俗法律便都交给地区了。境内豪绅的案子也由郡法院审理，它有权审查判决和执行有关遗嘱的案件，而且还可以裁定民刑案件。

贵士在自己的贵士田上，正和诸侯在自己的庄园上一样，都具有司法权，并开庭问讯。

除开这些专有的司法权以外，郡伯、贵士、主教、修道院长、豪绅或豪士在王国的高等法院或议会中还具有更公开的司法权。其内容如下：（1）审议权，即参议或批准法律的权利；（2）国事参议权；（3）诉讼案件审理权。那个时代的混乱之处当然也是要指明的，高等法院在那个时代根本没有正式的组织。我认为已故的某匿名作家的一本书[①]中有一句话有力地证明了这一点，我们不妨引来看看。他说："大家都知道，我们各地区还有许多自治市选派议员参加议会。但这种办法早就已经衰败，并已经形同虚设了。自从纽斯特利亚人征服以来，这种议员就没有任何声誉，往后的国王更没有赐给任何特权。因此，这些人就必然是根据征服以前的更古的习惯取得这种权利的。现在他们已经说不出这种权利是从哪里得来的了。"

这类的说法还很多，但我只举这一段。我认为这就足以证明以下诸点：（1）在条顿民族时代，低等阶层有权进入议会；（2）这类人进入议会是由自治市选举出来的，如果郡骑士（进入议会的人无疑是郡骑士）的家世很古，则是在本区中选举；（3）如果我们可以说现在平民有权选入议会，所以就证明条顿民族时代也能进入议会，惯例的根源起于何时谁也不知道；那我就要说，现在的平民自己组成一院，这证明条顿民族时代的平民也自己组成一院。除非有人能证明他们曾经和贵族在一个议院里开会，否则是没有问题的。因此，在结束本节时，我根据这些以及往后将提出的另一些理由，认为条顿民族时代的议会包括国王、世俗与宗教贵族，以及全民族的平民。当时的各种议会法令虽然在格式上和大宪章一样，都是以国王的名义推行的，但实际上却是我国的国王、贵族和平民共同推行的。这一点在往后的一项法令的词句中就可以得到证明。

[①] 指《诺尔曼征服时期前后议会史话》，出版于1656年，作者疑是色尔顿（Selden）。这一段话载原书第21页。

条顿民族的王国就在这种情形下存在了二百二十年。后来有一个王身后无嗣,纽斯特利亚大公图博①要求继承王位,接着便用兵征服。继承王国后,便视之如被征服国家,将境内的伯爵庄园、贵士田、主教管区、教士管区都分给那一批纽斯特利亚人。从那时起,伯爵才称为康爵、议士或主爵(后两种称谓已经早就不用了);贵士则称为男爵,贵士田则称为男爵田;豪士则仍然是低等贵族,保持着豪绅的称号②。

伯爵或康爵仍保有请愿费的三分之一,由郡长或子爵提供给他。那时在归附国王的各郡中,子爵都已经成了显要的官职。唯有将郡土留归自用的伯爵,那时都成了宫廷伯爵。他们在国王之下执掌皇室司法权。因为他们自行选任郡长,颁发赦免令,并以自己的名义发布命令。国王关于一般司法的命令,并不能在他们的领域内推行。直到后来才有一项法令把这种特权大部取消了③。

至于男爵,则自此以后可以根据不同时期而分为三种:一种是因财产或产权而成立的男爵,第二种是敕封男爵,第三种是特封男爵。从图博一世到征服时期以后的第七个国王阿多修斯,男爵的称号都是根据财产或产权而来的,其中包括宗教界与世俗两方面的人物。因为那时贵士田、主教财产、二十六个修道院长的财产以及两个副修道院长的财产都被定为男爵封土。这样一来,

---

① 马尔修斯·图博(Turbo),罗马大将,曾由图拉真大帝派去镇压昔勒尼(Cyrene)叛乱。作者此处暗指征服王威廉。分封疆土问题是史书中常提到的问题。
② 见色尔顿:《论爵衔》,Ⅱ,5,7。
③ 指英王亨利八世所下的取消贵族特权的法令。

条顿时期的议会中具有投票权的宗教贵族在纽斯特利亚时期的议会中，便以男爵身份而实行投票权。他们都要服敕封采邑骑士役，这一点是以往所没有的。后来，男爵封土一词就转而指一切封土，其中包括伯爵、男爵的封土。而男爵衔则兼指世俗与宗教两界的一切有权出席议会的贵族。在这种意义下的男爵有时多，有时少，但一般是二百人或二百五十人。他们共具有六万份骑士采邑，其中有二万八千份属教士所有。不幸的是，谁也说不上骑士采邑的准确价值是多少。某些文件说是每年收入四十镑，另一些文件则说是每年收入十镑。如果有这种资料，我们就可以准确地推算出那时政府的均势了。但柯克①每份采邑包括十二犁地。人们认为这是最准确的数字。但纵使是这个数字，也仍然极不准确；因为一犁肥沃的土地比十犁贫瘠的土地还要强。但根据布拉克通②的话看来，人们常说整个王国都是由伯爵封土与男爵封土组成的。而这些封土共有六万份骑士采邑，并提供六万人为国王服役。这就是王国中的全部国民兵。人民中的豪绅庄或世袭田达到很大的比例是不可能的。因此，政府的基础与产权均势便存在于六万份骑士采邑之中，而这些采邑则由二百五十位贵族握有。足见那时的政府是少数人的政府，是贵族政府。人民也可以参加会议，但却是徒有其名。从议会的名册中可以看出，神职人员在整个民族中构成第三等级。法国的神职人员首先就是由于自身的财富而成为

---

① 见柯克（Cook）：《英国法律原理》。
② 布拉克通（Bracton）是英国法学家，曾著《论英国的法律与习俗》。作者此处疑有误，原语应出自色尔顿《论爵衔》一书。

王国中一个等级，那么如果承认这个国家的人民是一个等级而又不承认神职人员是一个等级，便是非常荒谬的。后者在国家的所有权均势中所占的比重要大得多。在一个政府或国家中成为一个等级，大半要决定于这一点。因此，我们的政体中便包括着国王和三个等级——宗教贵族、世俗贵族和平民。我的意思是国家的均势是由这三方面构成的。但在某些国王的统治下，行政事务并不是由这三方面决定的。

由于图博以及继位诸王野心勃勃，企图成为极权君主，所以便倒行逆施，触犯国本之天。图博本人竟至将整个国土分封给他那一批纽斯特利亚人，这事在一个时候虽能鼓动他们，但纽斯特利亚人只是外国人，在当地人中根基不稳。但他们在君王的庇荫下渐次成长，一旦在广大的国土中生了根，马上就站起来。这是内政均势中不爽分毫的原则。他们侵吞了本民族男爵的利益之后，就如狼似虎地竭力声称他们具有男爵自古流传的权利与自由，就好像他们从来就是本地人一样。因此，一方面是君王一意孤行，力图获得绝对权力，而另一方面则是这批人力图获得豁免权。后来终于以各男爵的名义发动了战争。

这一场战争在阿多修斯王朝中叶就开始爆发了。以往的诸王曾数度被迫召集议会。正像条顿时代一样，到会的只有根据所有权和产权成立的男爵。阿多修斯看到这种所有权的效果以后，首先不遵古制召集敕封男爵，而下诏令召集原非男爵、到这时才封为男爵的人。想通过这种方式来避免均势的后果。他根本不愿意来整顿朝政，所以他成了第一个把事情弄得一团糟的人。因为在他那一个王朝和往后几个王朝中，男爵们建立自古具有的权柄以后，就将议会自古具有的权利与特权全都恢复了。只是自此以后，国王就找到了一种方法来对付权贵。他们扶持了许多亲信，这些亲信除开他们的恩宠以外就没有其他凭依。这个政府通过这种方式就成了现代经纶之术中的杰作，并且被捧到天上去了。据说这是一方面维持君王的主权、另一方面维持人民的自由的唯一新方法。诚然，这很像角力比赛一样。贵族如果强大的话就会推翻君王，而君王如果强大的话，就会推翻贵族。君王如果掌握住了一个贵族做他的党羽，就会像法国和西班牙的情形一样推翻人民的权利；而人民如果没有贵族做对，或者自己可以拉着贵族做同党，就会像荷兰或以往的大洋国一样，推翻君主。但那时的贵族还没有那么大的力量，只是在逐步进展，其程度还有待努力。敕封男爵（即六十四个修道院院长和三十六个副修道院长）只是临时的，所以征服之战以后的第十二个国王戴科托密便开始分封特封男爵，并赏赐年金，维持他们和他们后代的尊贵地位。这样一来，这些人便只能虚耗国帑而不能屏藩王室。因此，往后就可以看到，当贵族院一旦有人满之患时，其内容就变得极度空虚。但当时王室还有其他人支持，他们对王位的危害还没有对国王本人的害处大。因为旧男爵对戴科托密厚封新贵一事感到极为愤懑，终于把他废黜了。这些人学得这一套巧计之后，就不断地根据自身的利益废立国王。并且分裂成红玫瑰与白玫瑰两党。直到征服时期后的第十八个国王潘纳古斯，所得的拥戴才超过了晋位为王的权利。这位国王秉性精明，所以声威立即为之一振。但朝秦暮楚的贵族这时开始在这种政府中找到了另一种漏洞，即贵族拥戴的王室创业易而守成难。这一点，马基雅弗利也指出来了。潘纳古斯心怀隐忧，唯恐贵族举乱。当初拥登王位的人是他们，将来废黜的人也可能是他们。所以他便采取贵族无法窥探的办法。然而其结果也是自己无法逆料的。他为了保全王室，所以便削弱权贵。但这样却造成了一条裂缝，日后不但断送了自己的王位，而且倾覆了王室。因为贵族没有王室就无以自存，所以就不会向王室操戈，只是不投合胃口的国王才会遭到他们的打击。但人民的力量却会通过打击国王来推翻王室，因为王室和他们是不能相容的。潘纳古斯在削弱贵族权力时，自己却落入了人民手中。这一点由他那一时代所发布的几项法令中就可以看出，如人口法、扈从法以及财产让渡法等都是。

根据人口法[①]，占地二十英亩以上的农庄，将配与足够数量的土地，使之永远能维持自身。根据以后的法令看来，这份田地还不能让渡。农庄房屋通过这种方式保存下来之后，就必然会强制各房房主，使他们不得成为乞丐和游民。同时附加上的那份土地保持下来以后，就必然会强制耕地的那个房主不能成为乞丐和游民，而必须成为保有雇工和仆人的殷实户，使田地能耕作不辍。某一王朝的历史家[②]说："这种办法关系国力至深至钜。它将一大部分土地分给自耕农或中产阶级。这种人不论为奴仆或生活在贫困中，就能脱离贵族的羁绊而过着独立与富裕的生活，这样就能成为更好的步兵。贵族对于这种人既然无能为力，因之就可以说是被解除武装了。"

---

① 即亨利四世时的保护农庄房屋法案。
② 指培根，作者所引的话出自《亨利七世王朝史》一书。

贵族们像这样失去了步兵以后,他们的骑兵与军官也被"扈从法"削除了。以往权贵人家惯于使良家青年子弟、铜筋铁骨的人、习武知兵事的人跟随他们。这时,任何人如果继续保有这种包藏祸根的扈从,就不免于受逮捕监禁。

从此以后,贵族的庄园与食客供俸,都不能豢养为自己卖命的人了。这一切都一无成果而且成了负担,直到整个的气氛都被改变为止,他们都归附国王,变成了朝臣。他们的收入本是吃不尽、用不完的,这时却愈来愈窘迫,渐渐地就无租可收,终至于折变出卖。由于财产让渡法提出了新的财产继承办法,所以出卖财产便比以往要方便多了。

继潘纳古斯为王的人是科朗奴斯①,他将修道院解散,并将日就凋零的贵族财产分与人民经营。其数量之大,使共和国中的均势显然倾向人民方面,其程度无法不被帕西妮娅女王②的贤明议会认识到。因此他们便使女王的朝政通过一系列王室与人民之间的亲密交往而成为一种史料佳话,把贵族完全抛到一边去了。因此,下议院便渐次抬头,终至于咄咄逼人而为王室所畏惧,王室见着议会都为之色变。这时人民要摧毁王室的话,已经是万事齐备了,但他们却不善于看出自己的力量,必须由旁人去推动,他们才会较量。王室由于日益陷于麻痹,在纷争中完全无能为力;但后来又听信神职人员的话,而不采纳议会诤谏,终于造成了不可收拾的裂痕。神职人员的鼓动在这次事情中是王室倾覆的祸根。贵族

---

① 科朗奴斯(Corannus),暗指亨利八世。

② 帕西妮娅(Parthenia),暗指伊丽莎白女王。

院原先在这次事情中曾挺身而出，但现在却在人民与国王之间日形沉沦，说明克拉苏已死①，科林斯地峡已破②。一个王国失去贵族后，在国内除开军队以外就无所凭依。因此，那时的事情是政府的瓦解引起了战争，而不是战争引起了政府的瓦解③。

国王的武功正和贵族一样无济于事。说明这一点之后，这方面的事情就毋庸赘述了。但上面已经说过，要是既没有贵族又没有军队，王国就不能成为王国。因此，根据自然之道说来，从这种破瓦残垣中所能兴起的，只能是一个民主政府；要不然就只能以战败余孽的武力另建一个新王国。

新建立的王国不论怎样新，都必须以旧原则为基础，也就是以适当的产权均势上所建立的军队或贵族为基石。除非是像"利维坦"所说的那样，王国可以根据悬空的几何原则"挂"起来（乡村人语），才能不根据旧原则。要不然的话，试问我们对于"每个人没有其他基础就会将自己的意志服从于某一人的意志"的问题又将怎样解释呢？"要就想办法，要就动手做"，这就是恺撒的格言。一个王国要不找得均势，就必须造成均势，否则就无以自立。如果是找到均势，那么事情就是现成的。因为财产不平均的地方，势力就不平衡；而势力不平衡的地方，就不可能有共和国存在。如果要造成均势，王国的剑就必须根除境内一切其他势

---

① 克拉苏（Crassus）为罗马前三雄之一，家财巨富，曾残酷镇压斯巴达库斯所领导的奴隶起义，后为波斯人所杀。此处隐喻贵族势力已被铲除。

② 伯罗奔尼撒与希腊半岛本部有科林斯地峡相连，地形险要，曾数度御敌而不破，此处隐喻大势已去。——译者

③ 暗指查理一世朝政。

力，并将军队在这种基础上建立起来。军队可以在国内建立，也可以在殖民省中建立。在国内建立的军队只能根据以下四种方式中的一种，即：（1）像罗马的军俸士兵一样部分采取君权制；（2）像土耳其的封土骑兵一样完全采取君权制；（3）像图博王所建立的纽斯特利亚的军队一样，由贵族建立，也就是由伯爵与男爵建立；（4）像约书亚（Joshuah）在迦南地方所组织的以色列军队一样，通过平等抽签的办法以民主方式建立。这四种办法都不仅要把财产充公，而且充公的数量应当足以达成预定的目的。

但财产被充公的人民却是从来没有反抗过你的人，而是你用武力战胜了他们。这一切都是事先狠着心肠预谋好了的。要不是马基雅弗利对于阿加托克里和费尔莫地方的奥利维勒托有所记述①，我简直认为这是违反一切人性的。阿加托克里是叙拉古札②城的队长，某一天他把全城的元老和人民都召集起来，好像是有什么事情要宣布似的。后来一声令下，他把全体元老和富豪一个不剩地砍成了碎块。像这样他就做了当地的君主。奥利维勒托自立为费尔莫王的环境略有不同，但性质则完全一样。罗马的喀提林③在自己打算干的勾当中精神虽然和上述两人一样，但他却无法在罗马达到同样的目的。像叙拉古札和费尔莫这样的小国家的首领倒容易实现自己的计划，但人多地广的罗马却没有这样方便。这

---

① 见马基雅弗利：《君主论》，第 8 章。
② 西西里岛上的叙拉古旧都。——译者
③ 喀提林（Catiline），罗马奴隶主崩溃时代的政治活动家，曾以适应当时口号争取群众，企图推翻政府，后为西塞罗所杀。——译者

正是尼禄的悲哀①。苏拉或恺撒登上元首的宝座，都是通过内战达到目的的，而且是通过掳获极多的内战，因为那时有大批的贵族可将财产充公。大洋国以往的情形也是这样，它也曾有许多伯爵封土和男爵封土被纽斯特利亚人夺去，分封给他们的新贵们。某地的财富如果集中在少数人手中，一个征服者要拿来充公是很容易的，而且利益也很大。但财产如果由人民平分，那么充公了许多人的财产之后所得的东西也很少。这非但是危险的，而且是不可能得到结果的。

罗马人某次击败伏尔斯齐②人时，在俘虏中发现有塔斯加卢人③。在讯问时，俘虏供称他们从军抵抗是因为他们的国家下了命令。卡米卢斯④将军把这消息通知元老院，元老院接着就命令他进军塔斯加卢。当他引军到达该地时，发现田里到处是庄稼人，除开有些人用箪食壶浆迎接他的军队以外，其他的人都耕作不辍。走近城市时，则发现城门大开，地方长官盛装出迎，频频向他致敬。进入城市以后，发现商店也是开着门照常营业，满街都可以听到学童读书声朗朗入耳，绝看不出战争的迹象。因此，卡米卢斯便把元老召集起来，对他们说道：这次奸计虽然已经被识破了，但他们要是找到了实际可用的军队，罗马人无疑就会被征服。但

---

① 苏旦尼阿斯说，尼禄（Nero）喊出"让罗马人民带上枷锁"之后，就得罪了拥护他的人民。

② 高卢人的一种。——译者

③ 同上。——译者

④ 卡米卢斯（Camillus），罗马执政官与独裁者，曾击败伊特鲁利亚人，并将高卢人逐出罗马国境。——译者

他并不因此就先惩治元老院,并命令他带领他到元老院去。这事马上就照办了。他们的独裁官和派驻大臣都是由罗马的元老派任的。当卡米卢斯一行人等进入他们的元老院时,那些人都垂头丧气地站在门口,把罗马人当作朋友欢迎,而不把他们当作敌人看待。接着,他们的独裁官说,如果我们冒犯了虎威,那么我们的罪恶也没有我们悔恨和贵军的威德大。罗马的元老院使他们平定下来,不久之后便使塔斯加卢人归化为罗马公民。

我们不妨设想一种世界上绝无前例的情形:假定某一个人口众多的国家并没有被征服,而是友好的国家,但你却狠着心把他们的财产拿来充公。那么你的军队就必须按照上述几种方式中的一种建立。一种是按极权君主国的方式建立,也就是像土耳其的封土骑兵一样封给一块终身占有的采邑。但像希腊那样广大而富饶的国家也只能供养一万六千名封土骑兵。因为土耳其人目前所计算的最大数字就是这个数字,而土耳其人在这方面是最能节省的人。大洋国在富源上不及希腊的一半,而国土的面积则只有希腊的四分之三。如果它不具有更强大的军队,那么任何人要是一次把它战败了的话,就可以肯定它不能再兴起了。正像马基雅弗利所说的,土耳其王国的性质是这样:只要你在两仗中把它打败,你就把它的军力全部摧毁了。其余的人都是奴隶,所以你便可以安然地统治它而不会遇到更多的反抗。因此,如果在大洋国或其他不更大的国家里建立极权君主国的话,就绝不可能不成为第一次入侵者的牺牲品。

如果像罗马帝国建立军俸骑兵或殖民兵那样采取一半属于君主制的方式,那么其封土也必须是终生的。但大洋国要在国内建立这种军队,尤其是具有世袭军俸田的军队,是无法承当的,因为那样一来,人民和军队本身的财产便都必须拿出来充公。马末娄克人在埃及要不是身为外国人,不敢与本地人杂处,也不会满足于这种办法。在那种情形下,这种办法对他们的生存说来是绝对必需的。

如果建立世袭的军队,不论是像纽斯特利亚人那样以贵族的方式建立,还是像以色列人那样以民主的方式建立,他们都必然会和国家利益结合。如果是以民主方式建立的,就会形成共和国;如果是以贵族方式建立,就会形成混合式的君主国。在所有的君主政体中,像大洋国这样大小的国家在以往和现在所能采用的,就只有这一种形式。如果说以色列人的民主均势在土地法的基础上得到了巩固以后仍然选出了国王,那是因为他们的国土无险可守,不断受到侵略。而不断受到侵略之后,他们就病急乱投医。由于缺乏经验,他们认为这样就找到了救药。于是他们就错误地选出了国王。他们在国王统治之下,非但没有得到任何好处,反而把自己在共和国下所得到的财产与自由一起断送了。那种错误非但十分明显,而且也是举世无双的。前面已经说过,如西班牙的哥特人王国、非洲的汪达尔人王国等都是由一个君主和一个议会组成的(我们姑且认为议会只是人民的议会,而不包含贵族),那么人们便已明确地指出这些议会可以随时废黜君王。像那样的政府中,人民的议会只立法而不受法律限制,当然不会有其他的后果。一个议会如果对孤单的君主立法,那么君主除了运用武力以外,就只能做一个驯服的行政长官了。在那种情形之下,他便不是一个人和一个议会,而是一个人和一支军队。这种军队要是不按上述方式建立，便不可能持久。

殖民省的均势在本质上和全国均势是对立的，所以就绝不可以把殖民省军队置于所有权的基础上。但在这种情形之下，本国的国土在力量、部位或政府等方面都必须能胜过外国，否则就无法保持。如果要单纯用捐税来维持一支军队，便是没有任何理性与经验根据的空想，这正像是想用抢劫果木园来维持军队一样，因为捐税是在人家的园子里去拔李树。经常受害的人就会痛恨办这事的人。常言道：民怨则王不安。在产权均势的基础上建立军队就能消灭敌人而树立朋友。但军队如果只用捐税维持，就会造成根深蒂固的敌人，而朋友则完全没有生根。

总起来说，大洋国或幅员与之相等的国家，都必须有一个强有力的贵族，否则就无法建成君主国。因为财产平均的地方，势力就必然均衡，而势力均衡的地方就没有君主国。

现在让我们谈谈共和国的产生。上面已经说过，潘纳古斯用了许多方法来削弱贵族，想要弥补我们认为这种政体中无法弥补的缺陷。其结果是使均势坠入人民掌握之中，使政府遭到覆灭。但均势坠入人民手中之后，本质上就已经变成了共和国，只是表面没看出来而已。所以说"金牛犊没有造成以前，头上就发了光"①。那时各地方军队已经形成，只要有时间或谋略就可以使他们抵抗一切在无法理解的情形下反对他们的事物，并使他们成熟而

---

① 据《圣经》旧约《出埃及记》记载，摩西曾被上帝召至西乃山上授命四十天，其时百姓不安，违反神意，造金牛犊为神像献祭。摩西归来后砸毁该像，他本人则因与上帝交谈，面上发光。

自力更生。如果让时间来完成这一切，便是缓慢而危险的；如果用谋略来完成这一切，便是迅速而稳妥的。

但这种谋略就是经纶之道。在本书中说来，这一部分经纶之道就是在已知的基础上建立性质相符的政府上层建筑的技巧。但人们常不顾基础，只是勾心斗角而激于私愤，或是出于奇想而不顾事实；他们还不顾怎样才能达成自己的目标，而只一味建立空中楼阁；所以宗教界与世俗界不断地发生分裂，形成了无数的党派。如果要简单地提一提，我将首先泛论人民，然后再谈他们的派别。

马基雅弗利说，蜕化了的人民是无法建成共和国的。但在说明什么样的人民才是蜕化的人民时，他要不是把自己说糊涂了就是把我说糊涂了。要走出这个迷津的话，我就只能说，如果国家均势使人民对以往政府的关系发生变化，就必然是蜕化的。但这种蜕化的意义不过是说，某一个政府的自然结构的蜕化就是另一个政府的诞生。因此，如果国家均势离开君主政体而发生改变，人民的蜕化就使他们能建成共和国。我当然知道他所说的蜕化是指风俗习惯方面的蜕化，但这也是从国家均势中产生出来的。因为当国家均势从君主政体转向民主政体时，就会取消贵族的奢靡，并使人民富裕，同时也会使政府的性质从服务于私人利益转向服务于公众利益。上面已经说过，这样就会更加接近于公平与正确的理性。人民的风俗习惯在这种转变当中绝不会发生蜕化，以致不能建成共和政体。相反地，他们必然会移风易俗，以致除了共和政体以外就不能容纳其他政府。从另一方面说来，如果国家均势从民主政体转向寡头政体或君主政体，那么政府所包含的公众利益、理智和公平等便会转向私人方面。奢侈之风就会代节俭之德而起，奴役状况就会篡夺自由状况的地位。这样就会使贵族和人民的风俗习惯都发生腐化，罗马三雄时期的情况就是例子。作者认为还有更多的事实也都说明这种情况完全不适于建立共和政体。

但大洋国的均势变化却刚好和罗马相反。他们的民情风俗在变化中非但没有蜕化，反而提高到了共和政体的水平。如果一个民族由于对国家均势理解不足，同时又没有一个共同的权力纽带足以使他们调和团结起来，因而产生了不同意见或分为党派，这并不足以证明他们发生了蜕化。不过这一切终归是流言蜚语和危机的源泉，所以在说明他们的党派时分析一下错误的性质还是不为无补的。

该国的党派有宗教党派与世俗党派两种。世俗党派中比较突出的有两个，一个是保皇党，另一个是共和党。他们各自走着自己的道路。原因可能是由于经纶有术，也可能是由于愚昧无知；可能是出于利益，也可能是出于良知。

从经纶之术方面说来，如果不是古不如今，便是保皇党不如共和党。关于前一问题，我们已经正面地谈过了，谁都可以自己去判断。至于利益方面，如果共和党人真正是为公众利益打算，那么保皇党人就一定更偏于为私人利益打算；但共和党人如果不为公众利益打算便是伪君子，是最坏的人。这样说来，整个问题就要决定于良知这一方面了。但良知不论是受王权的督责，还是受旧法律义务或效忠的誓言的督责，全都可以由国家均势加以解除。

原因是这样：如果王权和人类的生命一样是直接从上帝的气

息中取得的，它也不能免于死亡和解体。前面已经说明，以往君主政体的解体正和人类的死亡一样是自然的事情。所以保皇党人就必须从经验或理性上来证明君主政体怎样能在民主的均势上存在。不然的话，当均势是民主的均势时，效忠誓言和其他君主政体中的法律便都不可能实行，因而也就完全无效了。

对于共和党人，我只有一点要提出：他如果排斥任何党派，就不能成为一个真正的共和党人，同时也不可能在共和国的自然原则——公平上建立共和国。大洋国的法律非常笼统，两党可以无尽无休地争论而得不到任何调和的见解。一个保皇党人如果反对了共和党人，人们绝不能因此就排斥他充分而平等地分享政府地位的权利，那样做是不公平的。同时这样做也是不明智的，因为共和国如果只有一个政党，就会经常破坏自身。因此，罗马人在征服了阿尔巴人（Albans）之后，就让他们具有平等的权利加入共和国。大洋国的保皇党人究竟是休戚与共的人，血缘也较罗马人与阿尔巴人的关系为近，同时大家还是基督徒。不过一个共和国对于坚决反对自身的党派的宠爱，不应超过布鲁土斯[①]对自己儿子的宠爱。如果情形是共和国坚决迫使保皇党采取反对立场，那便是它自身的过失，而不是保皇党的过失。所谓迫使，就是排斥他们。人们如果和你均分共享财产与自由，他们就会和你共同防卫同一事业。但你如果蹂躏践踏他们，他们纵使是拥护君主制的，

---

① 布鲁土斯（Brutus），罗马政治活动家，以严酷著称，曾领导罗马人驱除塔昆王朝。后其子企图使塔昆王朝复辟，事发后被他杀掉，参看本书第49页注③。——译者

也会为自由而斗争；你纵使在名义上拥护共和制，实际上却赞成暴君政体。一个共和国的政令如果定制得法，就不会包含任何互相嫉恨的成分，因为国内的政党不论是什么样的政党，就它的法令性质而言，这些人纵使能够违抗法令也不会违抗；而且要违抗也不能违抗。这一点在上面已经部分地说明了，往下在《典章制度》一章还会详加讨论。

至于宗教界的派别，数目十分繁多，此处不拟一一列出。有些主张建立国教，有人则主张信仰自由。彼此之间成见极深，就像是绝无法相容一样。但我已经充分地说明，其中任何一方面没有对方，都是不完整的。有人认为国家必须由圣者治理，并企图使共和国中只有一个党派；这种人非但根据以前所说过的理由来看，而且根据他们的说法直接和《圣经》冲突这一点来看，都是最危险的人。《圣经》中规定圣者"要顺服人的一切制度或是在上的君王"①。以往以宗教或圣者的名义来过问世俗权力的人，没有一个不使宗教受玷辱的。世界上这种例子简直不胜枚举，现在我只能举两个：一个是古罗马的例子，一个是罗马晚期的例子。

在古罗马时代，贵族自称是具有神性的党派。后来人民质问他们为什么要独占共和国的一切行政职位，他们无言以对，只得说"平民不能预知世事"②，官职所需要的神性，平民身上没有。"平民听见贵族说他们不能像神那样预知世事，感到非常愤怒。"③

---

① 见《圣经》新约《彼得前书》，第2章，第13节。
② 见李维：《罗马史》，VI，6。
③ 同上。

贵族如果不马上放弃那种傲慢无礼的说法，人民就会把他们置于死地了。后来贵族虽然放弃了那种说法，人民在一个很长的时期中还是只选贵族来当行政长官。

罗马晚期的例子是教士政治的（此制尽人皆知，无需再举例证）兴起和实行，其情形更加极端。

自然过程就是一向存在的情形。但上帝如果曾经或将有意要在自然过程之外加上某种事物，他就会像以往一样，用奇迹来肯定。在基督降临为王的预言中，他明确地应允：为上帝之道被斩者的灵魂都复活了，与耶稣一同为王。这将可以亲眼见证，因为其余的死人还没有复活，直等那一千年完了。[①] 上帝告诉我们说，一种事物除非是能亲眼见证，否则就不存在。所以人们要是告诉我们说，纵使不能亲眼见证，也有那种事物存在，便是不合法的说法。

人民对于政府的神性就在于他们选出敬畏上帝并痛恨贪财的人为官；绝不在于他们约束自己，或被约束在一个党派与一个职业之中。他们的神性在于尽量谨慎而虔诚地作出选择，而不是将政权交给他人，他们在上帝之下，只会信赖法令。一个煽动家的格言是：有善良的人则有完备的法。但当人们有权决定自己的意志时，一般都知道人性是多变的。所以这句格言是绝对不可靠的。但立法者的格言却是：有完备的法则有善良的人，这在政治学中

---

① 据《圣经》新约《启示录》第20章第4节说："为上帝之道被斩者的灵魂，和那没有拜过兽与兽像、也没有在额上和手上受过他印记之人的灵魂，他们都复活了，与基督一同做王一千年。"

是颠扑不破的真理。

以上的区分法虽然有好心好意的人予以重视，但却是无关重要的。首先，从世俗事物方面说来，大洋国所能容纳的政府一旦出现之后，就可以同时兼顾到各方面的利益，人民的错误都是由统治者产生的。其次，从性灵事务方面说来，宗教界的主张唯有在政局紊乱的时候才会莫衷一是，所以在政府稳定的地方，宗教界就无一例外地过着自然恬静而平安的生活，其他情形是绝没有理由出现的。因此，人民的错误是统治者所造成的。如果他们对自己的道路发生怀疑，或者偏离了正道，那都是因为领导者引错了方向。领导者单凭本身来领导，绝不如通过政府来领导。

大洋国的政府在我们所讨论的时期只有人民的单一议会，君主和贵族都被排斥掉了；① 这种政府当时称为议会。但前面已经说过，条顿民族和纽斯特利亚人的议会却包括着君王、贵族和平民。所以这种政府可以说是旧瓶装新酒。这种议会只有一院，由人民选出，并且不根据任何契约、条件或法令掌握着全部政治权力。这种情形十分新颖，古代或近代的经纶之道都不能提供任何确实的证据。奇怪的是，那些议员虽然经常带着《圣经》进入议会，而竟没有人提请议会查查《圣经》。前面已经说过，这种政府的范本就包含在《圣经》之中，所有的共和国都是仿照这个范本建立的。"利维坦"在这方面有把握的似乎只有一点，即民主共和国的议会只有一院。他本身是从这种议会中抄袭了一些道理，然

---

① 指克伦威尔共和时代。

而他如果反对亚里士多德与西塞罗根据他们自身的共和国写出著作,那便肯定是很不公平的。① 如果说议会是抄袭他的道理,那倒不如说这一点是摩西的光荣。他们之中的任何人如果不从政治的自然之道中② 取得范本,那便很难想象是从哪里取得的。从历史上看来,除了雅典的寡头政体与三十僭主③ 政体以及罗马的十人团以外,我还找不出这类的例子。

修昔底德告诉我们说,雅典的寡头政府是元老院或四百人的议会,它号称是由五千人组成的但并不产生这么多人的人民的均势议会。从这些话中,我们就可以看出寡头政府的定义是一个单一的议会,自行讨论与决策。用前面小姑娘分饼的例子来说,便是自己分饼、自己选饼。其结果如何,在那个例子里就说明了,而且从一切的经验中也可以看得很明白。因此,拉栖第梦人征服雅典后在雅典所立的三十个君主,一切著作家都称为三十僭主;但"利维坦"却反对,他违抗着全世界人的意见说这是贵族政体。但他的理由是什么我却很难想象。这种政体缺乏任何均势,因而也就缺乏贵族共和政体与民主共和政体所不能缺少的均势。恐怕他只是因为从色诺芬④ 的文献中看到这种政府在八个月之中所杀的

---

① 参看本书第 39—41 页。——译者
② 参看本书第 9—10 页。——译者
③ 伯罗奔尼撒之战中,雅典败于斯巴达后,斯巴达将军吕山德命雅典三十人组成委员会起草宪法,后该委员会成为政府,行暴政,称三十僭主。——译者
④ 色诺芬(Xenophon),希腊著名历史家,著有《希腊史》《长征记》等,作者此语出自《希腊史》。

人比拉栖第梦人在十年中所杀的人还要多；并且根据拉雷爵士①的说法，他们还曾用最卑贱不堪的奴役制度来压迫人民，所以他就看中了这种政府。

罗马十人团那种篡夺的政府的性质也是一样。因此，如果基督徒立法者敬畏上帝的话，就让他们分辨一下最简单的道理；让他们想想摩西在山上受命和以色列人在山下拜金牛犊的事情。对统治者表面上有利而对被统治的人民实际上无利的事情都是荒谬的。上帝在责罚人民的时候常常会拿着自己的棍子。这些寡头政体的王国都是暴虐无道而国祚尤其不永。他们一旦落到人民手中，就马上会灭亡。一个议会如果没有均势就不能成为共和政体，而只能成为寡头政体。但任何寡头政体如果不防卫自身的弱点，或具有力量防御外侮，便都是根基不固。人民的错误是由统治者造成的。马基雅弗利也曾证明过这一格言在政治学中具有充分的证据。那么大洋国的人民如果根基不固，原因便很明显了。但补救的方法又在哪里呢？

为了解答这一问题，现在让我来谈谈军队。他们的将军现在是忠诚无比和所向无敌的奥尔佛斯·麦加利托。我在本绪言中大致地叙述过，他对军事极其精通。同时对于议会的方式与程序也曾苦心孤诣地思索过，所以便曾遍查书籍和其他资料。有一次，他在马基雅弗利的书中遇到这样一段话："那个民族幸而有这样一个人给他们一次就建立成这样一个政府，所以就能无需变动制度而保持自由。这一点从一个肯定的事实中就可以看出来，因为拉

---

① 拉雷（Raleigh），英国历史家，此语出自其《世界史》。

栖第梦人遵守莱喀古斯的法律以后,在八百年间从未发生叛乱或腐化的事情。"① 人们说特密斯托克利斯曾经由于弥提阿狄斯在马拉松之战中获胜而睡不着觉。② 莱喀古斯的政绩比那次成功要伟大得多。我们这位将军对于莱喀古斯所说的这几句话始终不能忘怀,他一方面急于扬名后世,同时又看到国事糜烂不堪,同时国家(似乎是被他的胜利摧毁了)也好像匍匐在他的脚边。所以他感到寝食不安,内心不断斗争。后来终于坚决不移地确定了以下几点:第一,为了共和国的最大利益,立法权必须集中在一人身上。第二,政府应当一次全部组成。关于第一点,马基雅弗利诚然说过:共和国除非是由一个人奠定的,否则政体或政情就不可能优良。因此,一个贤明的立法者如果急公忘私,为子民而不为自己的后裔,他就可以当仁不让地把主权拿到自己手中。他的目的如果只是组成政治优良的共和国,那么明智的人对于这时所必要的非常手段是不会加以谴责的。理由是可以证明的;因为一般方式要是行得通的话,共和国也就无需立法者了。一般方式既然行不通,所以除开非常方法就别无他径可循。一本书如果不是由一个作者写的,一座建筑如果不是由一个建筑师设计的,就绝不可能达到完美的境地。共和国的建立,性质也相类似。它可以一次建成,而且像那样做还有很大的好处。如果是一次建成的,就

---

① 见《马基雅弗利论文集》,Ⅰ,6。

② 第一次希波战争时,弥提阿狄斯以速战速决的方式在马拉松击溃波斯人。雅典另一大将,萨拉密斯之战中的英雄特密斯托克利斯听到这消息后十分不安,因而睡不着觉。

等于是在贷款时同时取得了担保品。它所依赖的不是人们的忠信，而是一步就跨进了法律的王国。制度定好以后就可使公民的习俗受到法律的管辖。拉栖第梦人那种正直的精神就是这样产生的。但习俗在人们身上是根深蒂固的，年轻的共和国如果以幼嫩的枝芽去与它的趋向相碰，就会折断。罗马的衰亡就是像这样发生的。执政官和保民官虽然不断大刀阔斧地予以挽救，但共和国终于不免于灭亡。

这位将军对于以上各点是很清楚的。他也知道必须在议会所能想到的道路以外想方法。于是他便召集军队进行检阅。他在检阅台上所说的话非常适合本书绪言中的旨趣，所以极得士兵拥护，议会马上就被解散了；接着，他自己就在帝国首都安波利恩的万神殿（一称正义宫）中，由军队普遍投票选举，成为执政官，或大洋国独尊的立法者。在结束本章时我要指出，读者在大洋国这个舞台上看到了一个人出场，他的大名将永垂不朽。

执政官产生之后，又选出五十人来辅弼他，挖掘古代经纶之道的宝藏，使之重见于世。辅弼的职衔也叫立法者，他们组成议会，由执政官任至尊的独裁官和主席。

立法议会

本章将占全书的一大半,所以事先无需在这里作引言,而只要简短说明一下目标就行了。

执政官在立法议会上致开幕词时指出,在空想的基础上建立共和国是很危险的。首先必须尽量搜集古代经纶之道的文献,然后议员才能提出目前应当实施的议案,或考虑政府的典章制度。因此他便命令人拿一个瓮来,并命令议员每人抽一支签以便加以分配。抽得的结果是这样:

共和国名	中签者为
以色列	佛斯佛奴斯·德·阿治
雅典	纳瓦科斯·德·帕拉罗
拉栖第梦	拉科·德·西塔尔
迦太基	马哥·德·色替伯斯
亚该亚	阿拉图斯·德·伊斯摩
伊托利亚	
利西亚	
瑞士	阿尔柏斯特·德·佛尔明
荷兰及联合州	格老库斯·德·乌尔纳
罗马	多拉伯拉·德·恩尼阿
威尼斯	林修斯·德·斯特拉①

---

① 以上人名的含义是这样:以色列是旭日初升之地;雅典是海上强国;拉栖第梦则以其地名拉康尼亚为代表;迦太基以其领袖马哥为代表,亚该亚以其领袖阿拉图斯为代表;瑞士以阿尔卑斯山为代表,荷兰则是蓝色的海环抱的国家;罗马以战神与斧头代表,说明其好战;威尼斯则以智者王星为代表,星是威尼斯历史中常提的事。

以上这些就把共和国所能具有的一切杰出特质全包括在内了，另外再添上一些是没有用处的。议员和他们的朋友们事先经过商议，定出一段时间准备一下，所以就由立法议会所提人选按序开签一次，然后再由立法议会下令在执行议会中当着人民再开签一次。原先抽签时，签中有十二支写着 P 字，抽中这种签的议员都称为执行议员（Prytans）。

执行议会是万神殿中所设的委员会或议会。根据法律，任何人都有权向他们提出有关建立共和国的问题。在这一方面，为了使他们不被群众挤压，所以就在他们坐的桌子周围设立了一道栏杆，两边各放一个讲坛。右边的讲坛是专为提案人设的，左边的讲坛是专为反对者设的。各种人都由执政官下令保护，并欢迎来为自己的利益辩论，或为未来的政府把自己认为适宜的事情建议给执行议员。执行议员有二百至三百个卫士保护，以便防范争论得热烈时动武。他们有权充当传达人，并经常把自己认为适当的提议或情况提供给立法议会。该议会设在更僻静的阿尔马宫。

在建立共和国时，容纳人民参与其事是不安全的，而排斥人民则又有所不便。通过这种方式就能使人民在共和国建成后心悦诚服地相信这是由他们自己创造的。

在法典印行后和向人民公布讨论的几个月内，执行议会仍然进行工作，所以口述或笔撰的赞成与反对法典的意见都将包括在执行议员所传达的执行议会讲词中，随同第二版刊印出来。

通过这种方法，立法议会便能随时了解民情，然而又不会受到搅乱，或使工作中断，所以在完成更伟大的任务时便有了必要的巩固性和适当的目标。

因此，中签的每一个共和国在这儿便都通过正式的手续被打开了，即首先在人民之前打开，其次在元老院之前打开，最后在行政长官之前打开。议会经过成熟的讨论后，便根据开签时自己认为适宜的情形，从名共和国中，或从各共和国的每一方面中采取决议或法令。这些决议或法令经常由书记或秘书记录下来。剩下的事情就只是把这样记下的法令汇集在一起，仔细地加以检查，以便能清楚地指明它们是不是互相冲突或是不是有任何可能发生冲突。因为这种法令发生冲突，或可能发生冲突时，就必然会使共和国解体。因此，根据类似经验的证明，如果法令没有冲突存在，或找不出有任何方式可能发生冲突时，就可以形成一个尽善尽美的共和国。而且根据人类经纶之道中可能预见的情形看来，这种共和国也是万古长青的。

以上所说的就是这执政官吸取了摩西的以色列共和国以及叶忒罗的共和国等方面的经验之后，制定大洋共和国的典章制度的艺术。

大洋国的典章制度

从摩西和莱喀古斯以后,这位执政官是历史上第一个一次全部建成共和国的立法者。同时他也和前两人一样,重实行而不重典籍。因此,典章制度颁布后就十分简洁,解释也很少,甚至还不足以使那些不知道立法议会与执行议会的全部过程的人理解。在这两个议会上,有关对典章制度的一切反对与怀疑都已经澄清了。为了把这个公布施行的大纲法中所缺少的东西补齐,为了更充分而完整地叙述全部情形,我将从实际出发来讨论这共和国,因为现在它经过几年的轮转以后对本身的情形已经有所说明(据说戴西阿古斯[①]考察拉栖第梦的制度时便是这样做的。这制度订立三百年至四百年后首先是由他亲手转抄的)。此外我也要把每一条法令在立法议会中的全部辩论和讲词,或者至少是其中最能说明政府理论的部分,加以研究,以便用作参证。有些方式与方法在共和国兴起与建立时都曾被运用过,不明白巨大的力量是由什么机构运行的人都不可能清楚地认识到。这些方式与方法我也不会忽略过去。立法议会就是在古代经纶之道的工地里将石材叠砌成

[①] 戴西阿古斯(Dicaearchus),公元前四世纪希腊哲学家、历史家和地理学家。——译者

共和国制度的人。如果把他们的情形完全略去不谈,就将使本文的第一部的证明残缺不全。为了解释明白并避免重复起见,我将在这里先举出三个显著的例证。只有这样才能使证明完整。

第一个是以色列共和国的例证。"摩西听从他岳父(叶忒罗)的话,按着他所说的一切去行。摩西从全体以色列人中拣选了有才能的人,立他们为百姓的首领(拉丁文俗称保民官,一称部族首长),也就是族长,分别坐在十二个宝座上(用格劳秀斯的话来说便是坐在议席上),审理以色列十二个支派的事情。其下再设千夫长、百夫长、五十夫长、十夫长。"[①] 以色列共和国的各级组织就像这样从根基上一步一步地升到应有的高度,最后的结果是长老议事会和人民大会。这一切在绪言中已经说明了。

第二个例证是拉栖第梦的例证。莱喀古斯为了使自己的制度能在人民心中留下更深刻的印象,所以就说共和国的典章制度是从德尔菲[②]地方阿波罗神的神巫那里得到的神示。普卢塔克为这位著名立法家作的生平传记中把这些话都记载下来了,内容是这样:

当你把人民分成部落(共六个)和俄巴(每个部落五个)后,就应当组成元老院,共有元老三十人,其中有两个王。他们根据需要,在纳西翁河与桥之间召开人民大会。元老在会上可以向人民提议,也可以不让人民大会讨论而叫他们散会。俄巴是每一个部落中所分成的部分,此外在每一个部族中还有一个部分,它所包含的全是适于兵役年龄的壮丁,称为摩拉(大队),其下又分为

---

① 参看《圣经》旧约《出埃及记》,第18章。
② 希腊城名,以神示著名。

中队与小队，由名为将军的长官指挥，经常维持行动训练状态。

第三个例子是罗马共和国的例子，也就是李维的《罗马史》的第一卷与第二卷中的例子。根据罗慕洛的遗制，人民首先被分成三十个库里亚或区，然后由每个库里亚中选出三名长老，组成元老院。从罗慕洛起，一直到塞维尤斯·图利乌斯王朝为止，元老院都向地区大会提出意见。地区大会也称库里亚大会，君王是在这种会上选出的。比如李维的《罗马史》便有这样的记载："公民们，按照祖先的意图选举国王吧！""人民已经把自己的敌人——国王图利乌斯废黜了。"[①]其次，君王的法律也是在这种会上批准的（"根据罗慕洛的传统，成年男子每人平等地享有一票投票权"[②]）。同时，最后的司法判决权，如贺雷西杀姊案件，也是在这种会上判决的。直到塞维尤斯王朝时代（"其他国王并没有遵守罗慕洛的传统"[③]），人民渐次加多了，库里亚大会的权力大部落入这位国王所建立的"百人团民会"[④]手中，这种民会将人民按财产多少分成六个等级，每个等级包含着四十个左右的百人团，并分青年人部分与长老部分。青年人担任战场活动，长老则担任卫戍任务。他们都有武装，经常保持着行动训练。无论是在军事或内政场合，他们都在这种团体中集会。但当元老向人民大会提出建议时，唯有骑兵（共十二个百人团）和步兵百人团中

---

① 见李维：《罗马史》，Ⅰ，17。
② 同上书，22。
③ 同上书，43。
④ 罗马早期社会发展至色尔维阿斯·图利乌斯时代，制度有了重大改革，他让平民参加军队，并以军队为基础组成"百人团大会"来代替库里亚大会。——译者

的第一等级才被召集投票。这些骑兵百人团是步兵百人团之上最富有的人组成的。如果他们不能取得一致意见，才召集第二等级去。其他的等级则很少召集或根本不召集。因此，人民在驱除国王之后，就不能忍耐这种不平等待遇，一直使百人团大会的投票权归还给全体人民才罢休。但行使权利的方式改变了，也就是说，通过当时所组织的部族会议行使。在紧急时期，人民就可以在部族会议中不邀请元老而直接制定法律，称为平民法。西塞罗与其他贤哲经常责骂人民大会所指的就是这种议会，甚至连李维有时也加以责骂。比方说，在部族会议成立时就有这样一段话："部族会议在这一年真可以说是闹得天翻地覆。他们把元老的特权夺来交给人民，更重要的是他们把元老撤职，剥夺了他们的荣誉。这事比一次战争的凯旋更为重大。"[①] 说老实话，这是一种无政府状态，人民对于这种状况是不能辞其咎的。要不是元老采取了其他的道路，因而出现了其他的必然形势，否则就会使一个共和国成为一个寡头政体。

在共和国时代，库里亚大会、百人团民会或部族大会进行投票的方式是抽签。抽中第一签的库里亚、百人团或部族就称为第一或特权团体，其他的抽中第二、第三、第四等签的团体，都称为依法召集的团体。从此以后，首先投票的团体就不再像塞维尤斯时代那样，是第一阶级，而是成为特权团体的库里亚、百人团或部族。他们所投的票称为特权票，对于其余的团体很少不能起领导作用。特权票之后便是依法召集的各签次的团体。投票的方

---

① 见李维：《罗马史》，Ⅱ，60。

式是将标明"赞成"与"反对"的木牌拿在手里,然后依次走过一个台前,投入某个瓮中。由于这一套瓮很像一座桥,所以就被称为桥。候选人或竞选人在库里亚、百人团或部族中如果得到了最多的票,就被说成是掌握了该团体。掌握团体最多的人就成了元首。

以上是三个国家的简述,往后还要经常提到。下面就要转到本文上来,内容可以分成两部分,第一部分讲的是本共和国的建制法规。第二部分讲的是本共和国的通行法规。在每一部分中,我都将分清法令与讨论。法令是构成全部典章的条文,讨论是法令的说明或旁证。

建立共和国或为共和国订立制度时,就像建筑者一样,第一个任务就是配置并分配材料。

一个共和国的材料就是人民。大洋国的人民在分配时按照身份、年龄、财产和居住地址等分成了若干部分。这事是往后按照命令执行的。

第一条法令将人民分为自由民(或公民)与奴仆。所谓奴仆,是指他当奴仆时的身份。如果能取得自由时(也就是能自立地生活时),他们就成了自由民或公民。

关于奴役的性质,这一法令是无需证明的。因为奴役和自由或参与一个共和国的政府事务的权利是不能相容的。

第二条法令将公民分成青年与长老。年龄在十八岁至三十岁之间的人归为青年,三十岁以上的人归为长老。同时还规定青年就是本国的野战军,长老就是就地驻扎的卫戍军队。

武器由奴仆掌握的共和国就必须能免除某些危险,如迦太基人的斯平狄欧斯与玛托所发起的两次叛乱就是例子。[①]康塔里尼说到威尼斯这种情形时，非常含蓄地称之为"失去了人民的信仰"。一个城邦（如果一只燕子就能说明夏天到了的话）在这种情形下纵使可能保持安全，可是它也不可能强大。因为迦太基人与威尼斯人所获得的任何武功，都是由于将军的品德，而不是由于法令优良。以色列人、拉栖第梦人和罗马人的军队则是以公民的精华为基础的。至少在拉栖第梦和罗马，公民被分成了青年部分和长老部分。青年准备出征，长老则卫戍国土。

第三条是将公民按财产的价值分成步兵与骑兵。地产、货物或金钱收入每年在一百镑以上的人，必须加入骑兵，不足此数的人则加入步兵。一个人如果把遗产挥霍掉了，他便不配在共和国中做长官或职员，也不配投票。

公民不但要保卫共和国，而且如塞维尤斯·图利乌斯时代的罗马人，还要根据财力（按财产确定）分别编入步兵百人团与骑兵百人团，并奉命按兵种携带武器。其他的共和国情形也都如此。但由于存留的史料比罗马要模糊得多，无法作明白的证明。国家对于具有财产的人所赋予的基本特权在某些情形下可能是服役，也可说是用于公众方面的服役。尤利乌斯·艾克修伯朗修斯说："罗马民族是分阶级的，并且按财产的多寡抽税。富有的人将被征入伍，因为他们将自动保卫祖国、争取胜利，并将一心为保卫祖国和财产而效力。至于那些没有财富的人，由于身无财物，所以

---

① 公元前241—前218年，迦太基人由于克扣雇佣兵的薪饷，引起兵变，由斯平狄欧斯与玛托两人领导。后被迦太基人击败。——译者

就只能课人头税。作战时，他们由于贫穷而易于成为卖国贼，所以就只能留守城内。因此，共和国不应信赖的，马利乌斯第一次把他们领到战场上去了。"他的成败是不问可知的。事情都有一个中庸之道；如果奇富的人破坏了国家的均势，那么极穷的人就不能维持国家了，同时也绝不能把国事托付给他们。关于挥霍浪费的一条，话是从有关雅典的记述中引来的针砭之言。因为连祖宗遗产都保不住的人，如果让他插手到公共财产中来的话，就会使共和国破产。

第四条规定人民按住所分成区、百人代表辖区和部族。

因为人民如果不作秩序井然的划分，就无法秩序井然地加以组织。然而共和国的存在却必须依赖秩序井然的组织。所以以色列人便有千夫长、百夫长、五十夫长和十夫长等等划分办法；整个共和国则分为若干部族。拉康尼亚人则分为俄巴、摩拉和部族。罗马人分成部族、百人团和等级。每一个政府中都必然有类似性质的东西存在。在大洋国以往的君主政体中则是分成郡。大洋国中除了土地法以外，这就是唯一需要加以解说或存在着困难的制度，使我不得不更仔细地描述一下其中的管理方式。

执政官和议会曾经委派一千名视察员，并加以训练。这些人均分为两队，每队有视察长两人领导，分别视察全国南北各地，以汉米苏亚河为界。全国约有一万区，每个视察员分派十区左右。在这一点上，无需做得太严格。因为这只是说明每个人应当到哪里去，并从哪里下手，以便使工作更有秩序。他们所接受的训示在其他方面都是关于居民人数方面的，而不是关于区数的。他们每人带着票瓮、票球和投票箱等选举用具之后（用法已事先实习），就分赴各区。首先教给人民的第一课是如何使用票球。开始时他们发现人民都一个劲儿把球拿来当玩具。他们既然都是受命于立法议会用这种球来完成重要任务的，所以便认为自己受了侮辱。那些人虽然一开始就把这事当成好玩的游戏看待，可是终于认为它是用于正经目的的。这样一来，视察员就开始了下一条令中所规定的事项。

第五条规定：十二月以后的第一个星期一，全国各区的大钟都应当从早晨八点起，连续敲一个钟头。各区的长老在钟声停止以前都应当到教堂去集合，到达后就应分成人数相等的两部分，或者尽可能分成相等的两部分。他们如果品级不同，就应按地位入座；如果相同，就按年龄入座。一半人坐在教堂的一边，另一半人坐在教堂的另一边。坐好以后，他们接着就应当向区监督员举手宣誓（成立大会或第一次会议由视察员代理监督员，主持会议），说明自己将遵照往后即将解释的投票法选出全部人口的五分之一作为代表；并根据下面即将解释的方式行使自己的权利，各人本着自己的良心不辜负以最适合人民的委托的方式，为共和国的最高利益服务。这样宣誓之后，他们就将进行投票。如果长老有一千人，他们就可以按部族投票（将在适当的地方加以解释）；如果长老在五十人以上，一千人以下，就按百代表辖区投票（将在适当的地方加以解释）；可是如果不足五十人，则应当像这里所解释的按这种方式在区里投票。这时两个区监督员就将坐在中间通道的尽头，前面放一张桌子，面对着会众。治安员这时则将瓮放在桌子前面。到会的长老有多少人，他就将投入多少球。其中有一个球是镶金的，其余的都是白球。当治安员将瓮内的球摇匀后，监督员就将叫长老到瓮前来。于是长老们便从教堂的两旁分两路走向中间通道，走过瓮时，每人都抓出一个球。如果抓出的是银球，就投到瓮下放着的一个盆中，并通过自己那一边的外径回到自己的座位上。但抓出的如果是金球，便成了议长。他将坐在监督员之间，并将根据方才的宣誓，任意选定一个次序，按照自己认为最合适的人选一个个地点出长老的名字。被点名的人即应离开会场，而会众则将对他们进行投票。票箱有两个，外面都做了标记，说明哪是赞成票，哪是反对票。投票时由监督员指定一个或几个小孩搬着箱子。任何人只要把亚麻做的小球夹在食指与拇指之间，小孩就往他那里走去。投入箱内时旁人都看不到他投在哪一个箱中，但每个人都能看到他只投了一票。全体会众投完票之后，票箱就送回监督员那里，由他们开箱。赞成票倒在桌子右边的白盆里，由第一监督员加以点数。反对票则倒在左边的绿盆里，由第二监督员加以点数。点数完毕后，获得多数票的就当区代表。选出的代表达到全体长老的五分之一时，那次投票就将终止。当选的代表由监督员按当选顺序开列名单。但骑兵百人团的代表应列在前面，其余则按投票人数次序排列。其方式如下：

公　元　△△　年
第　一　动　议　人　名　单

A.A.（骑士阶级）第 1 代表 ⎫
B.B.　　　　　　第 2 代表 ⎪ 在△△部族、△△百代表辖区、△△区
C.C.　　　　　　第 3 代表 ⎬ 任职。该区在本次选举中有长老二十
D.D.　　　　　　第 4 代表 ⎪ 人，其中有一人属于骑士阶级。
E.E.　　　　　　第 5 代表 ⎭

往后第一、二两名代表就成了监督员，第三名当治安员，第

四、五两名当教会执事。当选的代表,自选举之日起,在区中任职一年,不得延长,也不得连选连任。这一名单是共和国中各区第一动议人名单,将载入名册中,由两监督员妥加保管。他们应对部族监察官负责保管这一名册并执行以后将谈到的其他任务。会众应遵守本条规定,以便答复部族议会或部族特权部队的质询。如果全部或部分未遵守,部族议会就有权将他们全体或某一人任意处以罚金,但先应呈准议会。

关于这一条可以用以下的理由来证明:一切政治家都毫无疑义地认为,长老权是根据自然权利成立的,这也就是从家庭中的父亲身上引申出权力来,作为共和国的自然基础。根据经验说来,唯有荷兰有所不同。据我所知,其他的例外就没有了。在以色列,主权很清楚是从自然基础上生长起来的,也就是从人民的长老中发源的。罗马的主权则是从地区会议的库里亚大会上生长起来的。罗慕洛首先是从这种大会上选出元老院,接着再选出共和国的其他机构,形成了十分巍峨的政府结构。这是因为共和国的基层正是它的菁华所在。维琪尔赞美罗马共和国道:

头凌云霄,
根深蒂固。[①]

如果罗马帝国在开国时只有三十个区,那么大洋国开国时便有一万个区。但在大洋国的诞生中,人们提到了骑士阶级。有些

---

① 见维琪尔:《伊尼特》,IV,445。

人知道，罗马共和国订立制度时将人民分成等级正是它覆灭的原因。这种人听到骑士阶级的说法时，未免有些吃惊。其实罗马覆亡的真正原因是在订立制度时就规定有一个世袭的贵族阶级，包揽一切的官职。至于骑士阶级中的个人，贺雷西曾说：

> 四百零六中缺七千，
> 就是一个平民。[①]

根据这两句话看来，骑士阶级只是在具有财产时才是世袭的，其中并没有要求官职的权利，所以便不可能搅乱共和国。大洋国的骑士称号也只是说明他的财产对于共和国应负多少义务。

上述一区的视察员和其他地区的视察员一样，对于这个阶级的一切条件不能观察周全，选举时的条件尤其如此；所以便尽可能把第一次的事情做好。当选举完毕，登记就绪后，每人将自己应得的名单拿到手，然后就提出下一条：

第六条规定，某区中的教区牧师如果由于去世或被监察官撤职时，该区的民众会议就应当开会并投票选出两名长老作代表。他们接受区的任务后，就将持监督员签发送交副院长的文书，到国内的某一神学院去。文书上声明某某教区牧师已死或被撤职，并说明教区财产总值，同时还要声明民众会议请求神学院派遣一位候补牧师。副院长接到通知后，即应召集大会，选出适当人选，然后在适当的时候派往该区。派来的人可充分享受教区圣俸，但

---

① 见贺雷西：《书信集》，I，1，57。

在一年之内只能以候补牧师身份执行牧师职务。一年期满后，长老大会即应对候补牧师进行投票。如果所获赞成票不足全体人数的三分之二，他就应当离开这一区。接着，这一区的人又按前述方式去申请另一候补牧师。但赞成票够三分之二时，该候补牧师就可以升任该区的牧师。教区牧师应当根据议会规定的礼拜规则，为会众祈祷、讲道并举行圣礼。然而民众或随时参加的人，并不一定要按照这种方式选出他们的传道者，或在这种情形下投票。他们可以完全根据信仰自由行事，并按自己所选择的崇拜方式办事，只要不是天主教、犹太教或偶像崇拜就行。为了使他们能更好地得到国家的保护，自由地进行这一切，我们希望他们按照自己最喜爱的方式，选出本会中的某些领导人。同时也希望每一会能选出四人，在发生争执时作为仲裁者，如果有任何人发生了严重或有害的分歧意见，则作为危害案件的仲裁人。这些仲裁人或领导者应当有权视察事物，取得资料，以便在他们认为十分重要时，可以通知部族议会，或提交宗教会议。该会议对于这种领导人所提出的情形将经常听取，并按照议会已制定或将制定的保护信仰自由的法律加以裁决。

这一法令包含着三部分，第一部分将任命权交还给人民。这种权力原来本属于人民。这一点在英文《圣经》中虽然还不清楚，但在《圣经》本身却很清楚。据《圣经》记载，使徒们任命长老时都是由各会众举手通过的[①]，也就是由人民投票选举的。在某些

[①] 作者此处指新约《使徒行传》第14章。但英文、拉丁文本均无"举手通过"字样，只有希腊文本才有。可能有误。

城市中，投票时用的是球。我们虽然可以证明使徒有时将手加在某些人头上以示任命，但却无法证明他们在每次会上都这样做。

开除教籍的问题在《圣经》中无法得到明确的证明，所以便略而不谈。这条法令的第二部分包括建立国教的问题。因为神学知识是有深浅的，不研究《圣经》就无法达成真正的宗教。但我们如果不想研究《圣经》，便无法研究好《圣经》；如果除开翻译的《圣经》以外便没有或不理解（二而一者也）旁的《圣经》，我们就将受到翻译本的贻误。而在已经明确指出的地方，则是已经被贻误了。事实上我们却应当研究《圣经》的真谛。一个共和国既不愿意接受迷信，所以要理解《圣经》真义，唯一自然的道路就只有理解原文，理解研究中所遇到的古义以及其他方面的问题，因为"信道是从听道来的"。[①] 一个共和国必须经常有人能理解《圣经》原文，熟悉《圣经》中常提到的古义。《圣经》的真义一大部分要依靠这几方面。如果没有这种人，就不能保证自己不失去《圣经》，因之也就不能保证自己不失去宗教。如果要保持的话，就必须制定一些办法来求得这种知识，并将已有的知识加以运用。而这一切就等于建立一个国教。

共和国像这样就完成了自己对上帝的责任。它像一个理性动物一样，用自己的理智来理解《圣经》，以便保持《圣经》的纯洁。但自己却不装作是不可能错误的，反而在本法令的第三部分声明根据宗教会议的指示，确定信仰自由。它将双手伸向上天，要求给予更多的光明。正像绪言里所说的一样，它在这种情形下

---

① 见《圣经》新约《罗马书》，第10章，第17节。

就走上了以色列人的道路。以色列人虽然将国教归为民法的一部分，但却让先知高于一切法令。

当视察员完成区里的事情以后，就离开了。区是大洋国中根据第一级人民组织而划定的第一级区划。其本身职能已包括在以上六条法令中。

视察员的下一步程序是将工作上的毗邻地区每二十个作一单位，召集开会。各区将名单拿出来，并将其中的代表数目加以计算。各毗邻地区的代表总数应是一百人，不然就尽量平均分配，使之便于达到这个数目。然后就将这些地区和代表分成选区。这种选区不论代表多少，一律称为百代表辖区。每一辖区中都划定一个最方便的城市，作为每年集会的场所。这一切完毕之后，各视察员就回到自己的百代表辖区中去，将本身名单中所包括的代表召集到会场上。代表到齐后就接受了下一法令：

第七条法令规定，每年在1月以后的第一个星期一，各区代表都应当全副武装，到百代表辖区会场开会。他们应从骑兵队中推举治安推事一人，陪审员一人，骑兵队长一人，骑兵旗手一名。再从步兵队中选出陪审员一名，步兵队长一人，保安长官一人。选举时应按下述方式投票：由两位陪审员当临时监票员（第一次会由视察员代替陪审员主持），并按区中选举的方式监督投票，但瓮应由保安长官搬出。其中将装着五套金球，每套十二只。第一套球标明A字，第二套球标明B字，第三套球标明C字，第四套球标明D字，第五套球标明E字。每一套球中他将取出一个投入帽中或小瓮中摇匀，然后送给第一视察员看。监督员将取出一个，像这样取出的球在当天是有效的，但过期就无效。比方说，如视察员取出的是 A 球，保安长官就将七个标明 A 字的球投入瓮中，然后再添加银球，使之与代表总数相等。代表们也要像区里一样宣誓进行公平选举。然后就听命到瓮前去，每一个人行进的方式都和前面所说的一样。走到瓮前之后，每人便都各取一球。如果是银球，便投在瓮前的一个盆中，然后回到自己的座位上。但第一个抽中金球的人就应当首先把球送给视察员看。如果上面没有这回所标明的记号，视察员就有权逮捕并加以惩罚。如果验明无误，他就成了第一选举人。抽中第二个金球的是第二选举人。以下类推，直到第七名为止。这一次序在执行职务时应加遵守。中签的选举人应坐在视察员旁边的凳子上，直到抽签完毕为止。然后他们便带着膺选官员名单，被领到另一个僻静地方去。到那里以后，第一选举人就将指定一人担任名单中的最高职。如果被指定的人在投票中不能获得选举人总数的过半数赞成票，第一选举人就将另提他人，直至获得多数赞成票时为止。然后就把中选者列为第一官职的第一竞选人。这一过程完毕后，第二选举人以下的其他各选举人都将照样来一次，每人选出名单上自己那一官职的竞选人，直到每职都有一竞选人为止。然后再由第一选举人为第一官职选出第二竞选人。其他选举人也接着为其他官职选出第二竞选人，选齐后又照样选一次，直至每职有三个竞选人为止。这时再将名单送还视察员。如视察员本身当选选举人，就将名单送还代理人。视察员或代理人接到名单后，就命令人向会众朗读，并将竞选人按书写次序排在会众的票箱前。其余的步骤就按第五条的规定进行。三个竞选人中获赞成票最多并多于半数的那一个就担任该官职。整个名单像这样选举完毕后，就将进行登记，并保存在百代表辖区会场管理处中，由该区行政长官加以保管。其形式如下。

公　元　△　△　年
尼布罗萨辖区官职名单

A.A.（骑士阶级）治安推事
B.B.（骑士阶级）第一陪审员
C.C.（骑士阶级）百代表辖区队长
D.D.（骑士阶级）旗手
E.E.　　　　第二陪审员
F.F.　　　　保安长官
G.G.　　　　步兵队长

△△部族△△百代表辖区在此次选举中包括一百零五名代表。

名单登记好以后，保安长官将取去三份，其中一份立即送呈部族保安司令，第二份送呈首席治安推事，第三份送呈检察官。如果在第一次集会时没有这些行政长官，就送呈该部族所指定的传令官。百代表辖区的代表与职员都必须遵守这法令的每一部分。因为他们必须向部族议会负责。如果全部或部分发生问题，部族议会就有权任意将全体或部分人员处以罚金，同时也可以根据往后将为这种情形提出的法律加以处罚，但处罚时应呈准议会。

这一法令中没有什么东西值得再加叙述了，要指明的只是它对于以色列的百夫长、拉栖第梦的摩拉或部族的武装部分，以及罗马的百人团都很适用。陪审员在每个百代表辖区中有两人，所以每个部族便有四十人。他们将规定法律豁免权的尺度。当这次投票用的金球开始标号时，有一个应当在快开始投票时掣出。目的是在人们不知道标号时像这样取出来，就无法营私舞弊。否则人们就可以自己带一个金球去，冒称是从瓮里取得的。视察员取得这一名单后，在百代表辖区中的任务就算完了。

因此，百代表辖区便是第二级人民集会所造成的第二级区划。其内政与军事职能在这儿所要谈的就是上一条法令所说的情形。把百代表辖区的事情处理完毕以后，视察员又将以二十个区为单位集合开会。最简便的方式是将二十个最方便地连在一起的百代表辖区合为一个部族。因此，大洋国共有一万左右的区，合组成一千个左右的百代表辖区，五十个左右的部族。每一部族在选举完毕时或不久之后，即应在指定为年会会场的地方，着手兴建现在所谓的会议厅。这种建筑的一边是敞着的，这一边列着一排漂亮的柱子，很像古代庙宇中的廊柱；前面的场地可容纳四千人。在每一个厅前，都有三个台，上面放着瓮，以备选举之用。右边台子上的瓮高度大概与一个骑兵的眉毛齐，称为骑兵瓮。左边的瓮每边有一道桥，把它填得与步兵的眉毛齐，称为步兵瓮。中间的瓮在右边有一道桥，但左边与骑兵瓮之间并没有桥。视察员的工作到这里就完毕了，他将带着下面的开支表回报执政官。

开 支 表

	镑	先令
总项：10000个区的瓮、票球、票箱（这些都是木制品）…	20000	0
分项：1000个百代表辖区同类设备 ……………………	3000	0
分项：50个部族的瓮、金属票球和票箱 ………………	2000	0
分项：50座会议厅建筑费 ………………………………	60000	0
分项：4位视察长薪金每人1000镑 ………………………	4000	0
分项：1000位视察员薪金每人250镑 ……………………	250000	0
	总计：339000	0

视察员提出意见说：建立一个共和国所需要的费用并不多，

只等于装配几只船的费用。然而这并不能证明他们是忠诚无欺的，也不能证明他们的账目是不错的。然而他们的账目纵使显然有问题，但是也只能让他们把钱取走一次。下次他们要是再犯时，就会丧命，因为一个共和国要是没有严格的法令来防止这类的流弊，就不可能生存下去。在那种情形下，它纵使不在经费方面垮下去（其实也会垮下去很深），至少也会在贪污腐化方面垮下去。如果在账目方面不小心，它就毫无例外地会使自己的公民看出贪污腐化的情形，因之也就会削弱公众的信任，而公众的信任却是立国之本。视察员派出之后，执政官就将积极地为部族命名。名字都用纸条写好，投入瓮中，并送到议员面前。每个议员都将从瓮中掣取一张，然后各人按签次送到各部族中去。这些议员都成了部族中的传令官。这种官职只是临时设立一次，目的是在这样隆重的时机，让议会能和各部族同声欢庆，并在第一次集会中帮助各部族把共和国既定的行政体系中必须处理的事情和共和国未来必须进行的事情进行好。

每一个传令官到达之后，都必须马上就在部族会场上向各百代表辖区宣布召集开会。人员大部分都骑着骏马出现，他们平时也武装齐全。让我们举一个例子来说明全部情形。如传令官赫米斯·德·卡多西到纽比亚部族后，先有一番热烈的欢迎和简短的致词，然后就进行自己的工作。这工作是从下一法令所规定的事情开始的：

第八条法令规定，保安司令就任为总指挥，首席检察官就任为部族集会总监（或第一次集会的传令官）。当他们接到各百代表辖区经保安长官送来的名单后，就应当立即进行编队，将骑兵和步兵分开。将骑兵按骑兵队名单编好，每队约有一百人。各队由上述官员商妥，按一、二、三、四排成次序。排完后再按同法排步兵名单和步兵队次序。在集会前夕，这些名单将送交某些号手与鼓手，其数目各为十五名，由部族发给薪水。他们不单是为这种集会而设的，同时在往后将要提到的场合中，也将用到。集会的那一天，他们都将齐集到会议厅前的场地上。天一亮时，他们每人都应当拿着名单，按单上所标明的次序，取一定的距离站好。号手将骑兵名单握在右手中，鼓手则将步兵名单握在左手中。然后就击鼓吹号一阵，接着就开始点出姓名。当代表进入场地时，他们将不断喊出他们的姓名，直到全体步兵与骑兵都听到呼唤排列成应有的次序为止。这时部族的副保安司令就将标着一、二、三、四等号码的金球与银球投入一个小瓮中。金球的数目与骑兵队数相等，银球的数目与步兵队数相等。放好后就将队长叫到瓮前来。抽中金球的队长将指挥骑兵队，抽中银球的则指挥步兵队。次序都按签号排定。关于旗手的分配，则由会场指挥员在同时按同法在另一瓮中进行。抽中金球的人当骑兵旗手，其余的人当步兵旗手。

　　这一法令也许会使读者感到冗长重复。但在集会时则可使速度提得非常之高。如果在列队和行进时损失一天的话，就将是一个很大的问题。由于有这一条法令，部族一到场地就排成了大队，一排成大队就被叫到瓮前投票。投票时是根据下边一条法令进行的。

　　第九条法令规定，监察官（或第一次集会的传令官）接到保安长官按第七条的规定送来的百代表辖区名单后，就将事先参照根据以下各条法令应选出的行政长官名单，为各瓮作好记录。也就是说，第一名单——主管官六人，第二名单——部族代表九人。接着检察官就应为第一张名单的选举将二十四个金球和三十六个空白球或银球投入中间的瓮中，总数是六十个。此外还要将六十个金球投入两边的瓮中，投时按步兵与骑兵的人数作分配。也就是说，步兵骑兵如果相等，就作平均分配；如果不相等，就按算术比例作不平均分配。在集会的第二天，又将按同一方式为第二名单投球。不同的是监察官投入中间瓮的球是三十六个金球和二十四个空白球，总数也是六十个。投入两边瓮中的六十个金球也是按步兵骑兵的分配决定的。在两次投票中，两边瓮里的金球都应配足空白球，使之与每瓮的抽签人数相等。监察官按上述方法做下记录之后，到集会的那一天就到场地里去，并将一小瓮呈与保安司令。他将两次抽取当日应用的标记，一次从两边的瓮中取出，另一次从中间的瓮中取出。监察官依法将瓮安顿好以后，就坐到会议厅中特备的活动座位或台上去。第一监察官坐在骑兵瓮前，第二监察官坐在步兵瓮前，副保安司令临时代理监察官的职务，坐在中间的瓮前。他们每人都将片刻不停地叫人们遵守选举法。尤其是要防止人们到瓮前来超过一次（这一问题尤其应由副监察官、也就是每区的视察员加以注意，因为各人的区中发生问题要由他们负责），或拿出一个以上的球；拿出的球如果是金球，就应送交监察官，请他验明标记。如果与当天的标记不符，或与各瓮的标记有出入，他就会抓住当事者。犯这类过错的人是不受部族议会欢迎的。

　　人民虽然不知道票是怎样算出的，但只要他们会挈取票球，那么在监察官遵守这一法令后，人民就不可能出毛病了。这一问题虽然还大可以继续谈下去，但却没有价值了，因为再写下去就会愈来愈糊涂，而实际施行时只要一下就能清楚。所以有些传令官费了许多不必要的麻烦去解释前两条法令，但当自己带头去做时，事情马上就做好了。因为各部族都十分热衷于这一事情，事先就留下了一个视察员。在传令官还没有到达以前，他们就暗暗地先集会了一番，把全部秘密都掌握了。为了进行投票，他们还临时设立了一些行政官员。所以他将看到不但有会议厅（这次还是一个篷子）而且还有三个部位可以设台，摆票球瓮；各瓮中也装好适当数目的球以备第一次选举；为了配合场地，并且使场面非常漂亮，瓮的盖都做成头盔形；两边都开了口，以便取票人能伸进手去，而且还装上漂亮的羽毛，作为人民行进时的标记。因此，他接着便进行下一法令所规定的事：

第十条规章规定，各区的代表在每年2月以后的第一个星期一都应按步兵或骑兵的编制，佩带武装，到部族会场上集合。按制度，骑兵到这里以后就应当排在会议厅前边的右边，步兵则应排在左边。排好后就应当举起手来，在保安司令的监督下宣誓，保证公正无私地进行选举，完全只选自己认为最适合于共和国的人。会场指挥员将取出三个球，一个上面刻着"外边的行列"字样，另一个刻着"里边的行列"字样，第三个刻着"中间的行列"字样。这三个球都将投入一个小瓮中，呈送给保安司令。保安司令取出一球后，就把球上所刻的字念出来，选举就按这个次序开始。比方说，球上刻的如果是"中间的行列"，选举就将从中间的行列开始。也是说，骑兵队的中间两行就将首先到骑兵瓮前来；同时步兵队的中间两行则将首先到步兵瓮前来。其他各行则按次序跟在后面,"外边的行列"或"里边的行列"如果首先被召,也照样进行。在各行中每个人都取出球以后,抽中银球的人就从瓮前回转身来走到自己的位置上去;但在两边瓮中取得金球的人,则将走到中间瓮前去。在中间瓮中抽出的如果是银球,他也应当回转去。但抽出的如果依然是金球,他就将在横贯会议厅中的一张长凳子上面对着保安司令坐下。保安司令本人坐在厅的中央,两边坐着书记。其中一人将记下每一个选举人的姓名,也就是在中间瓮中取得金球的人的姓名。次序按球上的号码排定,直至写满六人为止。第一张六人名单中,步兵与骑兵是不分的,他们就构成了第一组选举人。第二张六人名单也是按票号排定的,构成第二组选举人。第三张六人名单则构成第三组选举人。第四组情形也是一样。每一个选举人在自己这一组人当中的次序,就是自己在选票中所抽中的次序。但当第一组选举人齐全以后,保安司令就会把下列官职单交给他们,并派一个懂得选举事务的书记帮助他们,让他们当着保安司令的面立即走到会议厅前的一个小棚子里去。在选举过程中除了他们以外其他人都不能走近那个地方。官职单的形式如下:

公 元 △ △ 年
第一级或第一天选举的官职名单

1.保安司令兼总指挥	
2.副保安司令	
3.首席治安推事兼集会总监	纽比亚族在本次集会中共有七百名骑
4.总军需官兼会场指挥员	兵、一千五百名步兵和两万二千名代表。
5.第一监察官	
6.第二监察官	

第一组选举人既是六人，所以每人都将为上表左方的官职提出一人（但被提名者应未在百代表辖区中当选）直到第一批选举人用票选方式为每一官职选出一个竞选人为止。选完后，将原名单附上竞选人名，由辅助这批选举人的书记送回给保安司令官。但选举人仍应留在原位上，因为他们已经投过票了，不能再参加部族的投票。如果某一组选举人发生了任何争执，就由其他选举人推定两个监察官或副监察官到他们的棚子里去。该组的争执问题就应按照他的意见决定。其他组也将完全像这一组一样进行。进行的次序按签次决定。每组都拿着一份同样的名单到另一个棚子里去，直到保安司令手中的官职单上每一项后都有四个竞选人时为止。换句话说，四个组这时对于每一个官职都选出了一个竞选人。保安司令将命令宣读人把竞选人名单向会众朗读一番。会众听到全部名单重念过一次之后，保安司令就将竞选人名一一交给各部族选举，首先是将第一组的第一竞选人交下，其次是将第二组的第一竞选人交下，接着便轮到第三、第四组的第一竞选人。选票和前面所说的一样，由小孩用箱子装着，然后倒在监察官前的盆里。两位监察官将坐在选举厅内的桌子两头，一个数赞成票，另一个数反对票。在四个竞选第一官职的人中，谁的赞成票数多于半数而且多于他人时，就将任第一长官。其余各组的竞选人也将依次照样进行。但由于第一名竞选人的票箱送出后接着就会有第二、第三等竞选人的票箱送出，因此就有许多人名相继在同时进行选举。小孩所背的箱属于哪一竞选人，他就将不断地唱出这人的名字以及竞选的官职。一个部族的行政长官如果也是候选人，他就将请本组的任何其他人代行本职。第一级官员像这样选出之后，就将接受部族的现行职务。

如果有人对这一条提出反对意见说，百代表辖区中的官员首先已经选出了，这次选出的官员必然会比前次低。那么我们要记住，以往政府中的市议员也是这样选出的，然而郡骑士的品质却好得多。百代表辖区的选举是由选举人会议选出的。他们在选择最适当的人选时，自然不会不照顾部族中的选举。如果要说这种投票很困难的话，根据前面几条法令说来，一个人只要有机会使一万人进行投票，就会像把他们分为两排，每排五千人，然后引着走四分之一英里一样容易，而且可以立即从事。但在这种票选中，他必须在场地来回走动，将亚麻球分给每个人，才能投票选举，这样他就会费去很大一部分时间。因此他的妻子和女儿或其他的人在投票前就必须帮助他制好亚麻球，他到场地来的时候就把几十个球装在口袋里。这种事情用不着往下说了。下一条的情形是这样：

第十一条所解释的是第一级官员名单中各官员以及百代表辖区的官员的任务与职能。首先说的是保安司令，他除了古代流传下来的官职和上一法令所规定的事情以外，还是部族议会的第一长官，也就是特权部队的第一长官。副司令除了前述官职以外，还是青年队的总指挥和部族议会的第二长官。首席治安推事应负责递交部族每年的集会名单，并将青年与老年登入安波利恩（即首都——译者）名册，而且也是部族议会的第三长官。监察官和副监察官（也就是区视察员）所管的是使部族每一次集会都遵守一切选举法。他们还有权处理传教时干预政府事务的国家牧师的圣俸。但当事人可以向部族议会或宗教会议控告。在那种情形下监察官就不能自行处理而只能进行控告。这些行政长官加上治安推事和百代表辖区的陪审员，共有六十六人。他们构成了特权部队或部族议会。

部族议会或特权部队的职能有五项：第一，他们既是部族的议会，因此便可以按上述各项法令管理部族列队选举事宜。群众会议中通过的事项，区或百代表辖区的选举等，都要经过他们承认。如果在任何规章或法令上发生任何不法或违背事项，他们呈准议会后就有权加以惩罚。婚姻在法律上应当由区群众会议、百代表辖区集会或部族议会予以承认。部族如果有意要向全国议会请愿，就可以在部族集会上由各队队长加以宣布。这时部族议会既然是议会，所以便在会议厅中草拟请愿书。拟就后再逐条提交全部族投票决定。经全部族投票通过并经六名第一级官员亲笔签署的各条，议会就将接受并认为是部族的请愿书而不是其他的东西。

第二，部族议会有权命令部族中任何其他队来协助，不论是长老队还是青年队都可以，这两种队的纪律都要听部族议会指挥。巡回法庭法官到这里的时候，就由他们连同助手一起去接待。部族议会的长官根据古代法和本国的习惯，将协助法官在法庭上审理案件，并协助陪审员在其他地方执行本身的职务。

第三，部族议会根据惯例将举行季会。这种会也可以审理案件，以便保护信仰自由。审理时应根据全国议会所规定或将规定的法令。

第四，全国议会或平衡法院发下指示时，就应交给部族议会或该队中的某些人，并由接受者分别予以实行。

第五，在征收税款方面，全国议会将向部族议会征收，部族议会则向百代表辖区征收，百代表辖区向区征收，区则在本区中征收。区征得税款后，就将送交百代表辖区官员；百代表辖区则交往部族议会，部族议会则交往国库。有子女十人者可免缴税，有子女五人者减半。结婚三年，年龄在二十五岁以上而无子女的人，则应加倍缴纳。关于这些或以后行将讨论的法令如果发生争执，部族议会将在部族中加以审理，而全国议会则将审理部族议会的问题。此外如果还有人企图在本国的群众会议或集会中建立辩论的权力或权利，部族议会或百代表辖区与部族的任何官员都可以把他立即提交军事议会看管。

有关安波利恩案卷的法令，作用是很突出的，所以另作详细的讨论是不为无补的。区、百代表辖区和部族的名单开列法已经在上面的有关各条中说过了，代表就是根据这种法令选出的。这说明了各民众会议或集会的长老或代表总数。青年人受训时在这方面也完全一样做（训练问题将在下面说到）。因此，区中青年与长老的名单汇总起来以后，就说明了该区可以入伍的人共有多少。部族青年与长老名单汇总起来以后，就说明全部族能入伍的人有多少。这一数目每年都由首席治安推事登记，被称为"尼罗河的栋梁"。由于人民是共和国的财富，这种财富像河水一样在这柱子的刻度上反映出涨落，就可以决定年景的好坏。

以上所说的都是群众集会第一天的情形。上面已经说明，这些事情说完就可以办到。因为它们在实行时并不困难，所以并不需要很多时间。比方说，威尼斯的大议会人数和这种会差不多。他们的会议从十二点开始，到下午一点就选出了九个行政长官。

当天晚上解散各部族之后，都由新行政长官领回。第二天早晨很早又回到场地上来了，于是传令官便接着进行下一项。

第十二条法令规定各部族在第二天整队进行选举事宜。这次选举的名单称为部族代表团名单。在这次投票中，监察官将按照第二次投票的第九条规定准备好票瓮。也就是说，中间瓮中放上三十六个金球，将候选人分成四组，每组九人。这些数目都是根据部族代表名单中官员人数决定的，其形式如下：

1. 骑士
2. 骑士 } 由骑兵中选出。

3. 代表
4. 代表 } 由骑兵中选出。
5. 代表

6. 代表
7. 代表
8. 代表 } 由步兵中选出。
9. 代表

其余的选举事项完全按照第一天的情形进行。由于共和国不但要求一个人运用体力，而且要求他运用思维；所以未婚者在结婚前不得担任这些官职。一个代表如果在区、百代表辖区或部族中已被选任某种官职，事后又被选入部族代表团名单，那么他根据法律就有权将区、百代表辖区或部族中的事务委托本组中未当选官职者代理。骑士与代表被选出之后，就由保安司令带到部族的首领面前来，并使他们宣誓："我们将确实遵守本共和国中人民所选择的法令和习俗"，任何人要是拒绝宣誓，他就将被除名。得票次多的竞选者就将被招来填补他的空额。这人如果宣誓，就将列入名单。但他如果同样拒绝宣誓，那么在他以下得票最多的人就将被召，直至得票最多的竞选者中有九名宣誓成为部族代表团的骑士和代表为止（这一条款的后几段，为了不伤害任何人的信仰，只在头三年里有效）。部族代表团中的骑士选出并宣誓以后，应在3月以后的第一个星期一到共和国首都的万神殿或正义宫去（如果全国议会由于传染病或其他原因而迁往国内其他地方开会时，不在此列）。他们将在元老院中取得自己的席位，并自当选之日起连任全权元老三年。部族代表团中的代表除了事先声明免除者以外，应在当天到安波利恩的神光殿去列名为特权部族或平权人民代表，并自当选之日起，任全权代表三年。但大洋国中每一官职都要求同等的卸任期，所以部族代表团中的骑士或代表任职三年而卸职未满三年时，在本部族或其他任何部族的部族代表团中都不得重新当选。

任何人要是正确地理解了前面的法令，就会认为一个可敬的骑士绝不会在酒酣耳热之际说自己配得上为国家服务，正如保安司令即使不受法律约束时也不可能耍下流手段一样。虽然上述的法令对于人民大会和元老的通行法规说来已经是完美无缺了，但这种通行法规所要求的不过是前面所解释的普通选举，选出的不过是三分之一的骑士和代表，所以在这里，关于共和国的建制法规问题，我们还必须提出另一系列的讨论。共和国第一次选出全体议员时，人数必须三倍于上述法令下所能选出的人。因此，这时就特别需要传令官的帮助。他在正确地向人民说明理由之后，让他们将集会继续两天，进行这一问题。有一张名单上开列着两个骑士和七个代表，他下令在第二天选举。这一名单被称为第一部族代表团名单，当选的人有权任职一年而不能更多。另一张名单所包括的也是两个骑士和七个代表。他下令在第三天选出。这名单被称为第二部族代表团名单，当选的人可以任职两年而不能更多。第四天他又按照法令的规定下令选举第三部族代表团名单，当选者可任职三年。当这些官职名单逐一任期届满时，就好像一个半球的星宿落下正好使另一半球的星宿升起一样，它们也会使共和国的星球每年运行一周、每三年运行一周，永不停息。

部族集会的任务像这样圆满结束后，纽比亚部族的传令官，赫米斯·德·卡多西就参加该部族的第一次庆祝大会。他叫人把监察官的坐台搬到队伍前面，然后走到台上这样说道：

"纽比亚族各位长官与各位同胞：

今天我们庆祝了世界上两位最伟大的王子与公主——军队与议会的婚礼。他们互相拥抱就形成了整个的共和国。议会在不断轮转、行进与反向行进之中产生了军队；而军队则以金票球产生了议会并向议会致敬。现在的世界上有些人认为以军事纪律来执行内政的职能是很荒谬的。那些人把自己的皮军服交给仆人，而自己又去守战壕。试问没有武装或者受教育时没有学会用剑的人（二而一者也），当了公民又有什么用处呢？如果有两三千人对于祖国抱着满腔热忱，但是赤手空拳地遇到了一批雇佣兵，试问这些人又能算什么呢？如果那些雇佣兵走到场地来说道，'先生们，你们最好选某某人'，试问你们还有自由吗？他们要是说，'先生们，议会诚然是非常之好，但你们应当少安毋躁，因为现在不适于他们行事'，试问你们的共和国还能存在吗？土耳其难道不是武装起来的奴仆建立的吗?罗马共和国的光荣难道不是公民手中的宝剑创造的吗?今天我荣幸地亲自向这庄严而辉煌的会场致敬,我希望我能有助于大家而无碍于事。请看吧!我们这里的情形正像是以色列的军队建立了共和国,而以色列共和国又始终是一支军队!他们有十夫长、五十夫长、百夫长和千夫长;正像我们今天的盛会一样,按着部族抽签。他们的部族增加三倍以上,就会像今天一样由五十个宝座上的族长或首领审理我们大洋国的五十个部族了。再打一个比方,我们正像是雅典人冲破了铁的坟墓摆脱了土耳其士兵的长期压迫。当底修斯①把散存各地的雅典人集合到一个城里之后,说了几句话。那声音听来不像人的声音,但肯定是底修斯的声音。他说:

'我们这个生而自由的民族不是凭一个人的恩惠生活的。我们每年都通过自己的手分配官职与荣誉,我们是自己的主人……'(说到这里演说被一阵喊声打断了,但终于又继续往下进行)。

……这难道是庄严的拉栖第梦人的武装部族,分成了俄巴与摩拉,责备我教导人民说出或想象女人一般娇媚的话,来逗引男人纵情狂欢吗?这难道是罗马人拿着得胜的武器(罗马人正是这样召集民众会议的)在祝贺我们发现了他们所想不到的事情,把库里亚大会、百人团民会和部族大会结成了一个神圣不可侵犯的同盟吗?这难道是无与伦比的威尼斯共和国的大议会用自己的选票建立自己永垂不朽的共和国吗?根据它的理性和经验来看,共和国并非不可能是永垂不朽的。作为质料的人民既是不朽的,那

---

① 希腊神话中的雅典王,据说曾从事多次征战。

么运转中的形式在没有遇到抗力时也必然是永不停息的。一个木球投出以后，要是不受摩擦或阻挡，就不会停下来。因此，光芒四射的日月便是上帝的球，一次掷出以后就永不停息。威尼斯是继日月而后的第二次球。各位，不论这些伟大的例证说明了什么，我们肯定地是第一次向世界证明一个共和国怎样从五十个这样的台上兴起来的，说明大洋国的部族是怎样卫戍自己的；我们每年的花名册上有十万个长老，但却只是卫戍的前哨而已。此外还有青年人组成的数目相等和纪律相同的野战部队。

主权是一个必不可缺的东西，然而又是个十分骇人的东西。这正像火药对于士兵一样，可以使他安全，也可以使他遭受危险。这要看实际上是为你开火还是对你开火而定。但是大洋国有了部族代表团作为依靠又是如何地稳妥可靠：选拔的人都是精力充沛的，分配这些人时又不会让自己的火药库炸毁自己。有人说，权力受到限制的人就不能成为主权者。试问河流在自己的河岸之间流动，难道不比泛滥成灾、冲毁庄稼（纵使这样是合法的）时更加安全而有益民生吗？灵魂如果不藏在实在的肉体中，对肉体的作用难道不就像是鬼附了体的巫师一样吗？权力如果不限制在理性和美德的范围之内，岂不就只能以情欲与邪恶为范围了吗？如果邪恶与情欲是漫无止境的，而美德和理智却有一定的范围；试问圣者又将在这两种宝座中的哪一个宝座上膏他的主权者呢？① 抛开这些不谈，共和国的权力所受的限制就不会比君主政体更多，

---

① 据传，古时君主之类的人就位时，应由能通神的圣者将油倒在他的头上，谓之膏礼。——译者

而只是受到制约和均衡。一只老鹰如果被绑住了，就不可能飞得那样高；它的身体如果不平衡的话，也无法自由飞翔。罗马的鹰在这种均势上展翅高飞，西起大西洋，东迄幼发拉底河。没有这种情形，君王就会以为有了王位之后便可以飞得更远。各位请接受主权吧！你们现在实际上已经接受了主权，所以就应当抓牢，把它永远拥抱在光辉的两臂之间。磁石吸满了铁，性质非但不会受损失或束缚，反而会得到加强。各位长官请庆祝吧！我要离开这个部族了。"

传令官走下来了。他的讲演曾获得全部族的热烈鼓掌和赞扬。那晚他们陪同着他回到他的住所。第二天，部族议会带领着部队送他到部族地界的边境。双方都热泪盈眶，但却是为了惜别，而不是感到悲伤。

因此，部族便是第三级人民集会所造成的地区分划。其中的人在这种区划中的正当职能已在前面五条法令中叙述了。

共和国的建制法规要费这样多周折，读者也许已经感到厌烦了。但现在不妨把它放下，先谈谈通行法规，这种法规自成一体，而且也较为清晰。

前面所举出的运动都是圆周运动。所有的圆周运动都有一个中心。所以在没有继续往下说之前，为了更好地理解全局起见，我们就必须找出共和国的运动的中心在哪里。

每一个政府的基础或中心就是它的基本法律。

基本法所规定的就是一个人可以称为自己的东西是什么，这就是所谓财产。同时还要规定一个人有什么凭依可以享受自己财产，这就是所谓保障。前者就是所谓所有权，后者就是所谓统治权或主权。前面已经说过,后者是前者的自然产物,因为统治权的性质决定于一个民族的所有权的均势。

因此,大洋国的基本法或中心就是土地法与选举。土地法通过所有权的均势在根本上保持了平等,而选举则通过平等轮流执政的方式把平等带到枝叶上去,也可以说是带到主权的行使中去。前者的情形是这样:

第十三条法令是大洋国、玛辟西亚与庞诺辟亚的土地法。其中首先规定:任何人在大洋国境内现在拥有或将拥有的土地其岁入如果超出两千镑,同时又有一个以上的儿子时,就应当按下述两种情形处理:(1)每人岁入平均在两千镑以上的予以均分;(2)每人岁入平均不足两千镑的,可作近似平均的分配,将较大的一份留与长子,但不得超过两千镑。任何人目前所拥有的土地每年收入如果不超过两千镑,那么除开依法继承以外,在大洋国境内接受、享用、取得或购买的土地与原有土地合并计算,岁入都不得超过两千镑。一个人如果有一个或更多的女儿时,除开遗产继承人以外,都不得在结婚或其他时候以嫁妆方式将一千五百镑以上的土地、货物或金钱赠与其中的任何一人。亲戚朋友在已备就的嫁妆之外所赠与的财物,也不得使任何一份超过此数。任何男人与任何女人结婚时,都不得要求或拥有超过此数的财物。但财产继承人可以享有合法的遗产。寡妇和丈夫的感情不论怎样好,遗与的财产都应当在子女中分配。分配的方法和上面所说的一样。

第二,大洋国土地法的一切条文对玛辟西亚境内的土地完全适用,唯有标准数目或地产比例不同,这儿的规定数目是五百镑。

第三，土地法的一切条文对于庞诺辟亚将和大洋国一样有效。任何人所拥有的土地如果超过法定数目就是违法，应当将多余部分交给国家使用。

其他地方的土地法都是令人恐惧的东西，本法规中的土地法也是这样。但像这样一种法律，对大家都有好处而又不会伤害任何人；一般人竟都充满了恐惧，真是令人纳罕的事。往下我先不打算论证这条法律。在它通过之前，曾经经过几场辩论。我打算把立法者议会中的两篇讲演词提出来。第一篇是世家子弟青年议员费拉都斯·德·加博①先生发表的，内容是这样：

"大洋国执政官：

我天资驽钝，不知道自己反对了怎样一位深奥的议员。但事情还是不难大白于世。首先，土地法是完全不必要的；其次，它对一个共和国是很危险的；第三，它不足以防止君主政体；第四，它将破坏家庭；第五，它将破坏生产；最后，它纵使有任何好处，但要在我国施行也是很困难的。如果要证明这种法可以长期实行，是完全不能令人相信的。

"第一，土地法对于共和国是不必要的。因为当代的国家中没有一个有这种法的。钧座认为威尼斯超过了一切古代国家，但威尼斯就没有这种法律。这难道还不清楚吗？他们没有这种法律，就必然是不需要这种法律。因为主权者随时都可以制定这种法令。亚里士多德自称是一个善良的共和主义者，他就一直在嘲笑菲利

---

① 费拉都斯·德·加博（Philautus de Garbo），希腊文是自私的意思。——译者

士①,这是不足为奇的。据希腊人说,土地法就是他创造出来的。

"第二,土地法对共和国说来是很危险的,这绝不是随随便便的人所说的。像马基雅弗利这样的人都肯定,罗马的覆亡就是由于对土地法发生了争执。我认为拉栖第梦的土地法也没有起更好的作用,这一点我马上就要加以说明。

"第三,它不足以防止君主政体。要否认这一点是不能不冒犯上帝的。《圣经》证明,以色列共和国虽然有土地法,仍然屈从在国王的专横奴役之下。

"我的第四个论点是:它将破坏家庭。这一点也是非常明显的,与其说是需要加以证明,不如说是需要我们同情。我们的子孙万代都不能否认,贵族是首先为我国人民自古具有的自由流血牺牲的人。现在人们为什么竟把他们绑在一个污秽不洁的祭坛上呢?人民的自由要是没有我们祖先出生,早就已经被埋葬了。我们为什么要告诉人民说,除非我们被埋葬,自由就无法存在呢?共和国天真得像一只鸽子。②我们不要把鸽子的出生弄成了蛇的出生。蛇出生时是咬破母亲的肚子出来的。③

"第五,但是有人也许会说,我们是初恋失败了,所以变得骄傲又懒散。议员们,上帝的灵加在我们身上④绝对不是无缘无故

---

① 亚里士多德在《政治学》中曾讨论卡西顿的菲利士所提出的政体,其中涉及了土地法。

② 参看《圣经》新约《马太福音》,第10章,第16节。

③ 亚里士多德的《动物学》一书中关于蛇的一段,一般有这样一个流行的解释。

④ 参看《圣经》旧约《列王纪》(上),第18章,第46节;《列王纪》(下),第3章,第15节。

的。但大家应当注意的是现在你们在如何地容忍侵犯人家的财产的事情发生。这将使劳动的热情松懈，也会使人感到自己的汗是白流了。我的第五点理由说明，不论外表上说得怎样好，你们的土地法都必然会摧毁生产。拉栖第梦的情形正是这样，这是毫无疑义的，而且他们也不能不如此。他们由奴仆或赫罗泰①在自己的份地上为自己提供四十夸特②大麦和相当分量的酒，所得的量限于刚够维持生活的量。那里除开战争以外并没有任何工艺或贸易。因此，一个斯巴达人没有拿着兵器，就必须坐下来练练指法，所以他们便不断进行战争。城市的地产和公民都无法增加，所以它就不免于覆亡了。你们究竟能为同类的方法提出一些什么更好的结果，我是看不出的，我反倒认为只可能更糟。拉栖第梦人没有打过内战。你们使用公民的方式如果不比拉栖第梦人更好，我就不敢恭维说你们也能做得像他们那样好，因为希望在战争中捞一把的人现在仍然在盼望战争。要使和平得到最坚强的保证就是使它对人有利。否则人们就会先下手破坏法律，而不让法律来破坏他们。我所说的不是贵族或现在保有利益的人，而是说平民或现在正要取得利益的人。平民心中的情欲强烈得多，因为一个人在收得成果时绝没有努力增加财富时那样起劲。

"各位议员，我诚然害怕，使最好的人手更多地脱离生产以后将造成破坏，其损失绝不是把生产交给少数最差的人手所能补偿的。在那种情形下，贵族就将被迫将自己的儿子送去耕田。而且

---

① 赫罗泰（helot），斯巴达人的奴隶。——译者
② 夸特（quarter），谷量名，约为 2.909 公石。——译者

就像这样还不够似的,他们还必须把自己的女儿嫁给农民。

"最后,我看不出这种法律实行后对你们有什么好处,但它却必然会使许多人遭到毁灭。以色列人和拉栖第梦人的土地法可以站住脚并不足为奇。他们根本就不考虑原来的所有主而对土地进行丈量并分成相等的份地。这种份地既不能买卖,也不能增添。所以他们便知道要到哪里才能找到人手。但在我们的国家里却不能像这样分配土地,因为土地已操在所有主手中,同时也不成整片,而是混杂在一起。土地的保有条件也很参差不齐。由于我们并没有在这种条件下实行土地法的经验,所以我们就看不出应当怎样做,也看不出为什么要这样做。我们认为违反理性和经验的东西是不能实行的。"

费拉都斯议员的情形是全国最关心的事情。他有四个弟弟,他的父亲还活着,他可以从他父亲那里继承每年一万镑收入的遗产。他的才能和声望都很高,谈吐既能打动人的理智,也能激动人的情绪。要不是执政官提出以下的演说来加以防卫,他就会对准这一事业,当头来它一棒。执政官说:

"大洋国各位立法议员:

"费拉都斯先生把一桩简单的事情说麻烦了。他的辩才如果能服人,那么他的功绩和他所膺得的民心就更加值得赞扬了。在个人声望方面这样出众的,我们并没有理由害怕他在公众事务方面会落后于人。他整个讲演中所贯串的仁慈精神都只是根据这样一个原则产生的,也就是他深恐土地法会伤害到国家。我感到自己责无旁贷,必须对这样一位爱国志士提出满意的答复。我们不妨按照原话的次序来解答他的疑问:

"第一,他在谈到近代共和国时,认为土地法是不必要的。我们必须承认,初看起来,有些表面现象是有利于他的说法的。但凑巧的是这些事实对我们都不适用。像瑞士、荷兰等共和国(也可以就是联邦)所处的地势,不会引诱人民过放荡的生活,而会促使他们普遍地勤劳工作,所以他们的本质中就蕴藏着一种土地法。他们那里不会有日益发展的贵族。那些贵族在以往的君主国的卵翼下,要不是无法孵化,便是很快就砸碎了。他们的例子对我们是不足为训的,他们在这方面的经验正好和我们的情形相反。但即使是在这些政府之中有一个明确的土地法,那又有什么关系呢?如果像我们这些国家一样,法律规定一个人的土地必须在自己的儿子之中作平均或近似平均的分配,那么贵族是无法生长起来的,因此也就无需土地法了,也可以说是已经有了一个土地法。威尼斯的贵族的发展(如果还能说有贵族发展的话,因为马基雅弗利指出:威尼斯的贵族之所以有名无实,是因为地产很平均)并不可怕,而是值得研究的,因为它除开贵族以外就没别的了。在那种情形下,贵族的地产不论从人民身上吸取了多少东西,都被更好地消化成了共和国更好的血液;如果吸取的方式是平等的,就更加如此。因为共和国的血液就是他们累积财富的最大利益。不论收入是多么不平均,他们由于有豪奢监督吏,①所以支出上总是平均的,至少在排场上总是平均的。所以除非是地产

---

① 史传威尼斯有专人监督豪华浪费,如 1610 年就有法令规定,结婚时为一定数目的贺客准备的礼饼不得超过两块;1616 年规定妇女不得佩戴昂贵头饰;1651 年也有关似措施。

的好处在累积方面多而在享用方面少，那么根据威尼斯的例证，我们更加要实行自己的土地法。任何人要是借用其他国家的道理，也仍然无法规避土地法中的经纶之道。一个政府如果一下就建成了以色列或拉栖第梦那个样子，它就一定会以土地法为主要基础。如果它昂首不顾这一问题，那么它纵使幸运多于经纶之术，也无法达到以色列或拉栖第梦那种程度。雅典就是例子。亚里士多德说，雅典由于这一方面的缺点，所以就像希腊的大多数民主城邦一样，建立了贝壳流放制。像这样一个重大的基本问题，当然不应当限于任何一类政府的事例。我们难道没有看见，如果有一个地主独占了广大领土，那就是土耳其人吗？如果少数的地主在一个人数众多的国家中取得了优势，他们就具有大量的奴仆；如果人民取得了相等的均势，就不可能有贵族，这难道还不清楚吗？我们难道不知道，政府如果不以这些情形中的一种为基础就无法建立吗？这些基础如果不固定下来就会互相转化，这样就不能造成稳固的政府。由于基础不固，许多强大的君主国家和民主国家都倒在人民手里，而且在倒台时还流了许多无辜的血，这些事情难道还不清楚吗？他们的声誉（正和我国古代贵族的功绩一样）纵使和上面所说的两国或其他任何国家相等，甚至还超过了那种程度；然而不但是他们的荣誉地位，而且连世界上历来最宽容和最少侵犯人民的自由的王室的尊荣，都由于没有一个相当的土地法使它的根基在适当的基础上固定下来，所以就令人震骇地坍塌下来了，成了震动世界的事件。一个灾难的教训既然已经明白了，我们难道不应当防止另一次灾难吗？亚里士多德总结说，民主国家中少数人的财产超过其余的人时，就蜕化为寡头政体和君主政体,但他又嘲笑了菲利士的发明,①他像这样嘲笑时就不像他总结时那样是一个良好的共和主义者了。他还谈到一个例子,和我们的讨论更加接近。他说,当塔兰顿的大部分贵族骤然覆亡时,少数人的国家就变成了多数人的国家。②

"看到以上的各点之后,我就看不出土地法,作为政府的根基,为什么可以是不必要的。当一个病人要吃药时就必须吃,否则他就会病入膏肓,那样是很危险的。罗马的情形就是这样。马基雅弗利谈到这一点时,说法有些不同。他说,土地法的斗争造成了共和国的覆亡。参证克拉苏的话来说,就好像一个元老因资财不够而养不起军队时,共和国不论是不是为土地法而纷争,都可以不灭亡③。李维说:'富贵滋生贪婪,穷奢极欲通过贪婪与情欲,使人滋生破坏一切良好秩序的念头。'如果共和国的安全在于提出适当的防毒剂来抵抗这种毒素,那么它的最大危机就莫过于缺乏土地法了。罗马事例中的全部真理就在这一点上。至于拉康尼亚人的问题,我不打算作进一步的解释,因为这位议员先生对于其他某些例证也有些没解释。首先让我们看看适合于民主政府的土地法是不是足以防止君主政体。这位议员认为不能的。他还举出以色列人选举国王的事来作例征。我的答复是,以色列人在这里面所表现的行为,对于那个事例的反对意见就是一个很好

---

① 见亚里士多德:《政治学》,第2卷,第7章。
② 同上书,第5卷,第2、8章。
③ 据普里尼《博物志》所载,克拉苏曾说:"想当国家元首的人没有一个是资财不足以养活一支军队的。"此处引证这段话,意思是说,罗马本是由于元老院资财不够,不能养活军队才灭亡的,不是由于土地法的纷争。

的答复。因为他们要是不选举国王因而把一个君主政体拉在自己身上，君主政体绝不会自动长在他们身上，也不会由于土地法而侵犯到他们头上。选举国王既然是一个偶然事件，在其他类似的民族中就不可能出现。他们要不是显然已经被上帝抛弃，让他们干糊涂事时，也不会出现这种情形。因为上帝对撒母耳说：'他们不是厌弃你，乃是厌弃我，不要我做他们的王。'① 根据以上所说过的和往下将要说的看来，这种事情之中，显然有些东西是脱离了自然轨道，因为国王立足的基础只是人民的灾难。人民由于经常被敌人战败，对自己感到绝望，所以便只要有改变就感到满意。② 国王如果像在所罗门的时代一样平安无事，那么他留给后代的王位便是很不稳固的，比如罗波安的情况就是这样。③ 以色列人的君主国成立以后，土地法还是牢牢地保持住了共和国的基础。所以共和国仍然时常出现，像这样断断续续存在的时间比任何其他政府都长。约书亚建国时是纪元前1465年，完全崩溃时是公元135年哈德良大帝时代，④ 从这两个年代就可以算得很清楚了。像那样以平等的土地法为基础并坚持实行的民族，如果放

---

① 见《圣经》旧约《撒母耳记》（上），第8章，第7节。

② 据《圣经》旧约《撒母耳记》记载，以色列人本由士师秉承上帝意志直接统治，但后来因为屡败于敌人，所以便祈求上帝立王统治。上帝一怒之下立扫罗为王，以色列人大受其累。

③ 据《圣经》旧约《列王纪》记载，所罗门为王时，境内平安无事。传位与其子罗波安时，立即分裂为以色列与犹太两个国家。

④ 据《圣经》记载，约书亚是以色列人出埃及后的第一任士师。1465年是《圣经》学者推算出来的。公元135年时，罗马哈德良大帝以严酷手段平定犹太人的反抗，并将犹太人驱逐出境，至此犹太人的国家完全消灭。

弃自由的话，就必然是有心求得改进，而且对于自己放弃的自由也一定是啧有烦言。现在再来讨论一下本法令对我国所提出的规定。其中的标准是每年收入两千镑。大洋国整个领土用这种比例来划分的话，就可以达到五千份地。所以像这样分配，并坚持实行以后，大洋国的土地的所有者就不可能少于五千人。五千个这种规模的所有主，绝不可能同意破坏土地法，因为那样就等于是同意彼此掠夺。他们也不可能同意树立一个国王，因为他们必须供养国王而不能从国王那里得到任何好处。此外，他们也不可能排斥人民，因为那样做是没有多少好处的，而且会使国民军垮台。所以当共和国继续以上述均势为基础时，纵使落入五千人的掌握之中，也永不会改变。然而落入五千人的掌握也是万万不可能的。

"各位议员：其他的理由都是个人的见解。前面说这条法令将毁坏家庭，这就好像是说古代碉堡的颓废是由碉堡内生长的草所造成的一样。其实正是家庭的崩溃才自然而然地产生了这条法令。现在我们不谈可能得到一些什么，而只谈已经得到了一些什么。我们只要看看大洋国中现在每年收入超过两千镑的人，这情形就清楚了。让我们提出最多的数字来看。各位如果认为不错的话，我们不妨假定土地所有主财产超过这个定额的不过三百人。试问这些人的利益和整个国家的利益又怎么能相提并论呢？换句话说，他们又有什么利益可以和国家的利益相平衡呢？他们将继续过着以往习惯的生活，谁又会阻挡他们呢？他们仍将享有自己的财产，谁又会伤害他们呢？他们将按照整个家庭的利益来分配自己的财产。我们所希望的不过如此而已。假定一个人只有一个儿子，他是不是能享有他父亲的财产呢？这份财产必然是他的，也是他儿子和子孙的。假定一个人有五个儿子，他们是不是能享有父亲的财产呢？财产是在他们之中平分的。一个家庭中赞成这种办法的人将是四人，而反对的人则是一人，因此这就必然符合家庭的利益。要不然的话，家庭就是不知道自己的利益在什么地方了。如果有人持异议的话，他就只能从惯例中提出理由来，或者从励精图治之道中提出理由来，但这却是君主的利益，而不是家庭的利益。我们现在的国家乃是一个共和国。如果一个君主国由于这样的划分法将产生共和国，所以就不能忍受；那么一个共和国便也不能容忍财产的累积，因为那样就会造成君主国。如果君主国夸耀说他们叫多数人为一个人的利益服务，那么我们就会夸耀我们这儿是一个人为多数人的利益服务，甚至要为全体的利益服务。议员先生们，我记起前次内战结束时我有一个密友旅行归来后谈起了内战中我国党派众多的原因。他说，我国幼弟数目远多于长兄，他们竟没有人结成一个党派来反对在其他国家所没有的长兄的专制，令人感到惊讶。诚然，我认为我们的同胞没有一个是品质恶劣的。但我奇怪的是我们为什么要把我们的小孩当成小狗一样看待。抱起一个放在怀里，把什么好东西都喂给他吃，然而却把五个全都淹死！然而情形比这还要糟，因为小狗一会儿就淹死了，但小孩则总在没顶的状况中挣扎。议员先生们，这真是一种冷酷的制度！这一切都只是为了一个人残酷的野心，为了使他能树立起一座黄金的纪念碑；然而他却有自己的骨肉，有他自己的孩子，这就是一种永垂不朽的纪念碑。这是各个家庭的利益，任何政府如果不能容忍这一点，便是不得人心的。各位请静下来吧。

在尼罗河主流经过的地方，土地是贫瘠的，但当它分为七支的时候，它将元气和养分分布开来，然后又加以保持和改进，两岸的肥力就大大增加了，正像一个深谋远虑的土地法对秩序良好的共和国的作用一样。

"关于第五点，一个国家如果弄得一只腿瘸，一只腿跛，并不会比一条好腿更适于生产。如果有些人不需要商业，而另一些人又不能从事商业，商品就不能改进。如果说束缚资金就会妨碍生产，那么现在金钱资财并没有受到限制。如果说生产没有发展的余地，现在土地并没有被垄断，也没有传与某一个人，而是可以完全用于生产。我真不知道根据什么东西计算，就说它妨碍生产。在大洋国和庞诺辟亚，每人每年可以享有两千镑，在马辟西亚可以享有五百镑。此外还有许多其他的殖民区，共和国将有更多的殖民省。谁又知道我们土地法的两臂将伸展到什么地方去呢？能够留下一个柱子的人难道就不能留下一座具有许多廊柱的庙堂来作更肃穆的纪念吗？假如财富有一定的限度，人们就会感到富足有余。但要是没有限度的话，人们就会贪得无厌。贪得无厌的人真是在不遗余力地使自己感到贫穷！同时，一个人如果认为人间可能有一种更高贵，而没这样下贱的事业，因之便转念而及于共和国，他就将有闲暇来为共和国服务，而共和国则将给他荣誉和财富，他的汗将具有亚历山大那样的气息。议员费拉都斯是一个青年人，每年享有一万镑，可以按古制过着豪华的家庭生活，并且有亲切宜人的客人。根据上面所提出的办法，他就只能有两千镑，但仍然可以胜过他的祖先。我对他的祖先们固然是十分尊敬，但我敢说其中没有一个人敢和他争罗马执政官的地位。① 议员先生，请不要使我心碎吧。贵族所说的话总是我们的参议意见。但他却说，拉栖第梦人的情形是城市和公民都不能增长，因为在土地法的打击下，两者都毁掉了。现在我们的公民和我们的城市都能增长，试问那种土地法和那种打击与我们又有什么相干呢？斯巴达人征服了土地之后没有公民去守，我们大洋国就肯定有。斯巴达人不可能有任何贸易，我们大洋国就能有一切的贸易。拉康尼亚的土地法是要将国家绑在行军背囊上，除开战争以外任何工艺都不许存在，而他们所能组成的军队却不过三万人。但大洋国的土地法由于不妨碍贸易往来，所以五分之一的青年就每年能提供十万名新兵，这还没有计算地方辅助部队；从这些人中可以取得野战部队。此外还有同样多的长老。他们并不弱，大都是壮年人，并且都入伍卫成国土。拉康尼亚的土地法排斥金钱，而我们的土地法则增加金钱。他们的土地法只许每人拥有二十至三十英亩土地，而我们的土地法则允许每人拥有两千至三千英亩。两者之间是无法相比的。然而我对费拉都斯议员的话还有一点十分不敢苟同的地方，他说土地法是拉康尼亚覆亡的原因。我认为土地法，甚至可以确证，是拉康尼亚的主要支柱。因为没有其他因素，土地法所能维持的军队虽不过只有三万名，但有了其他因素之后，这支军队就垮了。所以吕山德②把雅典掳获来的金钱带去之后，就使那个共和国彻底地垮了台。这就告诉我们，在提倡生

---

① 参看本书第128页。作者此处应当是说费拉都斯比他的祖先钱多。——译者
② 吕山德（Lysander），斯巴达海军统帅，羊河之役全歼雅典海军的一仗就是他领导的。——译者

产的时候,还应当记住贪婪是万恶之本。我们的土地法绝对不会产生费拉都斯危言耸听地提出的引诱,反而是治愈这些引诱的良方。罗马正是由于缺少这种抗毒素,所以才发生了内战。在内战发生之前,卢孔①有两句一针见血的话说:

> 高利贷如狼似虎啊,利息增长得快,
> 信用彻底破产啊,人们大发战争财。

"我们的共和国中两性获得的利益是不平均的,因为我们不希望妇女以某种贵金属的方式保有自己的财产,以致有被人劫钱袋的危险。这样做难道错了吗?要是有人劫去了我的钱袋,我就将抓住他,或者杀了他,但一个人要是夺去了妇女的钱袋,还可能叫她戴上手镣脚铐受苦。一个共和国如果要土地而不要土地上的人民,那又是如何地残酷呢?假如人民是它的宝贝,而且也是它享受与维持自身的材料,它是由于人民而富强起来的,试问它又怎能让人民因为使国家富强而受穷呢?但是我们看到豪门巨室的天赐财富就是由于这种弊害多端的金钱婚姻而成了他们无力承担的困难和穷困的原因。下层的人们,因为更善于谋生,所以受害不及贵族缙绅深。他们的血管就是从这些财富里取得血液,像那样做又有什么好处呢?其实烛台上的烛光比财富能更见效地使新娘子具有必要的美貌。我要请大家来评判一下,究竟是费拉都斯还是我在为贵族辩护呢?我所提出的情形中,这话根本没有可怀

---

① 卢孔(Lucan),罗马诗人,因攻击尼禄皇帝被杀。——译者

疑的。一个女人如果只能有一千五百镑，为什么就不行呢？在没有出嫁的时候，哪一个贵族又让自己的女儿具有用不完的钱呢？如果结婚的话，任何贵族所能给予女儿的嫁妆也只能是她所具有的那些。在这种情形下，究竟谁又吃了亏呢？更进一步说，试问谁又没有受益呢？土地法使我们不折不扣地得到我们的劳动成果，'为我们摆设筵席……使我的福满杯溢'①。更重要的是它为我们的子女安排好一切，并用油膏我们的头，使我们消除一切人世的烦恼。一个人如果不是财迷了心窍，无休无止地追求虚荣，谁又会认为这种制度是他贫困的原因呢？他将看出任何妇女都不会由于嫁妆而见重，任何嫁妆也不会由于妇女而见重。他的女儿没有他的嫁妆不但会更受人欢迎，而且在感情上也将更少束缚。我们在规矩方面是极为严格的，规定子女不征得我们的同意就不能结婚，似乎这是在照顾他们。但实际上却是不如此我们在某个儿子身上就不能多得一千镑，而且不能在生前为某个女儿多划定一百镑的遗产，事情难道不是这样吗？当我们陷入这种情势中时，我们的罪是以眼泪把褥子湿透，②但没有悔恨。这种恶劣的做法即使对敌人也不能用，然而我们破坏自己儿女的感情时却又感到若无其事。但在这种土地法中，对于纯洁无瑕的爱情有着一种贡献；其结果纵使把大家的爱情全部拿来我也不肯换。有人认为一个郡伯如果不用两万镑陪嫁，就不能使他的女儿当伯爵夫人；一段恋爱经过中的女主人如果不是一个公主就不出色。其实这是不纯洁的爱情

---

① 见《圣经》旧约《诗篇》，第23篇，第5节。
② 同上书，第6篇，原意是形容悔恨。

中的角色。但如果我们的土地法排斥了野心与贪欲，我们最后就可以注意到自己的血统。其实我们对狗与马的血统早已经注意到了。那时婚姻才真正是合法的，共和国的血统也才是纯正的。

"古话说得好，度量有宽狭，痛苦也有多少。议员先生最后断言，我们所看到的果实的根，是不可能在这块土地上繁荣滋长的。我一听这话，心里就感到失望了。那话的理由是什么呢？因为财产是混杂的，保有的条件也是参差不齐。然而在我们的国库中，现在还有古时的全国丈量清册。因此，这种事情就不是不可能的。现在如果对现行的租额作一次调查，并制定法律，规定今后任何人不得拥有每年价值超过两千镑的土地，这也还是一种充分而良好的土地法。诚然，地租种类不同仍然会留下一些困难。这事情不仅所需的时间超过了我们现有的限度，同时也需要一种比我们现有的职权更大的权威，使人们服从公众的决议。因此，方式问题必须提交议会。至于事实方面，除开这种方式以外我们就不可能使共和国固定在正确的均势上。

"最后，我准备把费拉都斯议员讨论本法令时忘记没提的几部分补充一下来作结语。首先谈谈在玛辟西亚实行土地法的结果。这将彻底地摧毁那里的贵族。就现有的情形来说，那里的贵族是无法管理的。因为那里的人民几乎成了贵族的牛马；如果牛马可以用来和外国进行贸易的话，那里的人民被赶到我们的土地上来就不足为奇了。假如这些人已经处在你的管辖之下，而他们在类似情形之下是必然会被宰杀的。如果你竟十分软弱，不插手干涉的话，他们的血就必然会流在你的门口。但是要插手，就要实行土地法。实行土地法之后，就不但能使那个民族得到自由，而且能使他们得到土地。这样，你的保护对于他们的安全来说就是必需的，他们对你的贡献也是为了报答你保护他们的安全。

"至于庞诺辟亚的土地法，优良土地的定额是非常宽的。任何人在大洋国中如果感到受了限制，就可以到那里去发展。那儿的公民每个人到时候都可以具有自己的村舍。毫无疑问，那个国家通过这种方法所得到的改进一定会比以往最好的时代更大。

"我没有更多的话可说了。最后只要指明，在古代的英雄时代中，人们认为美德是强制性的。比如雅典的贵族曾经使人民负债累累，所以那时的问题只是哪一个贵族应当做皇上，再没有别的问题了。但梭伦一声令下，人民把债务废除之后，共和国马上又恢复了。从此以后，他们每年都举行一次名为'西萨底亚'（Sisacthia）或'勒西兴'（Recision）的庄严宴会，来纪念这个法案。这个事例也不是绝无仅有的良好范例。因为在莱喀古斯定制时，那儿的贵族（和我们这儿一样）在拉康尼亚具有土地，他们只是听到莱喀古斯提出共和国的利益而没有其他更重大的理由，就把自己的土地交出来，根据他的土地法均分。但现在既然大家都不愿意拿出一文钱和一锹土，那么我们就只能把美德当成强制性的。我们现在所讨论的是究竟要战争还是要和平。如果要和平，就不能不有政府，而政府则不能不有均势。因此，如果你不把土地法确定下来，其余的问题就只能流血解决，因为不流血你就不可能得到其他的结果。"

以上是订立土地法时所作的讲演，从这里就可以看出其理由是什么。下一条法令是：

第十四条法令规定，威尼斯的选举法作出若干修改，并向每一个民众会议宣布后，就应永远成为本共和国唯一的选举法。

这只是一条一般的法令。选举法细则都是根据这一法令推演出来的，其中有一些在上面已经谈过了。这一些以及往后将要讨论的一些都在建制会议中宣读并辩论过。虽然这法规是由本共和国派专人到威尼斯去学习后制定的，但议员中的埃皮蒙奴斯·德·加勒拉听过关于区的指示以后再也忍耐不住了。于是他便站起来这样说道：

"执政官先生：

"以下的话要请渊博的特任咨议员彼勒格林·斯派先生指正。我也曾到威尼斯去过眼界。并且随一般士绅之后，去看过他们的大议会投票。我不得不承认，作为一场哑剧说来，这是我所见到的最好的一次。有些人也许会见怪，以为高尚的威尼斯人自视过高，不愿与外人交谈，但他们的眼光并没有这样狭隘。实际上是他们对熟识的人没有什么可说的。不然的话，议会里的人就一定没有长嘴了。像那样一个议会而竟会一言不发，的确是咄咄怪事。他们那里有那么多人列队前进，然后又向后转，向相反方向进行，走得尘雾满天；这些人虽然都没有拿剑，但人家还会以为他们是在操练。后来我发现他们只是在做给外人看，所以我去的时候知道多少东西，回来的时候还只知道那样多东西。但在大洋国的国家议会中没有票球，没有舞蹈，而只有庄严的讨论。人们能知道别人，也能使别人知道自己。他们显示自己的才能，并加以改进。但您要是听了这个人的话，您就会由于他的奇怪想法而把事情全弄糟了。议长先生，请做做好事吧！我说的是执政官先生。您如果把本议会中最聪明的人放到威尼斯的大议会中去，您就无法把他和最愚笨的人分别开来。有一个千真万确的事实是,某些人被友好认为是笨人,但一经选入我们议会以后就能滔滔不绝地说起话来。他们在这里获得了一种新精神,并且在语言中发表出来了。我十分相信,如果没有人以侮辱我们为乐事,这种发言人就比西塞罗还要强。要不然的话,我们倒不妨请一个人把西塞罗的演说词翻译一篇出来在议会里念一念,看看大家是不是会笑话他。议长先生,这是一个大问题。他们那一套胡说八道并不是卖弄学问,也不是胡吹天体轨道、天体中心、一等星、星云等等。我敢说他们那一套话会把一个神志清醒的人活活地气疯。我们这些人应当以国家的荣誉为己任。良机一失,这种荣誉就不可复得了,天下人是不是耻笑倒是另一回事。在这种时候我们却要一边玩九洞戏和谜夫人戏,一边办事情。这都是那些演哑剧的威尼斯人远隔千里之外对您说,叫您掌握住这唯一的齐民要术。其实您那位留学的'政学'先生也只是看见他们在做鬼脸,而没有看见他们做旁的东西。假如您能像我这样不辞辛苦往近边去看看的话,您就会发现这些光怪陆离的东西不过是一些土玩笑,在那个国家中也是最下流的。比方说你在意大利旅行,你要是遇到一个乡下佬问他几个问题,他马上就会用投票方式给你一个答复。他要是点点头,那就是赞成票;他要是摇摇头,那就是反对票;他要是把肩头一耸,那就是无所谓的票。真不错,桑地斯说,狗的山洞是一个奇妙的地方,① 你会十分佩服他。我如果告诉你那山

---

① 指桑地斯(Sandes)对那布勒斯附近一个地方的描述。他说那里有一个山洞,任何生物进去就会死。如果把一只狗丢进去,它马上就僵死过去,但投入湖水中后又将马上活过来。这里暗指威尼斯的人不说话。

洞不过是附近一个硫黄矿的水流过来造成的沼泽，正像我们的煤矿偶然受热时所形成的情况一样，人家便一定会笑我。但不知感恩，绝不能使一个诚实的人不为善。我敢说天下绝没有哪一代人会像意大利人那样把口封起来。他们要是打手势的话，那也是不足为奇的。但我们的人民必须在光天化日之下过日子，我们必须时常把自己的心意向他们说明。假如我们在收税时也像那些先生一样把大拇指和食指往外一伸，人们就会说我们是扒手了。一个辛辛苦苦赚得自己的钱的人到底会说一些什么话，我是很清楚的。如果有人告诉他，你像那样做时是在打台球或掷骰子，他们倒还高兴一点，这事难道还看不出来吗？我不是为自己说话。虽然我总是认为，在屋子里待一年比在外面旅行三年强，但我所说的不是那个意思。但这个斯派先生装了一阵子神气，好像是在宁静的威尼斯玩了多少台球之后，现在倒要跑来把我们当活宝了，我真恨他。我知道他那一套说法都是从种地上粪的乡下佬那里学来的，任何高贵的威尼斯人要是收留了他这样一个人，就准会被送上绞架。如果我说他没有把各位都当成老昏聩，那就别相信我的话。执政官先生有时是过于高兴的。执政官先生，如果您听信龟鸨的话，便也听听我的话吧。我承认威尼斯脸上充满着血色，但是她却只是一个老太婆。他也没有给她收拾屋子。我敢保证，他送给您的这一切都不是她收藏的东西。他没花几个钱就从圣·马可市的小摊子上买来了。据我所知，她那迷人的脸上除开沼泽里的泥以外并没有用任何其他化妆品。她那一股味儿，不怕冒犯您说，很像房间里的夜壶。议员先生们，我知道我在说些什么。不过你们是不会和她割断关系的。其实大土耳其人和她邻近的小土耳其人都没法奈何她！你们也许会感到奇怪，为什么黄鼠狼跑到天鹅窠里会不偷蛋吃。你们难道认为这些蛋生下来是给她当念珠的吗？你们在纨袴子弟那里想了许多主意，现在终于下了决心。你们打算把教区牧师当成神，同时自甘被每一个教民抛弃。你们的视察员（提到他们我就要心碎）却要把这种光怪陆离的材料来奉承你们那些第一动议人。我想他们是可以办得到的，因为你们会发现金钱就是第一动议人，像这样他们就会把你们奉承掉三四千镑。拿这笔钱来购置瓮、票球、票箱以及瓮柱，真是绰绰有余。这些江湖医生还要把这些药用到区里去，我真不知道是打算治什么病！试问这些东西将怎样起作用呢？选出来的是一个治安员、一个视察员和一个教堂执事！议长先生，我真是感到大惑不解！"

埃皮蒙奴斯先生的话引得哄堂大笑。执政官好不容易才控制住自己，提出了以下的谢言：

"议员先生们：你们大概一辈子也没有听过这样机智的话。埃皮蒙奴斯先生一下子把旅行家的缺陷全弥补了。第一，旅行家都是一些不着边际的谎言家，而他却没有说一个字的假话，只是误听了某些歹心歹意的人关于可怜的斯派先生的坏话。其次，当旅行家们谈到外国时，总是把外国吹得天花乱坠，把自己的国家说得一文不值。但他却为自己的国家带来了荣誉。这种荣誉不会到塞伐朗尼亚就消散，也不会见着无花果或西瓜就被腐蚀。[①] 我敢

---

① 出处不明，可能出自桑地斯游记，该书所引奥德萨的诗中提到了无花果。塞伐朗尼亚可能是引用安东尼的典故，他退隐到塞伐朗尼亚岛上以后，感到很舒适，因而就忘记了祖国。也可能是指奥维德所描述的乔装引诱妻子的人。

说，这功劳是不小的。我认为我们无法报答埃皮蒙奴斯议员的恩情，这是大家应当注意的事。我们之间也没有什么了不得的问题，一切都很容易调和。我坚信埃皮蒙奴斯议员坐在议会里所得到的东西，正和他自己所说的一样，是正大光明地得来的。但他要是经过仔细思考以后，我却不敢相信，同时也不认为，他对旁的赌徒也能提出同样的担保，尤其是他们赌博的时候竟是那样高尚。正如他所说的，他们不但以往是这样，而且还很可能继续这样做。因此，我就主张让他们用两个盒子来掷骰子吧，我们要不是连一点最普通的政治都不在行，那么这种投假骰子的把戏是用不着防止的。他也知道，我们的赌局是下注最大的一注。我们每次投骰子就是我们的选票。他也不会否认，投票中的偏私就是彻头彻尾的假骰子骗局。如果威尼斯票箱是防止这种假骰子把戏最有效的良方，那么一个公正的赌博竟会把它一下子投到火里，岂不是咄咄怪事？人们自然是会受到各种情欲影响的。有些人经不起敌对者的颜色，另一些人对敌对者虽不在乎，但却经不起朋友的颜色。所以选举要是达到撕破脸皮的程度，我敢说掷二十次骰子也绝找不出一次公正的来。但在票箱中，一个人的命运不论是怎样的，他都既不知道应当感谢谁，也不知道应当报复谁。这样说来，当我承认自己在所有的美女中单单看中了无双的威尼斯时，埃皮蒙奴斯对我的选择也许会抱同情的。我们大可以确证这种选举法是最纯洁的方法。纯洁的选举纵使不是民主政府的生命线，也是它的健康所系，因为主权者的灵魂就是由人民的选举吹到它躯体里面去的。[1]因此，波斯特奴斯说，这种票球就相当于雅典的豆子，这是不足为奇的。还有一些人根据《圣经》中有关伊利达和米达的文字，说这种办法是从以色列共和国流传下来的。[2]还有一桩比较次要的事情，我要是不愿让步的话，埃皮蒙奴斯先生也许不会见怪；那就是关于威尼斯仅仅依靠地势存在的问题。诚然，一个人在打仗的时候如果待在城堡里，是可以少受敌人的威胁的，但这样却不能躲过自己的疾病，所以长寿的人的首要条件就是身体好。没有这一点，他的城堡就根本没有用处。威尼斯的情形正是这样。"

关于土地法的论证，我就用执政官的这一段话来作结。关于该共和国的基本法律——选举法，也就此结束。现在我们不妨从天体中心走到周围轨道上来看看。某些情形在前面已经说过了。我们已经看到区每年怎样选出人往百代表辖区去，百代表辖区每年怎样选出人往部族去，部族每年怎样选出部族代表团，而部族每年一选的代表团中包括两名骑士和七名代表。其中的骑士就构成了元老院。代表则构成一般称为人民大会的特权部族，元老院和人民大会就构成主权者，或大洋国的国家议会。因此，如果要

---

[1] 据《圣经》旧约《创世记》记载，上帝用泥造人，然后将生气吹在他鼻孔里，他就成了有灵的活人。此处借用此典。

[2] 据《圣经》旧约《民数记》第11章第24等节记载：上帝命摩西将灵分赐七十长老，灵停驻时各人都受感说话。伊利达和米达也是被录者，但没到会幕那里去。灵停在他们身上时他们就在营里说预言。人们叫摩西禁止，摩西说不可因他而嫉妒别人。这段话初看起来与选举没有关系，但据犹太法学者的解释则有关系。详情请参看本书第35—36页。

说明议会是什么,我就必须从元老院谈起,其次再说人民大会或特权部族。

首先谈元老院。比方一个人体可以从画家的角度来描绘,也可以从解剖学家的角度来描绘。我对于元老院也将首先勾出它的脸形,然后再描述各部分及其功能。每个星期一早晨,在夏天是七点,在冬天是八点,万神殿的钟亭中的大钟就开始敲响,并一连敲一个小时。在这一段时间中,元老院的长官各人按品级由一定数目的管票员、门警和信差跟随着,前面还打着表明官职的旗号。旗号的情形是这样:军事执政官前打国剑,传令官前打锤杖,法政监督吏前打锤加国玺杖,财政监督吏前打锤加钱袋杖,任神学院院长的监察官前打大学里用的银棒。这些官员加上骑士一共三百人,在元老院大厅中集合。

元老院大厅就在万神殿或正义厅中,面积有一百五十平方英尺。门开在下首的中央,上首则有一个华丽的华盖把一个大宝座遮住了一大半,也可以说是把两个台的台阶都盖住了。一个台从地面往上数有两级台阶,另一个台位置在中央,比另一台高两级。第二个台上有两把椅子,右边的一把由军事执政官坐,左边的一把由传令官坐。他们都按贵族中公爵的服饰,穿上一身紫袍。上面一个台的右端有三把椅子,由三个法政监督吏坐,另一端则由三个财政监督吏官员坐。他们的袍或服式都和伯爵一样。上面这一台上的官员就组成了中央长官。下面那一台的两端各有一张小桌子,坐着元老院的秘书。他们的袖子上都有绦子,服式和民事法官一样。两个台下的四个阶梯共连着四排长凳子,各张凳子逐个地从各阶梯出发,按各阶梯的高度接出来,它们沿着两边的墙一直伸到屋子的下端。每一个凳上都有号码,分为三十七个部分或座位。几张上首的凳子上坐着穿男爵服的监察官。第一位坐在右边凳上的中间,第二位面对着他坐在对面的凳上。其余的凳子坐的都是骑士。他们如果被召至按号排列的瓮前时,就排成相等的排。列队时可以按上边两排凳子的第一席排,也可以按下边两排凳子的第二席排。起行时同样可以从起行席的上端或下端起。传召签上如果指明哪一头敞着,就由哪一头起。人们可以由两头顺着平缓的阶梯和宽敞的通道上去。其余的投票法和部族中的情形一样。议院中的监察官坐在两侧的瓮旁,中央长官中最年轻的官员坐在当中的瓮前。瓮本身则放在宝座前。该准备多少个瓮,是根据交代给各部族监察官的法规所规定的应在那时选出的官员人数来确定的。但在两边骑士座前还各有一排较短的凳子。其中一排靠上边坐着两个骑兵保民官,另一排靠上边坐着两个步兵保民官。他们都佩带武器。其余的席次坐着本国的法官,他们都穿着袍子。这些官员并没有选举权。保民官出席元老院虽然是根据罗马人的习惯来的,法官出席元老院虽然是根据大洋国元老院古制来的,但两者都没有选举权。每个星期一,这一会议是必定要开会的。其他的日子如果有事情,元老院的任何官员都可以下令敲钟,或叫打旗子的人通知元老院开会。每一个长官或骑士在任期间,都分别具有公爵、伯爵、男爵和骑士的称号、荣誉和地位。任何人如果三次当选同一官职,就终身具有这一职衔和地位。这些荣誉都是由共和国颁发的。唯有典礼官、查马官、纹章官是以骑士衔领职。元老院的一般面貌就是这样。其中的特色不是罗马式的就是威尼斯式的。这里的新月形的两个角也并非不像犹太七十长老议事会议长两边的新月角。①关于美观的问题，各人的看法是不同的。我们所要说的只是提醒一下，法官单是袍子漂亮，并不足以尽司法之能事。一个足以受托公平之剑的庄重官员，也会急于名位，他们如果不以德律己，就会祸国殃民。

现在我们谈过了元老院的面貌，再来谈谈各部分的组织与功用。这些都包含在某些特殊法令之中。元老院特有的法令只有选举法与训令。

元老院的选举一共有三种，一种是一年一度的选举，一种是两年一度的选举，还有一种是非常选举。

一年一度的选举按所谓年度循环表进行。该表共分两部分，一部分包括每年应选的行政官员，另一部分包括每年应选的参议会。其内容如下：

第十五条法令规定，每年3月以后的第一个星期一，年度部族代表团中的骑士就应当到元老院中去就职，该会称为元老院的第三同届选任组。议会中的第一同届选任组解散后就接受第三同届选任组，并进而按下表选举年度循环表中第一部分所包括的官员：

军事执政官
传令官　　　　　　年度长官。
第一监察官
第二监察官

第三法政监督吏　　三年一任长官。
第三财政监督吏

---

① 七十长老会的议长坐当中，其余的议席像一弯新月的两角一样排在两边。——译者

如果每人在一届中不兼有两职,每年一任的长官便可以从任何一个同届选任组中选出来。但三年一任的长官除了第三同届选任组以外便不能从其他选任组中选出,否则他们的任期便会在官职期限届满以前完毕。但任何人的任期如果超出人民的选举所规定的限度就是不合法的。所以上述情形就会在共和国的轮转中造成一种分割零散的现象。

军事执政官是元老院中的第一主席,同时在军队受命出发时也是军队的总司令。在他当总司令时,就选出第二军事执政官做元老院的第一主席和第二支军队的总司令。如果后者也受命出发,就选出第三军事执政官。只要在共和国继续派出军队时,就继续选出军事执政官。

传令官是元老院较特殊的第二主席,议院的秩序由他维持。

按选举顺序确定的第一监察官就是克利俄神学院的院长,第二监察官则是卡利俄普神学院的院长。他们还兼任宗教会议的主席和行政长官。议会选举时,由他们维持秩序。他们还是检查谋求官职方式的监察员。他们可以呈准元老院,以撤销骑士或官员在元老院中的议席的方式,来惩戒非法钻营官职的事情。

法政监督吏一共有三个,第三名每年由第三同届选任组中选出。他们都是大法官厅中的法官。

财政监督吏也是三人。第三名每年由第三同届选任组中选出。三人都是财政部的监督官。上表中的每一个官员都有权向元老院提案。

军事执政官加上六位监督吏,就构成了该共和国的中央长官。他们在每届元老院会议中都有权参加会议并进行投票。同时在每次或任何一次会议中，也有权单独或集体提出议案。

关于这一法令，我没有多少要证明或说明的。我只要指明，军事执政官这一职衔跟亚该亚同盟①的菲洛匹门与阿拉图斯等人的职衔在名称和实质上完全相同。伊托利亚②的情形也是这样。爱密乌斯说，那里的首领就是亚该亚的军事执政官。大洋国的议长也称传令官，和本国以往的情形比起来，没有多少变动。这两种官可以比之于罗马的执政官，也可以比之于迦太基的苏菲特，因为那两种官职基本上和执政官没有多少差别。

监察官撤销元老院议员的权力是从罗马沿袭下来的。选举产生的政府是从威尼斯沿袭来的。惩戒钻营官职的办法则是从以上两个共和国学来的。

中央长官的全部职权几乎完全是从威尼斯学来的，往后还要详加解释。年度循环表的第二部由下述法令规定。

第十六条法令规定，国务参议会、军事参议会、宗教参议会和商务参议会四个参议会的组织便和元老院一样轮转。首先是由元老院第三同届选任组中选出五名骑士进入国务参议会。由于每一届选任组都选五名，所以该参议会骑士总数是十五名。其次是在国务参议会的第三同届选任组中每年由议长提名，由全体通过，选出骑士三名，进入军事参议会。由于每届选任组都选骑士三名，

---

① 古希腊的同盟，最初是为了防御北方入侵的蛮族，后来是为了共同抵抗马其顿。菲洛匹门和阿拉图斯都是其中的领袖。——译者

② 古希腊地名，亚该亚同盟成立后，周围各邦曾在此地组成同盟与之抗衡，后来此同盟又帮助罗马击败马其顿，最后终被罗马并吞。——译者

所以共有九名。当选人并不因为这一选举而不能与国务参议会的其他骑士同时任职。人民的四个保民官在军事参议会中也有出席与投票的权利。第三是每年由元老院第三同届选任组选出四个骑士进入宗教参议会。由于每届都选四名，所以共有十二名。这一参议会由监察官任主席。第四是每年由元老院第三同届选任组中选出四名骑士进入商务参议会。由于每届都选四名，所以共有十二名。每一参议会的同届选任组像这样组成后，每周都推选议长一人，各届可互相交换，其任期为一星期。在同一参议会的同一届选任组中其他人未完全担任议长之前，任何人都不得重新当选。每届选任组既选议长一人，每个参议会就有三人，四个参议会共有十二人。他们的职权中有一项是十二人单独集合起来，组成会议或座谈会，解决某些问题；内容将在谈到参议会其他事项时作进一步的解释。

这条法令所规定的只是参议会的组成与轮转，但作用是很大的。因为只有运行才能产生生命，而共和国的运行如果不是轮转的，就不能长久不息。像埃皮蒙奴斯议员之类的人不爱听人家把这个政府比之于轨道与圆周，于是就下泻药把它大泻一番。他们所做的真是恰如其分，因为政府要不是在人员和职务两方面都不断轮转，就一定会害重病了。罗马的元老院在人选方面如果不采取官职轮转法，他们的人早就把元老院的机构推翻了。拉栖第梦人的元老院在事务方面，如果不通过监察委员会制度重新审议，那么当元老院侵犯人民的决议，践踏他们的事业时，就不会有那样平静。所以一个共和国如果没有贯彻平等精神的轮转制，它就会变成一个党派，那时就的确会需要一个医生，甚至还要一个神仙下凡；因为这种病人是很倔强的，必须套上笼头驯服一番，否则你自己就得请一个接骨医生了。这个共和国的议会不论是在选举方面还是在事务方面（后一方面往下就可以看到），和元老院的轮转是步调一致的。它不像一阵旋风一样把一切都卷进去，而是一点一点地吃进去。而这种轮转的螺旋就像铁匠的老虎钳一样把事务夹住和转动，让工作者可以掌握处理。没有这种性质的机构，元老院在政务方面就不可能成为尽美尽善的工匠，人民大会就更加谈不到了。现在让我们再看下一条：

第十七条法令所规定的是大使职务每两年一度的选举，或这种制度的常年组织法。大使派驻地一共有四个，轮转是每八年一周。持续的方式是每两年由元老院票选大使一人，派往法国，并执行职务两年。两年任满后，就改派往西班牙宫廷任职两年。然后又派往威尼斯城邦，在那个城市派驻两年后，再到君士坦丁堡去任职两年，以便结束派驻外国的任务，回到国内来。元老的骑士或特权部族的代表不得当选为普通大使，因为这样选出的骑士或代表当大使时就必然会失去自己参加会议的权利，因而使共和国的运转不均匀，要不然就会形成兼职现象，这样做跟共和国的平等制度是不相合的。年龄超过三十五岁的人，也不得当选为大使，否则他在回国后无法把成果传授给别人，共和国因之就将失去他所能起的教育作用，要不然便是由于事物本质中的缺陷，而无法长期运用他的成果。

这一法令是共和国的透视法，使它看到自身的危险。这也是一种轮转制，使共和国每两年就可以有一个国务活动家回国，这人在欧洲讨价还价的市场已经具有八年的丰富经验。元老院中的一般选举已如上述，特别选举的情形是这样：

第十八条法令规定的是一切非常时期的选举事宜。但需要进行遴选的独裁官选举，或参议会成为第五等级选举人的选举，不在此例。比方说，如果要选出一个特任大使，国务参议会的议长或任何其他两位议员可在参议会上提出人选，直到该会选定一个竞选人为止。候选人员选定后，参议会就将人名呈送给元老院。根据一般办法，元老院将对此职位再选出竞选人四人，连同参议会选出的候选人一起送交元老院大会票决。五人中由这次投票选出的一人就称为经国务参议会遴选的人员。海军中将、陆军将军或作战军官将按同样办法，由军事参议会遴选。法官或高等法官则由法政监督吏遴选。男爵或财政部高等官员由财政监督吏遴选。在职或去职官员都可以经遴选法当选。但通过遴选任军职的人，如果既不是元老院骑士，又不是特权部族的代表，其职位必须由特权部族承认；因为在人民做主的共和国里，没有人民大会的命令而和军队发生接触是不合法的。

罗马人的办法是非常奇怪的，他们的执政官纵使已经在百人团民会中当选，如果未经库里亚大会批准，仍不得接触军队；因为一个长官如果不是从人民那里接受职权，便是从人民那里夺取了职权。夺取职权就等于是夺取了他们的自由。至于遴选条例，那就很容易看出是威尼斯的办法。如果要使每一个参议会中的人都最为称职，而又不以职责为名偏党营私，那么据我们所知，除开威尼斯的方法以外就没有一种方法能从各方面看来都称得起是最好的方法。威尼斯的大议会所选的人几乎没有不是通过遴选法选出的。这很可能是由于他们像这样就可以。①参议会的选举既是根据上述法令进行的,这一选举法就是元老院的最后一种选举法了。剩下没谈的就只有参议会所接受的训令了。对参议会的训令有两类:第一类是关于应办事项的训令,第二类是关于办理方法的训令。参议会的应办事项是由下列法令指派的。

第十九条法令规定应由各参议会考虑的事宜。有些事情他们可以接受并作出决议,但另一些事情则应在接受后予以准备,再送呈元老院。

首先,国务参议会应接受一切请愿书、情报与商讨函件,并应接待外国使节,为本国派遣的使节拟具训示。他们应接受殖民省议会的提案,并与殖民省议会通信息。对于一切应订立、修改或废除的法律应加考虑。关于本共和国的征税、抽丁、宣战、媾和以及结盟修好等事项也应加商讨。目的是把这事情整理出一个头绪,送呈元老院。以上的一切在一般情形纵使应属于国务参议会,但为了共和国的利益应当保密时,就送交军事参议会办理。他们有权接受并派遣间谍、特工、情报员等等。在办理这类事情时,如有必要,可以不呈报元老院,直到公开时和于事无损时再呈报。但他们不经元老院或人民大会批准,就不得使共和国卷入战争。该议会还应当执行海军上将职权,管理舰队;并应管理国内一切军用仓库、武器弹药库、军械厂等等。军事执政官或总司令或某一将军对出征队伍的报告应由他们经常记录;至少也应记

---

① 原文此句显然未完,不知是手稿错误还是排印错误。据1887年伦敦版本,此句未完,后边有虚点。——译者

录这些将军有助于改进军队组织的经验，他们对于这种经验应当加以消化，并送呈元老院。元老院如果根据这些事项拟定了规章，他们在青年人的教育或集会中就应当监督施行。军事参议会是共和国的哨兵，任何人或集团要是在国内的任何公共集会中引起争执，或以其他方式改变现存政府，或动摇现存政府的根基，他们就应当加以逮捕（或提请逮捕）和监禁，同时他们可以不经批准，根据自己的权力对这种人或集团加以审讯、起诉、释放或判罪。

宗教参议会在本共和国中将裁决有关宗教、基督慈善事业和性灵生活等信仰案件。他们将照管国教事宜并保护信仰自由，受理这两方面的一切案件。先谈国教问题。他们将使两神学院中薪俸最优厚的地位或升迁机会赐予学识最渊博、信仰最虔诚和献身神学研究的人。他们还将特别留意使元老院现在或将来所规定的增薪，每年每份圣俸不少于一百镑。同时为了使国教中的神职人员与传教士不受任何利益的腐蚀，也不使宗教受到腐蚀，神职人员在共和国中便不能有其他升迁或就职的道路。管理国教事宜的指令也是由这议会拟就的，他们对这类问题的辩论将以下列方式进行。当宗教事务方面发生问题的时候，就由该参议会记录下来，由神学院长差办事员（被选出来办理这类事务的职员）分别送到自己所辖的神学院中去。副院长接到书面通知后就将召集神学院中四十岁以上的神职人员开会。关于这种问题，两神学院之间在辩论终结，并由本院两三个人员将答复送交宗教议会以前，禁止互通消息。宗教议会发生疑问时，送交答复的人员就可以加以解释。提交完毕后他们就回来。宗教议会接到这项报告后，将根据自身的判断进行准备，以便将整个问题呈送元老院。学问渊博的人这样被免去外务以后，就可以专心致志地研究《圣经》了，而《圣经》的研究乃是国教的基础。

其次，这个参议会在保护信仰自由方面，对于本国所执行的宗教事务将不接受任何强制力量。国教的教士都是自愿宣教的，他们的听众也是自愿听讲的。这里的聚会都不崇拜犹太教或偶像。他们的崇拜方式绝不会受干涉或打击。相反地，他们在礼拜和宣教时，还会受到坚决和周到的保护。如果任何会众指派任何神职人员或仲裁者将一个案件提到宗教议会中去，该议会就应当接受、听取并决定这一案件，必要时还应呈报元老院。

第三，呈往元老院的每一请愿书，除了部族的以外，都由宗教参议会预先予以接受、审理并辩论。唯有经宗教参议会审核、讨论，认为有必要时，才送往元老院。

商务参议会是该国的贸易部门，往后将更广泛地接受训示。目前他们的经验已能正确理解滋润共和国血管的贸易与商情内幕，能真正辨明这种滋润血管的贸易与吸吮血管或耗尽血液的贸易有什么不同。他们将向元老院说明利弊，以便决定哪一方面应加鼓励，哪一方面应加补救。

议长座谈会是共和国中最欢洽的集会，每天傍晚都将在一个宽敞舒适的房子里开会，旁边还有一些套间。各种各样的人都将到那里去交谈讨论。有关政务、新闻、情报或向参议会提出的建议，都将在外面房间中以殷勤而爽直的态度予以接受，并以平常谈话的方式予以听取。除了一般应有的礼节以外并没有其他任何拘束，目的是使所有的人都感到十分自如。同时，这样一来，除秘密事项以外，任何一个人提出的建议，都可以由其他人讨论。

遇有秘密事项时，议长们或某些议长就将领着请求听取意见的人到一个套间里去谈。议长应提出意见，说明座谈会应怎样主持、怎样布置、怎样保护，以便吸引最有能力和最善良的人为国效劳，并使座谈进行得出色。

此外，任何人要是不能或不愿亲自出席，同时又有意见需要提出，并认为这意见将攸关全国利益，就可以写成书面形式，送交议长座谈会。书面上可以签名，也可以不签名。写好后可以送交座谈会的门房。送交这种文件的人不得被逮捕、拘禁或迫害，纵使证明其内容是一种诽谤，也是如此。送交的文件必须呈给议长。如果数量太多，无法由议长亲自批阅，他们就可以按自己认为合适的方式，分发给座谈会上的士绅们阅读。如果发现其中有任何重要事项，就可以提出讨论。如果发现有需要秘密商讨的事情，就可写上几句话，然后送回给议长。议长将命令陪同的秘书按自己认为合适的方式处理讨论中或文件上所出现的这类按语，以便在适当的情况下使他们能将任何两议长认为合适的事情从这种按语中归纳出来，提交各自的参议会讨论。这样不仅可以广开言路，听取各方意见，而且可以发现贤者；在紧急选举时，就可以永远得到适当人选。

每个参议会都有中央长官的宝座，所以在平时便有两个秘书、两个司阍、两个信差侍候。发生紧急事件时，他们还可以根据必要情况差遣更多的人。座谈会也有两个秘书、两个信差和两个司阍。这一切以及其他一切便利设施，和参议会的一样都由国家开支。

当共和国遇到紧急事件而必须迅速处理或保守机密时，它就容易由于自然具有的缓慢动作而发生危险，也容易由于不自然的急躁动作而发生危险。也就是说，如果以通常的缓慢步骤办事，就会来不及紧急应变，防卫自己；而打破平常的步骤加快办事，却又只能加速自己的灭亡。但如果元老院可以随时选出九名特任骑士，作为任期三月的特任工作团，参加军事参议会，问题就解决了。军事参议会加上这种特任工作团就成了大洋国的独裁议会，任期也是三个月，他们有权征丁征粮，宣战媾和，也有权制定法律。像这样制定的法律，如果元老院和人民大会不在到期前取消的话，就可以在一年之内有效。过期后，不经元老院或人民大会批准，不得继续有效。在这三个月之内，整个共和国的行政事宜都归独裁议会管理。但独裁议会无权进行非本身目标或制度中的任何事宜，而只能按既定职责保卫共和国。而且独裁议会必须能立即恢复常规，使政府事务正常进行。该参议会与特任工作团所发布的一切法案、命令、法规与法律等等，都应当签署："大洋国独裁议会"字样。

对各参议会的这种训令，由于本身性质的要求，范围是十分广泛的。我已尽一切可能把它简化，以便除了理解整体所必需的以外，不添加任何其他的东西，但关于各部分或参议会的其他任务，我已经把许多对于共和国特别有用的东西都略而不谈了。但在这一方面有一次执政官向议会说了一段这样的话：

"立法议员们：

"你们的参议会，除了独裁议会以外，都可以比之于自然的河流。它们各自的堤上都挂着几根很不要紧的稻草或树枝，若非自然河流，就可能造成更多的祸患。这种自然的河流将整个的事务导向元老院。从下一法令看来，这一事务之流是十分纯洁的，完全没有偏党营私的弊病或污染，所以任何会议上都绝不可能听信某一个有声望的议员的一己之见，不论他是睡在床上的时候想出的，还是准备来会场时想出的，抑或是在门口接到的请愿书或字条。人们半点也不可能信任他，更不可能受他的愚弄。这种元老院或参议会在风向不定的情况下，就像海浪一样。它如果不是为了进一步研究小问题，就不可能流进一个干壕沟里去想办法；也就是说，它不可能把事情交给一个专门委员会去处理，这样是很难不带着更多的污泥退回来的。因为事情交给临时委员会以后，任何议员要是愿意的话，就可设法把自己的名字列进去。人们要不是为了自己和亲友的利益就不会到这种委员会里去。对于元老院所要求的材料说来，这就等于是把事情交给各党派去处理。因此，雅典人便分成四个部族，人们从各部族中每年都选出相等的人数，总共是四百个人，称为投豆元老院，因为他们选举时用豆子投票。这四百个人共分为八组，每组五十人。每一组的情形则是这样：它每年都有八分之一的时间成为单独的议会，称为执行议会。这种议会在其单独举行的会议中接待一切来客，并听取一切对共和国提出的意见。他们有权讨论并准备一切行将提到元老院去的事务。亚该亚人也特别选出十名官员，称为最高行政官。他们单独组成的议会，称为共治议会。他们连同军事执政官，准备一切提交元老院的事务。如果有人对雅典或亚该亚的元老院说，他们该接待一切来访者并举行讨论，以便在以后把问题提到执行议会或共治议会中去，那他们都必然会感到诧异。至于说他们把问题提交临时委员会就更不用提了，因为这种委员会很可能受到党派利益不顾一切地操纵把持。威尼斯在这一点上正和它绝大多数的法令一样，由于议会组织优越，所以便超过了上述两个国家。他们也有特任议会，比上述执行议会要好，他们的十人共治议会也比上述的共治议会强。特任议会的组织将在下一法令中作详细描述。十人共治议会则和前面所说的独裁议会差不多，所以无需另作叙述。但独裁权力的一般性质与特殊运用还是要谈一下，因为某些人一直还在泥古不化地向往着古代经纶之道，表现出自己在智慧上还很纯朴天真，对于这种事情很难消化。首先，在共和国尚未建成、一切都不完备的时代，独裁权力纵使不必连续不断地运用，也必须经常运用。因此，《士师记》中才会不断地谈到政府的缺点，说以色列人那时没有国王。翻译《圣经》的人遇到没有国王的字样时如果换上没有士师，他也没有十分骗你，因为以色列人的士师就是一个独裁官，独裁官的职位或独裁权力是由一个人掌握的，这和君主国没有什么两样，因为君主国也会由独裁官产生出来。由于这一原因，任何共和国都没有产生其他的后果。比如罗马的苏拉与恺撒就很明显，他们为了要取得绝对权力或当元首，只要把任期延长一些就行了；因为'独裁官的权威就像神明一样'[①]，因此是不可抗拒的。这种权力纵使非常危险，而且可能引起君主的产生，然而一个共和国要是没有这种权力的话，就不可避免地会同样解体；因为在这种情形之下，除非你具有自己的办法，而且有深谋远虑使这种办法不致发生动摇，否则就不可避免。同时在某些情形之下，你非但是要有办法，而且要为某些人保持这些办法，当危机来临的时候，你根本没有时间去考虑是

[①] 见李维：《罗马史》，Ⅷ，34。

否可靠就要把办法交给他们，这样就比独裁权力更危险一千倍了。共和国通过辩论制定出来的法令如果不是达到那样完美的程度，就没有一个共和国不由于本身的迟缓和机密泄露而必然出现上述情形，同时，当猝然的打击临头时，或者有事情必须保密时，它也必然出现上述情形。所以马基雅弗利便肯定地作出结论道：'一个共和国没有准备这样一个退步，就必然会走向崩溃。'它的事业要不是在上述任何一种情况下遭到打击而趋于崩溃，便是由于自己在这种情形下惊慌失措，失去常态而自趋覆亡。一个共和国就像一只猎犬似的，追目标时一旦错了道路就再也追不着了，而且会愈来愈没劲。如果它通过普通办法采取一条比法令更近的捷径，却又会解体。因为一个共和国之所以能成为共和国，就在于它的法令。像这样突然提高速度时，如果事先没有为自己在那种情形下所采取的道路找到保险的办法，就会受到危险。纵使办法是保险的，除非是能同样地保密，同样地敏捷，否则也是不够的。如果是缓慢而内情外露的，那么原先的毛病并没有根治。我们在这方面应学习的榜样，根据经验说来，没有任何东西能比得上威尼斯的十人共治议会。这方面的好处要全部说出来就会嫌太长了，因此我只打算把詹诺蒂所说的一段典型情形拿来讨论。他说：'威尼斯和佛罗伦萨曾经在卡桑丁打过一仗。佛罗伦萨人发现有一桩紧迫的事情，使他们不得不求和，于是派了一个使节团到威尼斯去进行和谈。他们的要求刚一提出，十人共治议会马上就答应了。人们看到威尼斯共和国占据优势地位，竟会这样匆忙地达成和约，都感到奇怪，不知是什么原因。共治议会在使节回去以后就把这事具文呈报元老院。从这报告中才知道土耳其人那时正用一支强大的舰队进攻他们的国家。大家都清楚,佛罗伦萨人如果知道这回事的话,是绝不会去订和约的。因此,元老院便十分赞赏共治议会的工作,威尼斯人民也同声祝贺.'[1] 从这一点我们不但可以部分地看出独裁权力在那个政府中有什么用处,而且可以看出独裁权力是由十人共治议会临机决断施行的。但大洋国的十人共治议会则不然,他们接受训令的方式是:当元老院选出九名特任骑士时,马上就把任务交代给他们,同时又增加军事议会的均势力量,以便取得安全的保证。以往的保民官虽然比这更安全,但这却比威尼斯的十人共治议会更安全。这种十人共治议会不会引起人家嫉妒。如果年轻的贵族经常嘲骂这种议会,那并不是由于它对于共和国有什么危险,而是由于他们自己害怕这种议会。因此,立法者无疑在法律中显示了自己的经纶之术。根据这种法律,这些议员的职位将继续到继任者已被选出时为止,所以这种议会便被确立起来了。"

议会应办事项的训令已经说完了。往下要说的是议会办事方式的训令。

第二十条法令规定行政官员以及议会应如何依序进行辩论以便订立元老院法令的方式。

中央长官作为本共和国的议员,将考虑一切国务或政务。他们有权在任何参议会中提出议案,所以他们之中的一人或多人可任意将事件提交该管参议会。为了使各参议会都尽自己的职责,上述官员就是参议会的监督和视察者,他们有权向元老院提出议案。

---

[1] 见詹诺蒂:《威尼斯共和国》,第120页。

唯有在宗教参议会中，监察官才和行政长官具有平等权利。

每个参议会的三个议长中的任何两人都可以向本参议会提出议案，而且是本参议会中的特任议案提出人；为的是使一般事务有人监督，同时各具体事务也有专人负责。

任何事情经行政长官一人或多人或者两议长中的任何一人提议后，参议会即应进行讨论。第三同届选任组中的人如果愿意的话可以先发言，第二同届选任组的人其次发言，第一同届选任组的人最后发言。参议会认为最重要的提案或发言，都由书记记录下来，每条意见都由发言人签名。

意见这样准备好之后，任何中央长官、监察官或该参议会的任何两议长在这时都可以召集元老院开会。

元老院集合开会后，提出的意见（比方说是四条）就将按顺序宣读，也就是按签字的行政长官或议员的地位排成顺序宣读。宣读后，提出该意见的参议会中如果有任何人要发言，由于他们对事情最熟悉，所以就有优先权发言。接着元老便按选任组届数发言。最先发言的是第三届，然后按顺序推下来，直到每个有意发言的都发过言时为止。当意见经过充分讨论后，便将按下述方式一起交付票决。

四个秘书每人用一只手拿着一条意见，另一只手则拿着一个白箱子，然后一边唱出提案人姓名，一边按着意见的顺序依次将箱子送到每个元老面前。另一个秘书或管票员则拿着一个绿箱子跟在这四个白箱子后面。还有一个则拿着红箱子跟在绿箱子后面。每一个元老都应将一个票球投入六个箱子中的一个箱子里。票球收齐后就送到中央长官那里去开票。红箱子或无意见票箱中的票球如果超过半数，该意见就被剔出来，因为元老院中的大部分人都没弄清楚这个事情。如果四条意见中没有一条获得半数以上的赞成票，获票最少的意见就将抛开，然后对其他三条意见重新投票。如果这三条意见仍然没有一条获得半数以上的赞成票，那么获票最少的一条又被抛开，然后对其余的两条进行投票。如果这两条意见仍然没有一条获得半数以上的赞成票，那么就将其中获票最少的一条抛开，对剩下的一条意见投票。如果这一条意见也没有得到半数以上的赞成票，便也将被抛弃。但第一条获得过半数以上最多赞成票的意见，就将成为元老院的法令。如果意见全部在无意见票下被抛弃，如果情形允许，就应由参议会重新审核，然后再提出表决。如果这些意见被否决票抛弃时，就只能作参考用，元老院对这意见不表赞同，于是事情就到此为止。如果事情有必要，并且可以延缓一下，参议会就应当重加考虑，并提出新意见。如果事情有必要而又不容延缓，元老院就将立即选出特任工作团，并组成独裁议会。独裁议会应注意，不要使国家受到损害。

以上所说的是辩论没有得出法令时的情形。但如果通过成为法令时，就只有两种情形：一种是符合既定法律的政府或国家事宜，往后不再采取进一步步骤就可以了；另一种情形是应加订立、废除或修改的法律。元老院所通过的这种法令，尤其是有关战争、征税或征丁的法令，没有共和国的批准是不生效的。共和国的批准权由特权部族或人民代表掌握。

元老院准备好向人民大会提出一个议案时，就将指定提案人。人选限于院中的行政长官，也就是：（1）三个法政监督吏或其中的任何两人；（2）三个财政监督吏或其中的任何两人；（3）或两个监察官。

元老院指定了提案人以后，就将要求保民官在一定的时间与地点召集人民大会。保民官或其中的任何两人根据他的意见召集了人民大会以后，提案人就将元老院的意见或议案逐条向人民提出。以元老院的名义提出并由人民大会下令批准的意见，就成了大洋国的法律。

这一条法令大致上把共和国的世俗事务全部包括在内了。执政官在议会中曾这样说过：

"议员先生们：

"古话说得好，人们应当量体裁衣。当我想到上帝赐给我们的目前的工作时，我真感到惊讶。你们将具有一个民主政府。我敢说，上帝在目前的均势中已经不爽分毫地为你们安排好了。你们所要做的不过是把这种制度确定下来而已。在这种政府的上层建筑中，必须有一个良好的贵族。而你们则已经有了一个教养最良好的贵族或士绅阶级，他们还是最优良的著作家，至少他们在世界上也只仅次于意大利。他们在带兵方面如果受过这种训练，就不会次于任何人。但是人民是共和国的主体。从世界的东边到西边，从《约伯记》上所说的那种雪库①到赤日流浆的地带，试问哪里有一个民族，它的肩膀能和我们这样普遍地恰恰适合于民主制度的紧身衣呢？然而，最方便的还是配合一支良好的附庸部队。我们有玛辟西亚，他们那里有取之不尽、用之不竭的人力资

---

① 见《圣经》旧约《约伯记》，第38章，第22节。

源；那里的人由于土地贫瘠而习于艰苦，同时也适合于训练成军队。我们可以说，威尼斯除了没有容纳人民以外，对于一个共和国说来情势是无与伦比的。但我们的情形就是一个既能容纳人民，又能容纳附庸军的威尼斯。议员们，以色列的子孙在没有建成共和国以前，是先制成砖的①。但我们的砖已经制好了，我们的胶泥也已经和好了，黎巴嫩的香柏木已经砍好、锯好并且送到我们手里来了。②这难道是人力所能达成的吗？这难道是人力所能阻挡的吗？'强辩的岂可与全能者争论吗？与上帝辩驳的可以回答这些吧。'③对于我们说来，一切都已经准备就绪了，当我们来使用的时候，顺手就可以拿到。除非我们认为上帝和自然界所创的业绩是虚掷浪费，否则我们就只有迅速照办，而没有别的事可做了。我们在以上各条法令中所得出的结论就是贵族政体。从上面所说的看来，雅典人之所以失败，显然是由于没有良好的贵族政体。但贵族政体的条件则显然存在于贵族或士绅身上；因为如果说政治学可以无需研究就能精通，或者说人民可以有闲暇研究政治学，那便是一种幻想。神职人员和律师们如果在自己狭隘的基础上发展自己不可救药的毛病，试问他们又能构成什么样的贵族政体呢？他们不断地咒骂马基雅弗利，这人虽然不无疵病，但他却是独一无二的政治家和杰出的人民利益维护者。这一点就可以说

---

① 见《圣经》旧约，《出埃及记》，第1章，第11节。原语描写以色列人在埃及做苦工时的情形。

② 同上书，《列王纪》（上），第5章，第6节。原语描写所罗门王建殿时以小麦与油和希兰交换黎巴嫩的香柏木。

③ 同上书，《约伯记》，第40章，第2节等段。

明他们的性质究竟怎样了。在这种工作中，我认为神职人员与律师的话正和许多其他商人的话一样，是不能忍受的。这套典章制度如果有机会到外国去的话，我倒要把它推荐给当代的完人——罗马的空想家①，请他们加以审核。要是能得到埃皮蒙奴斯先生的允许，我也要把三四百份印本送到威尼斯的考察员那里去，请他送给当地的行政长官看看。在他们看过以后再送给元老院中去辩论一下，这些人都是天下最能干的法官。他们虽有许多重大的事情要处理，但绝不会拒绝把他们投票的结果告诉你。君主国的议员们我是不敢相信的，他们都只是一些初出茅庐的人。维罗拉密厄斯说：'近来关于王政的政术是当危险接近时想出巧妙的办法躲开，而不是在巩固的基础上排除危险。'②那些议员们的议程不是根据政府的巩固基础出发，以便提出真理的论证，保证他们的胜利，而是贩卖一些便宜货色。他们自封是见义勇为的人。要不然的话，黎塞留主教的大名这样如雷贯耳，我们为什么又只闻其声而不知其故呢？话又说回来了，如果人民、神职人员和律师都不能构成一个国家的贵族政体的话，剩下的就只有贵族了。为了避免重复起见，往下谈到贵族时就兼指士绅。法文中的'Noblesse'一字就是这样。

"现在让我们来谈谈比较起来不大容易犯错误的贵族。在这里，为了方便起见，我必须把下面的讨论分成四部分：

---

① 一个名叫加罗的人的信中说，罗马有一批空谈家专门空谈事物性质，如贵族与平民的区别等。此处嘲讽律师与神学家是空谈家。

② 原语引自《培根论说文集》。参看本书第2页注④。——译者

第一部分谈贵族和贵族的种类。

第二部分谈他们在元老院中的职位。

第三部分谈元老院的各种性质。

第四部分根据前边提出的法令来分析元老院。

"贵族有许多种,有些是世代的富豪,有些是世代的功勋之门;有些是君主封的贵族,有些是共和国封的贵族。

"第一类贵族又可以分为两小类,有些是产权的价值超过全体人民的贵族,另一些是不超过人民的贵族。前面已经充分地讨论过,前一种贵族(如哥特人的贵族)和民主政府是无法相容的。因为民主政府的要点是权力归于人民。但贵族在产权价值上超过人民时,就会把权力揽到自己手里去。马基雅弗利说:'这些人在任何一个国家和任何一个殖民省都是有害处的。'[1] 他的意思就是指他们在共和国里是有害处的。法国、西班牙和意大利是败坏世界的民族,其原因也就在于贵族的产权价值超过人民。不然的话,按照马基雅弗利的定义说来,贵族就是'自己收入丰厚,不为生活而耕种土地或从事其他工作的人'[2]。这是贵族的产权价值低于人民时的情形。在这种情形下,他们不但是没有危害性,而且对于一个政治清明的共和国的自然配合说来,还是一种必不可缺的成分。要是没有这种成分的话,一个共和国又怎么能不是匠人式的呢?像雅典、瑞士、荷兰这类的共和国便是匠人的共和国,或者非常接近匠人的共和国。而拉栖第梦、罗马和威尼斯则是以贵族

---

[1] 见《马基雅弗利论文集》,I,55。

[2] 同上。

自诩的共和国，试问两者之间又如何能相比呢？工匠们就像空中的飞禽一样，在没有筑好自己的窝以前就只能忙于寻找食物。他们私人的事情是那样忙，根本没有工夫去研究政治，而且把政治事务交给他们也极不可靠。古语说，'穷人由于贫穷而易于成为卖国贼'①，一个人要是在货物中没有自己的一份，他在船上是不会忠心耿耿的。但他所有的一份货物如果使他能有闲暇去思考政治问题，那么他们这些不为俗务所羁的人不是贵族又是什么呢？马基雅弗利不就是这样称呼他们的吗？尤其当他们的家族由于对共和国立下了功劳时更是如此。这样就在世代巨富之上又加上了世代美德，就成了第二类的贵族。但第二类贵族要是没有世代巨富，在本质上就是很难成立的。维罗拉密厄斯说：'财富之于美德，就像背囊之于兵士一样。这种东西有时会成为负担，阻碍前进，甚至由于要照管它们而妨碍甚或失去胜利。但人们还是不能不要它们，或把它们扔在后面。'②大洋国的贵族属于后一类。他们是最好的贵族，因为他们并不能根据某种特权来确定自己的身价，所以只有由内在价值来决定自己的身份。贵族的第三个定义是君主或共和国册封的有别于平民的爵衔、称号或名位。册封时有两种方式，一种是像大洋国这样没有任何特权，或者像布拉提之役③以后的雅典贵族一样，特权很小，他们除了宗教事务或监督公共竞赛

---

① 原语是艾克修伯朗修斯论马利乌斯失败的原因时提出的。请参看本书第94页。
② 见《培根论说文集》，第34篇，《论财富》一段。
③ 第二次希波战争时，波斯军队在布拉提（Plateae）地方为雅典斯巴达盟军所败，称为布拉提之役。此时雅典贫民由于参加海军作战胜利，势力大增，击败了以往的贵族。——译者

会以外就没有任何特权,而且连这一些事情也要由人民选举。另一种方式是特权很大,像布拉提之役以前的雅典贵族和罗马贵族都是这样。他们都有权享有或要求享有元老院的席位或行政长官职位,在这些机构中他们有时只是由于自己的特权而兴替不绝的。

"现在让我们从更高的角度来看,详细谈一谈贵族在元老院中的几种官职。从最初开始,以色列的族长或统领就是最有名的。在拉丁文本《圣经》中讲来,他们就是会众中最尊贵的人物。[①] 他们根据世袭的权利,在会众中有领导权和审判权。这些家族的族长或统领按照自己述说的家谱,[②] 在自己的家室、宗族中也具有同样的领导权和审判权。但不论在这种权利中还是在前一种权利中,他们都没有进入长老议事会的世袭权利。毫无疑问,被人民选入长老议事会或选任其他官职的人,都是有智慧、有见识、为众人所认识的人,摩西任命为首领的人[③] 也必然是这类的人,因为被选的人不可能有旁人,而只是为众人所认识的人;同时由于教育方面的优越条件,也最可能是最有智慧和最有见识的人。

"梭伦最初发现雅典人的分类不是根据地区,也不是根据宗族,而是根据不同的生活方式。当时一共分了四个部族:一是士

---

① 英文本《圣经》此段与拉丁文本不同。拉丁文的说法是这样:"他们都是会众中的知名人物,是各家长领导家室组成的支派的首领,是以色列的千夫长。"(参看《圣经》旧约《民数记》,第1章,第16节)

② 同上书,第18节。但中、英文译本都略有不同,情形是这样:"会众就照他们的家室、宗族……述说自己的家谱。"

③ 同上书《申命记》,第1章,第13节。中、英文意为:"你们要按着各支派,选举有智慧、有见识、为众人所认识的,我立他们为你们的首领。"

兵，二是商人，三是农夫，四是牧人。于是他便订立了一种新分类法，按照财产的价值重新分为四个阶级。第一、二、三等三个阶级都是土地所有者，按世袭田产的多少分等。他们有特权享受为他们的财富所规定的荣誉地位，也就是有权当元老和一切行政长官。第四阶级是人民的主体，人数比前三个阶级要多得多。但他们要担任这些官职便只有通过选举，其他的权利全被排斥了。通过选举，他们也就成了世袭的贵族官员或贵族阶级的元老。但这种办法正是日后罗马覆亡的原因，当时的雅典也是由于这一点而断送了国祚。雅典的贵族由于这种办法的必然性质的驱使，所以便策划如何夺取人民所获得的成果，并将共和国的全部权力都揽到自己手里。这事本来非常可能成功的，但是人民由于运气，在布拉提打了胜仗，并在希腊人防御波斯人的战争中出了名。他们势不可当地跑回来，把自己原先恨之入骨的旧阶级打得粉碎。他们使贵族和自己立于平等地位，并使元老院议席和行政官职由大家分任。他们规定，行政官职由票选决定，元老议席则只由抽签决定。下面谈到这一组织时，即将证明这办法正是流弊的根源。

"拉栖第梦人甚至根据马基雅弗利对贵族的定义看来，也全都是贵族。其原因与情况和现在的威尼斯人完全相同。也就是说，他们既不经营商业，又不耕种土地与份地，耕种的事情是由他们的赫罗特进行的。根据深为钦羡此制的马基雅弗利的证明说来，某种贵族，虽然拥有的奴仆比公民人数更多，但在共和国中却绝不会发生危害。有人问莱喀古斯为什么不让人民参与共和国的政治，他叫这人回家去让自己的奴仆参与家政，然后再来说话。对于这些奴仆，我同意莱喀古斯的答复。我认为拉栖第梦或其他地方的奴仆都不能参与政府，除非是人民大会决定叫他也给予奴仆以辩论权，并且规定，六十岁以上的人在该会中获得多数票的都有平等的权利进入元老院。

"前面谈到布拉提之役以前的雅典人时，我已经描述了罗马贵族和他们在元老院中的职能。只是雅典人在抽签法成立以前，不经人民投票赞成，就不得进入元老院；而罗马的贵族则一直是可以进入元老院的，因为后者的贵族是由国王、执政官和监察官选入元老院的。如果一个平民被录入元老院，那么他和他的后代便都成了贵族。那时人民虽然和贵族不断发生争论，但关于这一点却从来没有争论过。据我看来，这一点一旦发生争论，纵使没有其他问题，也足以使共和国覆亡。

"威尼斯的贵族在一切的特征上都很像拉栖第梦的贵族，不过他们比较富有，而不像那样尚武，这一点在上面已经说过了。马基雅弗利把他们列为例外，他说他们的财富都是动产而不是不动产，而且土地的收入也不多。这一点证实了我们的说法，说明一个贵族阶级或贵族党派，在产权价值上如果不占优势，就没有危害性。同时，在适当的安排下，他们在每一个共和国中都是必需的。但如果像罗马那样安排，他们开始时虽然会和古罗马的情形一样不占优势，过不多久他们就一定会占优势。这一点非但理性上看来是很清楚的，而且在后来的经验上也是很清楚的。贵族阶级如果只能当元老，那么就唯有在威尼斯和拉栖第梦的政府中那样只有贵族而没有其他公民才不会有危险。

"荷兰和瑞士的贵族人数虽少，但特权却不但不同于人民，有时还大到可以在某些主权国中具有否决权。如果这些政府没有组成州，而是分成无数的小主权国家，彼此互相约制，同时其中的贵族如果没有一个君主统领就不可能联合起来行动，那么这种情形便是十分危险的，我绝不赞成这种办法。但哥特人却十分喜欢这种办法。在古代的共和国中，贵族除开和人民构成相对的集团外，就不可能具有否决权，因为人民的人数要多得多，所以实际上就等于没有否决权。而具有否决权的贵族的人数不论怎样少，他们都是根据特权和地位而具有的。

"大洋国的贵族则只是由于家道宽裕而具有优良的教育和从事公共事务的时间，此外就没有其他条件。他们的内在价值在人民的选举和评价中所具有的影响是他们获得荣誉与地位的唯一方法。因此，我希望诸位议员应当像这样看待自己的子侄，即他们扔弃一部分的背囊以后，就可以更加光荣地轻装前进。罗马的贵族就是因为以卑污的手段抢夺了那些背囊，所以便在凯旋声中失去了统治全世界的胜利成果。

"这样仔细地分析了贵族的性质以后，就使我们顺着他们的自然过程和不同种类谈到了各种不同的元老院组织。

"高贵的佛斯佛奴斯·德·阿治议员在打开以色列共和国那支签时曾经指出，以色列的元老院是由七十长老组成的，最初由人民选举产生。但由于他们是终身任职的，所以后来虽然没有任何神谕，他们往后就一直是通过任命的方法来指定继承人，其仪式绝大部分是行加手礼。根据约瑟夫斯的记述看来，原来那个最为民主的共和国通过这种方式就变成贵族政体的国家了。使徒们在教会里所实行的任命法就是根据这种制度得来的。我认为，长老会信徒就是抓住这一点而要使教会的管理变成贵族式的，但我认为使徒们当初并不希望引起这种误解，反而是希望说明教会的管理应按民主方式进行。所以正和前面已经说过的一样，在每一次会上或教民会上都是用举手表决（即人民自由投票）的方式任命长老。会或教民会这字是从雅典或拉栖第梦人的世俗公民大会那字借用来的。而所谓世俗公民大会，便是以举手表决或人民自由投票表决的大会。经文中的'举手'等字样也和原字完全一样，指的是雅典人民的投票方式——以举手通过的方式选举。因为爱密乌斯说过，雅典的投票是按举手的人数决定的。

"纳瓦科斯·德·帕拉罗充分地讨论了投豆议会。这是雅典提议案的议会，阿留波阁只是一个司法机关。这种议会由四百个（有人说是五百个）元老组成，每年全部一次改选，方式只是抽签而没有投票。元老院为了纠正抽签的莽撞之处，有权把他们认为不配担当这个光荣职位的人排斥掉。但这只是有关形式方面的问题，并不足以补救共和国方面的缺陷。在这种方式下共和国也就变得元气大伤了。在一个共和政体中，贵族阶级是人民唯一的驱策者和约制者，但雅典的元老院并不是由世袭的贵族组成的，所以便被莽撞的煽动家或首领们一直推到毁灭的深渊中去了。它的元老院正像罗马的保民官一样，管辖群众的时候少，被群众管辖的时候多。他们的议案不但要经过群众批准，而且要经过群众辩论。为了辩论，他们就要把群众叫到讲坛上来。其中有些人跑上去大为呕吐，另一些人则喝了毒液。

"拉科·德·西培尔议员非常真实地描述了拉栖第梦的元老院，该元老院只包括终身任职的元老三十人。其中有两人是国王，他们也只有一票表决权，但王位却是世袭的。其余的人都由人民自由投票选举，但只限于选六十岁以上的人。整个共和国的事情都归他们讨论，最后只由人民批准。说到这里，我以往感到难于解答的谜就解决了。也就是说，雅典和拉栖第梦都是由元老院和人民大会组成的，为什么人们会认为其中的一个是民主国家，而另一个则是贵族国家，或如伊索克拉底斯①所说，是一个贤明的寡头国家（'寡头'这个词并不是在每一个地方都含有恶意，因为亚里士多德和普卢塔克等人有时也把它用在好的意义下）。其中的主要区别在于拉栖第梦的人民只有批准权，而雅典的人民则不但有批准权，而且还有辩论权。据我个人看来，如果人民能够选举元老，而且不限于选某一个特殊阶级中的人；选出的结果如果是一个主权者，而元老又不是终身任职的话，那么我认为他们在共和国安全的条件下，便在政府中具有自然应有的一份权力，这种共和国由于这一点便成了民主国家。当然，我也不否认，拉栖第梦的元老人数少，和雅典比起来，单考虑这一点也应称之为寡头政体。同时他们的元老又是终身任职的，所以纵使人数较多，如果考虑到这一点时，也只能称之为贵族政体。

"多拉柏拉·德·恩尼阿议员的发言中，滔滔不绝地把罗马的元老院大肆赞扬了一番。罗马元老院包括三百个元老。从人数上看来，不像拉栖第梦那样近于寡头政体，但从贵族阶级来看，又更近于寡头政体；因为贵族可以世袭元老职位，而不是由人民选任那个光荣职位的。他们由监察官任命以后，就可以终身为元老。

---

① 伊索克拉底斯（Isocrates）是雅典爱国演说家，苏格拉底弟子。一时修辞学家与讲演学家均出其门。雅典被马其顿灭亡后自杀。——译者

因此，他们如果有什么意见，就可以自行讨论和自行决定。这样一来，就使人民与他们变得水火不相容，共和国因之也就解体了。如果人民享有批准权，那么有关土地法和其他一切的纠纷便都必然会终止。

"阿尔柏斯特和格老克斯议员说，瑞士与荷兰的元老院被同盟条约像一把箭一样束缚起来以后，就像箭装在箭袋子里一样。但这些箭被抽出以后，就会一支朝东飞，一支朝西飞了。我感到满意的是，这种情形与我们无关。

"杰出的林修斯·德·斯特拉议员曾经提出过真凭实据，说明威尼斯的情形。根据他的证据，我们知道威尼斯使深受盲目而不知感恩之苦的世界有所忏悔，有所感悟；因为没有元老院或元老院腐化的共和国，是不能立足的。威尼斯的大议会就像尼罗河的神像①一样，依靠在一个瓮或一个水罐之上。它使元老院成为一道长流不息的清水，永不停滞，因而永不腐臭。关于这种元老院的更详情的叙述可在有关大洋国元老院的叙述中找得，而大洋国元老院的叙述则存在于前面所说的各法令中。由于在前面已经说过了，所以就不再逐条详述。但一般地说来，我们的元老院（关于人民大会或特权部族，将在恰当的地方叙述）也是长流不息的，绝不是湖水或池塘，而是伊甸乐园中的河流。②我们在前面已经看

---

① 普里尼的《博物志》对尼罗河的神像曾有所记载，但没有提出倚在瓮上的问题。弗特凡格勒（Furtwängler）的《考古家的石头》一书，则曾描写依在瓮上或水罐上的神像。

② 《圣经》旧约《创世记》第 2 章第 10 节等谓伊甸乐园有四条河流出，河中有黄金、珍珠、玛瑙等。

到，它是一种容纳全体人民的河床，适当而又忠实地随着人民的潮流转弯。它们不像以往一样交替出现。政府的生命交替，就是死亡的交替。所以维琪尔说：

> 有如波罗克斯用自己的死去赎回他的兄弟。①

"这是哥特人的方式，由于这种方式，以往的政府不但是一只船，而且是一阵风。它只在有翻船的危险时才能扬帆出航，它既不能沿任何航线航行，也不能安然地在港口里停泊。维罗拉密厄斯说：'从荣耀的观点来看，现代的战争似乎是在黑暗中打的，而在古代战争中人们身上却射出荣耀的光辉。'②古代人的船装载着这些东西是去航行的，但我们的船却不敢下水，而且在家里停着也不安全。我认为哥特的政治家们似乎在国王和议会（战争中的两道闪光）身上发明了一种新弹药或火药，而不是在政府中发明了新弹药或火药。试问德意志的王族（也是一种人）究竟怎样了呢？被炸掉了。法国的各等级或人民的力量到哪里去了呢？被炸掉了。亚拉冈或西班牙王国的其余部分的各等级或人民力量到哪里去了呢？被炸掉了。从另外一方面说来，西班牙国王在荷兰的势力到哪里去了呢？被炸掉了。奥地利国王在瑞士的势力到哪里

---

① 见维琪尔：《伊尼特》，VI。据希腊神话记载，波罗克斯和卡斯托是一对孪生弟兄，其中一人死，则另一人也一定会相继死去。

② 见《培根论说文集》，第22篇，《论狡猾》，译文是根据拉丁文确定的。——译者

去了呢？被炸掉了。君主国和民主国像这样交相出现时所产生的乖谬和嫉妒的气氛最怕碰着火星。任何人都无法从经纶之道中找出一条站得住脚的理由来说明大洋国的君主如果不先毁掉人民，人民又怎样能炸毁他们。其他的话只能是太太小姐们的闲谈了。因此，我们的全国议会往后就不应出诸伊奥鲁斯①的口袋，而只能通过部族代表团，成为维斯塔②神的不熄之火的燃料。

"部族代表团将议会分成与本身相应数目的同届选任组，而本身则一共有三组。一组组成议会的第三同届选任组，每年选举一次，但任期是三年。它使议会开花，结出半熟的果子，其他的则在熟透以后就掉下来，情形很像一株橘子树。它一方面是培育或生长，另一方面又是收获。人民所选的人如果一年之内还不能游刃有余地对元老院的法令具有完整的知识，那么他们所选的人就非常糟糕了。这种知识在第一年中可以使他成为一个新手，第二年就可以使他实习，时间是足够的。根据这种速度来看，我们的政府中就永远有二百个明白情况的人。所以元老尽管更换，元老院的稳定和持续却绝不会受到这种更换的影响。正像威尼斯的议会一样，永远变更而又永远如故。其他的政治家虽然没有很好地模仿他们的榜样，然而这种事例在自然界中却再明显不过了。比方说，一个人的血肉虽然在身上只能保留一个很短的时期不更换，

---

① 伊奥鲁斯（Æolus），希腊神话中伊奥利地方的保护神，据传他所管的是风。杰普曼（Chapman）所译的《奥德赛》说他将风暴装在一个口袋里。原话的意思是往后不要冒风险而行。

② 维斯塔（Vesta），罗马神话中的灶神，现在罗马城中还有"维斯塔"庙，庙中有不熄之火。——译者

然而人总是同一个人，而且具有同一种特性。这要不是自然使人永远遵循自身的规律，又怎么能有这种事情出现呢？因此，大家便应当遵守自身的规律。但对于规律说来这仅仅是最低的要求。规律如果不能迫使你遵守，它本身的价值就很有限了。就拿坐船来作例子：规律好比是一条船，一旦上去之后就不是你载它，而是它载你。我们不妨看看威尼斯是怎样扬帆启碇的：在这只船上，你要是抛弃它，就只能跳到海里去。

"但这些规律是复杂而又繁难的。议员们，试问哪一个水手又会因为自己的罗盘有二十四个方位而扔掉它呢？但共和国中的法令却差不多有这样繁难。大家不妨想想，我们是怎样地随着每一阵理论的风浪颠簸？我们在港口中又是怎样被鼓动家天花乱坠的词句弄得晕头转向？这儿有那么一群弹琴卖唱的人为了讨几个钱而搅乱你的休息。你给某一个人二千镑，又给另一个人三千镑一年。这倒没有什么，但为的是什么呢？他们之中是不是有一个人知道共和国是什么呢？如果在一个政府中，这些人由于畏惧法律而不敢乱弹琴，你是不是仍然害怕呢？特密斯托克利斯不能弹琴，但能使一个小市镇变为一个大共和国[①]。这些人却是在为着向你讨钱而弹琴，一直把一个大共和国弄成一个小城市才会罢休。

"当我想到想象的困难将由哪些原因而加重，以致使上述各条法令在论述中无法说得更清晰时，心里就感到很担忧。但如果有

[①] 这是普卢塔克的书中有关特密斯托克利斯的一段有名的佳话。据传特密斯托克利斯极骄傲；某次席间有人请他弹琴，他说他能使一个小市镇变成一个大城邦，但不会弹琴。

人能写一本书,把每一个过程或诀窍都描述出来,其情形就好像玩牌一样,这不过是一人以很老实的态度在打牌。维罗拉密厄斯说:'聪明人和狡猾人之间差别是很大的(煽动家和立法家之间的差别也是很大的)。这不单是指诚实方面,而且也是指能力方面。有人会偷牌,但不会打牌。同样的道理,有人擅长于拉拢、分裂,但在其他方面却没有什么能力。'① 要是有了这些法令的话,我就不怕他们在袖子里藏几张牌来和我玩;他们要是能偷牌的话,也不妨试试。维罗拉密厄斯又说:'理解人是一回事,理解事物又是一回事。因为有人风趣很好,但不能干出什么真正的事情来。专务交游而不攻读的人的本质就是这样。一个国家如果把狡猾人当成了聪明人,那就是危害至深至钜的事。'② 他这话是一种预言。当戴奥尼苏斯不能在人们之中施行暴政时,他就去当教师③,以便在学童之中肆虐。如果有这些法令的话,善于逢迎欺诈的煽动家便只能去骗老鼠了。

"维罗拉密厄斯当时明智地说过:'现在绝大多数地方的议会不过是一种家常会议(有些像我们的议长座谈会),那儿的事情与其说是在辩论,还不如说是在闲聊,下令成立议会法案时简直是太便捷了……'④ 然而只要有法令的话,你不妨看看我是不是能使那些煽动家为难。

---

① 见《培根论说文集》,第22篇,《论狡猾》。——译者
② 同上。——译者
③ 叙拉古(Syracuse)暴君戴奥尼苏斯(Dionysius)曾师事柏拉图,号称哲学家国王,被逐后在科林斯教小学事。——译者
④ 见《培根论说文集》,第20篇,《论议会》。——译者

"我并不是总爱说旧话,而是他们不多听两遍就会感到不满足。我在绪言中曾举出小姑娘分饼与选饼的例子以后,人们还是常回头来问,元老院为什么要单独组成一个议会。其实甚至是在雅典,元老院和民众会议是一个组织,但人们仍然认为它和民众议会必须有所区别。在前面所提出的理由之外,我们还可以补充一点,即贵族如果不是为了辩论,就没有旁的事可做了。但他们如果要进行辩论,他们就必须具有方便的条件。如果一群人中只是拥挤、践踏、感情冲动,在这种人中进行辩论是再危险不过的事了。试问在这种情形下又有什么方便条件可言呢?埃皮蒙奴斯议员说,威尼斯像是在打台球或玩九洞戏,这话说得真不错。各位议员大概也会想玩这种游戏。除非诸位的肋骨特别粗,才会想去玩足球。这种运动就像是在民众议会中进行辩论,尽管它是雅典元老院的特点却是雅典覆亡的原因。"

上述的讲演结束了元老院建制法规方面的辩论。下一个会议是人民大会或特权部族的会议。

特权部族的军容,不论是马匹还是纪律,尤其是选出的兵员,都可以看出是一支非常高贵的队伍,甚至可以说是两支高贵的队伍。一支是骑兵团,共分三队,前面由队长、旗手和两个骑兵保民官率领(殖民省部队除外,以后另行叙述)。另一支是步兵团,步兵团也分三队(殖民省部队除外),由队长、旗手和两个步兵保民官率领。第一骑兵队称为凤队,第二骑兵队称为鹈鹕队,第三骑兵队称为燕队。第一步兵队称为柏木队,第二步兵队称为番石榴队,第三步兵队称为树枝队。这些队大致上按罗马部族分队的方式再行组合。凤队和柏木队组成第一联队,鹈鹕队和番石榴队

组成第二联队,燕队和树枝队组成第三联队。每年春天都根据下一法令重新编队:

第二十一条法令规定每年三月后的第一个星期一,年度部族代表团中七个代表应当到神光殿的亭中去,为燕队选出一个队长和一个旗手。这两种官职都是三年一任,由骑兵瓮中选出骑兵队中人物充任,选举时按百代表辖区选举法规进行。其次还要为树枝队选出队长一人和旗手一人,也是三年一任的官职,由步兵瓮中按同一选举方式选出步兵队人物充任。这样就构成了特权部族的第三联队。

各部族每年都选出代表七人,其中三人是骑兵,四人是步兵。部族既然总共有五十个,所以燕队就必须有一百五十名骑兵,树枝队有二百名步兵。其余的两个联队人数彼此相等。整个特权部族(玛辟西亚和庞诺辟亚的骑士与代表组成的殖民省特权部族未计)就必然包括一千零五十名代表。这一切都没有问题。这些步兵队与骑兵队可以按罗马的方式称之为百人团,因为罗马人取这一名称的时候,并不是根据人数取的。他们的人员是按财产的估价分配的,大洋国也是这样。根据最后一条法令,这些人又荣任了三年一任的官员。但这一部族还有其他人员,其选举比上述选举更为重要,而且是每年进行一次,方式如下:

第二十二条法令规定,第一联队选出他们三年一任的官员,并向旧保民官宣誓,保证不在本政府的民众集会中引起辩论,同时在其权力范围内也不让别人在民众集会中引起辩论,如果有任何人或任何一群人胆敢违犯,动摇本政府的根基,他们就要尽最大努力协助将其逮捕,送交军事参议会。之后,他们就要与特权部族中其他两个联队一同选举新保民官。新保民官是四个年度长官,其中两人由骑兵瓮中选出骑兵团人员充任,另外两人由步兵瓮中选出步兵团人员充任,选举时按部族的一般投票法进行。人选可以不分哪个联队,只要他不在同一届部族代表团中连任两次保民官就行。像这样选出的保民官,在集会和操练的权力方面,可以用总指挥官的身份来管理特权部族。在其余的时候他们就是部族长官,其本身职务由下一法令规定。保民官可以批准每次在一百人以下的任何数目的特权部族成员请假,长官或职员以外的人员可于三个月以后归来。一个长官或职员遇有必要时,也可以请假一月,但一次请假人数不得超过三个骑兵旗手或步兵旗手,两个队长,或一个保民官。

关于这一问题,执政官在国家制度制定会议上说了这样一番话:

"各位议员:

"西塞罗在他的《为弗拉科斯辩护》那一篇讲演中曾说:希腊各共和国城邦都是由于人民大会的漫无节制而大受震撼或趋于毁灭。实际情况是,共和国如果不注意这一点,根基就不稳固。但大家都知道,他应当把拉栖第梦除外。在神示中已经说明,那儿的人民根本没有辩论权,而且人民也根本没有进行过辩论。直到吕山德以后情形才改变,这人的贪欲造成了一个大深渊,不久就把整个国家都吞没了。所以除了现代的威尼斯共和国以外,那个共和国就是国祚最长、根基最稳的共和国。威尼斯共和国也是以同样的制度作为自己国家的基础的。它的稳固纵非绝大部分,也有一大部分是从同一原则上得来的。他们的大议会就是人民议会,根据埃皮蒙奴斯议员的权威意见，这种会议是不作一声的，任何共和国的人民在执行政治权利的时候如果哇哩哇啦说个不休，国运就不可能有拉栖第梦或威尼斯一半这么长。奥维伯利说过：'浮夸的人撒的尿比喝的水还多。'① 那些群众被这种浮夸的人说糊涂了以后，就会顺着河流游下去。雅典人是这些人之中最好饶舌的民族，当他们碰到一个夸夸其谈的阿基比阿德鼓动他们去攻打西西里时，就出现了这种情形。② 根据拉栖第梦和威尼斯的经验与权威看来，在一个政治清明的共和国中，辩论权是不能交给人民的。我们也可以说，这里所规定的法律对于这种危险说来只是一道很薄的防护墙。比如一个誓言，在违誓的时候如果没有对付的办法，对于手里握着剑的人说来，便只是一个无力的束缚。如果大洋国的人民恰巧不顾誓言，那么究竟是什么东西能阻碍他们进行辩论，以致像雅典人民那样使自己陷于无政府状态呢？关于这一问题，我的答复是这样：拿普通平民来作例，他们要是没有受到伤害的话，对于高一等的人或更聪明的人，就会具有一种对长辈的尊敬和羞涩之感。他们会以恭敬的态度来推崇他们的能力，受到这种人的重视时，就会认为是莫大的光荣。但如果他们受到了伤害的话，就会恨这些人。而且这些人愈聪明、愈伟大，他们的仇恨也就愈深，因为那种情形下的伤害也愈大。这时他们纵使不采取无礼行动，也会肆无忌惮地把什么丑话都说出来。人民在执行政治

---

① 见奥维伯利（Overbury）：《桌子下头传来的消息》。
② 雅典名将阿基比阿德（Alcibiades）在伯罗奔尼撒之役的后期，曾鼓动雅典出征西西里，后失败，斯巴达人乘虚而入。见本书第 54 页注④。——译者

权利时情形就是这样。你绝不会发现他们为问题本身而辩论，只会为别的事情而辩论。过去的拉栖第梦和现在的威尼斯都没有什么别的事情好让他们辩论，所以他们并没有表现出任何要辩论的意愿。罗马人民也没有表示过这种愿望。他们从罗慕洛的时代起就非常满足于他们的批准权。在前一个时期，他们满足于罗慕洛为他们建立的库里亚大会上的批准权；到塞维尤斯·图利乌斯时代改为百人团民会，对他们说来是变坏了，但他们也满足于这种会上的批准权。后来最后一个塔昆王被逐，十五年间一直由元老院进行着升平的统治。接着有消息说他在库米亚的暴君阿利斯托丹姆斯朝廷中死去了。[①] 贵族与平民闻讯后都为之雀跃不止，可是贵族欣喜过度，竟在应当造福人民的时候危害了人民。他们把以往一直掩盖了的恶意一起发泄出来，这些都是寡头政治的根源中所潜藏着的东西。接着他们就立即肆无忌惮地伤害人民。当时人民都自备给养，在军中心安理得地奋勇作战。他们虽然用剑共同征服了土地，但每人所分得的却不过两英亩，其余的都被贵族秘密地夺去了。他们由于家境贫寒，而军费负担又极为沉重，所以一般都负了债。当他们凯旋，放下武器时，他们的贵族债主马上就抓住他们，把他们塞进监狱。因此他们才开始辩论，但他们的辩论在类似的情形下却是最和缓的。他们说，他们在外面为了祖国和自由而战斗，回家来却受到本国人的逮捕和压迫；平民的自

---

① 塔昆（Tarquin）王朝是古罗马传说中的王朝，最后一个王是塞克斯图斯·塔昆尼，因暴政被逐。库米亚位于意大利半岛，原为希腊殖民地，长期与塔昆王朝有来往。——译者

由在战时比平时更安全,在敌人中比在同胞中更安全。固然,当时贵族装作害怕,以致平民没法使元老院开会来听他们诉苦,所以平民便更加激动,但后来元老院也愿意开会了。会上,性情暴躁的爱皮乌斯·克劳底乌斯①主张必须运用执政官的权力把叛乱的燃料除去,火焰才会熄灭。性情不同的塞维奴斯却认为最好试试能不能使人民屈从而不决裂,而且这样也比较安全。但这次辩论被一个令人震惊的消息打断了,消息说伏尔斯齐人②已经十分逼近。在这种情形下,元老院没有旁的办法,只有求助于人民。这回人民一反以往在类似情形下的惯例,一步也不肯动,只是站在一边大笑大说。他们说:元老们应当去当兵,元老们应当去作战,谁得了好处谁就应当担当战争的危险。谁有利益值得打仗就让他们打去吧。元老院掌握着钱财,但在贼人面前却变得手足无措了。他们十分狼狈,找不到任何办法,只得求救于塞维奴斯。这人是人民爱戴的著名天才。他们请他接受执政官的职位,并运用这种职权来为贵族利益服务。塞维奴斯接受了这个职位,利用他和人民的关系,劝他们好好看待元老们的善意。如果强迫他们从事有失体面的事,便是很不合适的。如果大家再不踊跃应征的话,这种事情就会在敌人之前发生了。因此,他就发布了一条法令,规定报名(即拿起武器参军,方式以后详述)的罗马公民,任何人

---

① 爱皮乌斯·克劳底乌斯(Appius Claudius),罗马有名的家族,曾出过许多贵族领袖和平民领袖。此处指爱皮乌斯·萨宾奴斯·英勒吉兰尼斯·克劳底乌斯。
② 伏尔斯齐(Volsci),古罗马拉丁部族东南面的相邻部族,后被拉丁部族征服。——译者

都不得予以逮捕，同时从军的人的财产或子女，任何人都不得占有或变卖。这样一来，人民便蜂拥而起，立即拿起武器，奋勇前进。这种事情在他们看来似乎只要一鼓作气就可以办到。根据当时的情形看来，要一鼓作气，也是轻而易举的事情。于是他们首先击溃了伏尔斯齐人，接着又战败了萨宾人。这些周围的民族，原先都想趁罗马内乱之机来趁火打劫，所以便从四面八方夹攻罗马。在萨宾人之后他们又战败了阿隆齐人。当罗马平民三战三捷，凯旋后，当然就希望元老实践自己的诺言了。这时生性骄傲的另一执政官爱皮乌斯·克劳底乌斯为了破坏共位者的诺言，把那些凯旋的士兵又送回债主手中关到监牢里去了。这些士兵原先在获得释放后，曾经奋勇作战。这时人民便为这事而求助于塞维奴斯，把自己的伤痕摊出来，叫他证明他们在作战中行为如何，并且提醒他自己所许下的诺言。可怜的塞维奴斯深为歉疚，但对他的共位者以及整个贵族党人的那种顽固执拗又极畏怯，因而他在这种双方都不敢得罪的情形下，把两方面都失去了。元老们认为他有野心，人民则认为他欺诈。那时执政官克劳底乌斯一方面纵容人们每天逮捕负债的平民，同时又和平民举行新的和危险的辩论，于是共和国便被弄得四分五裂。人民看到公开活动既不安全，又没有效果，于是便不顾一切地在秘密集会中私自聚商。元老院为此谴责了新执政官 A. 维吉尼乌斯和提图斯·维图修斯，说他们办事迟缓，并以爱皮乌斯·克劳底乌斯的功绩相督责。执政官对元老院说他们希望知道元老院的意向，后来就表现出唯命是从的态度。他们根据命令召集人民，叫大家报名拿出武器，以便作牵制攻击，但谁也不答应。这事报告到元老院之后，元老中比较年青的对执政官大为发火,说他们没有勇气保卫自己的官职,因此要求他们退位。

"执政官虽然觉得自己受到了粗暴的待遇,但只提出了这样一段软弱的答复。他们说:'元老们,请你们注意一下,人们已经在推测可怕的叛乱就在眼前。我们只希望这儿勇气极大的先生们能到我们那里去看看我们是怎样行动的,然后便可以任意采取坚决的命令。那时各位元老就会知道我们是不是行动不力了。'[①]

"听完这些话之后,有些火气旺盛的人就和执政官一起到执政官讲坛上去。这时人民还站在坛前,执政官先一般地要求报名,但没有人答应。为了得出一些结果,他们便特别点出一个自己看中了的人来。这人一动也不动,他们就命令一个侍从官去抓他。可是群众蜂拥而上,围住那个被叫的人,挡住侍从官,侍从官便不敢动手了。那些随着执政官来的暴躁人物对于这种无礼行动大为愤怒,于是便从座位上下来帮助侍从官。这样一来,他们就使人民的愤怒全都从侍从官方面转到自己身上来了。情绪之激昂,使得出面拦阻的执政官认为最好是解散会议,以便平息骚乱,然而他们却只听到一片喧嚷。这时元老院也吵翻了。他们为这事突然集会,受到打击的人和其他头脑同样昏庸的人都对这事大叫大嚷,好像要用喧嚣来解决问题似的。后来执政官谴责元老院,说他们简直像一个嘈杂的市场,这样才使元老院恢复了秩序。接着进行商议以后,元老们得出了三种意见,P.维吉尼乌斯认为对这问题的补偿(或对负债者与被监禁者的帮助)不应超过塞维奴斯的

---

① 见李维:《罗马史》,Ⅱ,29。——原编者

诺言。T. 拉吉乌斯认为，一般人民都处在债务的重压下，不进行普遍的帮助就出不了头；如果要论功行赏的话，那时根本无法作充分考虑，如果使某些人的境况比另一些人好，来约束人民，就非但不能消灭叛乱，反而会火上添油。爱皮乌斯·克劳底乌斯则仍然重弹旧调说：'人民只是乱动而没有力量。他们像这样乱搞一气，并不是由于受到了压迫，而是由于自己具有权力。执政官竟然会诉之于平民，其实平民很可能在这种场合问他的同伴，这执政官到底是不是一个贼。自从诉之于平民以后，执政官的权位就虚有其名了。'接着他又说：'走吧！让我们选出独裁官来。独裁官是不会诉之于平民的，到那时我再来看看这事究竟怎样办，我也要看看谁还敢来拦住我的侍从官。'许多人对于爱皮乌斯的话都感到很害怕，然而像拉吉乌斯所主张的那样，将一切债务都取消，又会破坏一切信用。维吉尼乌斯的提法是最和缓的，可以最顺利地通过。但当时有许多私人利益存在（这始终是公众的毒害），使它受到了阻挠，最后大家便都同意爱皮乌斯的意见。那时要不是执政官和某些稳重的元老看到伏尔斯齐人和萨宾人又起来了，在那时抛弃人民是完全不理智的，否则爱皮乌斯便当上了独裁官。由于这一原因，普布利科拉家族中的后裔维拉利乌斯，由于家世最得人心，而秉性又最温和，所以便被推举担任这种艰难的职位。可是人民虽然知道推举独裁官是对付谁的，他们却完全不怕维拉利乌斯。这一次他又作了一个像塞维奴斯那样的诺言，人民又一次怀着美好的希望；于是便把一切争论都抛开，立即报名出征。简单地说，这次他们又像上回一样凯旋了。独裁官也凯旋地入了城。然而当他催促元老院实践诺言，做出某些事情来和缓人民情绪时,他们就像对待塞维奴斯一样,在这一问题上相应不理。独裁官不甘于当傀儡,于是便辞职回家了。这样一来,那支得胜的军队便失去了首领,光由元老们穿着长袍大褂来直接应付。假如你读过这故事的话(类似的事情是不可能再有的),不妨想想其必然后果是什么呢?任何人是不是能想象人民在这种时机上只能逃跑呢?!可怜的人啊,埃魁、伏尔斯齐和萨宾人都不算什么,但元老们却是无法征服的!他们一共有三百人左右,大家都用官袍武装起来坐在那里,而且鼓其如簧之舌,大放厥词。世界上没有任何办法能使他们变得可以让人忍受。因此,长久地这样接近他们是不堪想象的,军队开走了,他们在野地里驻扎下来。人民这次退走,称为阿文廷山[①]退却,阿文廷山就是他们居住的地方。他们对于自己的处境感到非常悲伤,但没有对元老发出一声怨言。元老们这时都成了大老爷,把全城都控制了。但是邻邦有些人正在往他们这里来,叫他们答话,这些人绝不会先请得守城门的人允许,然后再进来。因此,他们担忧起来了,接着就派了一个使者到人民那里去,叫他尽量和人民说好条件。人民不论要求什么条件都可以,只要他们赶快回来。于是人民和元老院立约,他们必须选出自己的官员,称为保民官。说好之后,他们便回来了。

"这情形不打算多说了。元老院在不得已的情形之下答应了这一点之后,又曾经数度企图收回。然而保民官为了保护他们所取得的一切,便组织了保民官会议或人民议会。后来争论日益增加,他们到时候就不经过元老院而自行订立法律,称为平民法。现在

[①] 阿文廷山(Mount Aventin),离罗马城五公里,称为圣山。——译者

把我的论点作一结束：罗马人民的辩论权就是通过上述诸步骤得来的。如果有同样的原因存在，便不论任何人为力量与自然力量都无法阻挡人民，叫他们不辩论。罗慕洛在选举元老院时，为了维持王位而抬出一个贵族来，方式是使贵族阶级成为世袭的特殊阶级，于是便使共和国建立在两种完全对立的利益或根基上，这两种根基，到发芽的时候就会生长出两个共和国。在贵族方面生长出的是寡头政府，在人民方面生长出的是无政府状态。从此，元老院与平民之间就不断地造成了斗争和仇视，直到死而后已。

"马基雅弗利在政治学中提出了一个最高贵和最有用的问题[①]，他问罗马的平民与元老院之间的仇恨是不是有办法消除。我们现在最关怀的问题也是这个问题，尤其是关心马基雅弗利所提出的问题，因为他对这问题的决定点的判断如果能成立，我们的共和国就垮台了。谁要是违反着马基雅弗利的判断而建立共和国，谁就不能在前提上虚晃一着，而必须对自己的事业提出理由。如果以简略的方式把这位政治家的话极忠实地加以转述，情形就是这样：

"'共和国一共有两种，一种是自保性的，如拉栖第梦和威尼斯等就是例子。另一种是扩张性的，如罗马就是例子。

"'拉栖第梦人由一个国王和一个小规模的元老院治理，可以在那种情形下维持很长。因为他们居民人数很少，对接受外人的问题设下了限制。他们严格地遵守着已经闻名的莱喀古斯法，这法律为他们消除了一切骚乱的原因，使他们可以长期地享受和平

---

① 见《马基雅弗利论文集》，I，6。

生活。因为莱喀古斯的法律使财产十分平均,而荣誉地位的分配则较不平均。于是大家便都是平等地贫乏,而平民也没有很大的野心,因为城邦的官职或荣誉只能归少数人享有,而不可能由人民分享。贵族对平民十分严酷,从没有使人民感到有希望分享官职或荣誉。贵族与平民的这种关系是由国王产生的。他的王位就存在于贵族之中,要维持王位就只有保护人民,使之不受一切伤害。所以人民虽不害怕君权,但也不会觊觎王位。这样一来,元老与人民之间发生冲突的机会便被消除了。但这种团结一致的情形尤其与两种原因有关,一个是拉栖第梦居民很少,可以由少数人统治。另一个原因是他们不接受外人加入他们的共和国,所以便没有使共和国受到腐蚀,也没有使人数增加到无法由少数人管理的程度。

"'威尼斯没有把官职分给平民共享,凡参加政府工作的都被称为士绅。这种政府形式依靠机会的地方比依靠立法者的智慧的地方还要多。许多人都退居到这几个岛上来。那里的城市由于蛮族拥入罗马帝国而建立起来的。那时人数增加到非立法不能在一起生活的程度,于是他们才订立了一种政府形式,经常为着商务而集会。等到人数足够组成政府以后,他们就定下一种限制,规定往后到这个城里来的人可以做居民,但都不能参与政权机关。参加政权机关的都有权利,而被排斥的人都是后来的,他们成为这里的居民并没有其他条件,所以便没有受亏待,因之也就没有发生纷争的根源。他们也不许握有兵器,因之也就没有举行叛乱的条件。这样一来,这共和国便大可以安享太平生活了。

"'考虑过以上各点之后,罗马立法家如果要获得平安秩序,就必须在下列两种办法之中采取一种：一种是像拉栖第梦人一样排斥外人。另一种是像威尼斯一样不许人民持有兵器。但他们一种方法也没有采取。这样一来，人民具有力量而又不断增加，于是便不断地起来作乱了。在那样一个扩张的共和国中，这也是没有办法的事，因为如果罗马斩断了骚乱的根源，便会失去扩张的手段，因之也就会失去它的伟大。

"'因此，一个立法者应当先考虑一下他的共和国要成为自保的共和国还是扩张的共和国。前一种共和国可以免除骚乱，而后一种共和国就必然会充满着骚乱。

"'如果他使自己的国家成为自保的国家，那么它对内说来就是平静的，但对外说来却是危险的。首先，它的基础必然很狭窄，所以就必然很脆弱。如拉栖第梦人就只有三万个公民，而威尼斯的基础则只有三千人。其次，这种共和国要不是处在和平状况下，就必然是处在战争状况中。如果处在和平状况中，国内那样少数的人便会很快地变弱和受到腐化，而且也会变得党派层出不穷。如果处在战争状况中，那么它要是失败了，就会很容易遭到洗劫，而胜利时又会由于扩张而被毁，这种重担不是它的基础所能负担的。当初拉栖第梦人也曾几乎成了全希腊的主人。但底比斯人在伯罗庇达斯①的策动下发动了一个叛乱。这个小小的事件就暴露了它先天的弱点，其余被征服的城邦马上就叛离了。这一下就好像有人一手把它从最高峰一直推到无底深渊中去了。威尼斯人曾由

---

① 伯罗庇达斯（Pelopidas）将军，原先被斯巴达人所逐，逃至雅典，后举兵驱逐斯巴达人，恢复祖国，最后为波斯人所杀。——译者

于财富而占有大半个意大利半岛。然而一旦要加以防守,军队就受到了考验,于是马上就在一次战役中失去了一切。

"'因此,我的结论是:为共和国制定法律时,一个立法者应当想想什么是最光荣的东西。他必须放弃自保的典章制度,仿效罗马的榜样,纵容和顺应元老院与人民之间的纷争。这是取得罗马的伟大的必须经过的步骤。至于说有人能找出一种均势,可以兼得两者之长而尽除两者之短,我认为是不可能的。'① 以上的话是马基雅弗利的话,只是把次序更换了一下,以便在这里引用。

"议员们,我不知道诸位听了这些话之后有什么感想。我认为最好是把这些话当成世界上最伟大的政治艺术家对我国所下的判决。在这位政治学泰斗的光辉照耀下,让我们以自由的态度来看看他是怎样讨论的。他认为这种自由是自由人民的权利。但如果我们不从基本问题出发,不从效果追溯到原因,我们就无法理解他。一个共和国的骚乱不是外加的,就是内在的。外加的骚乱来自敌人、臣民或奴隶。所以讨论以下诸问题时,讲的就是外在原因。如(1)罗马为什么有意大利人猖獗横行,他们为什么有彼起此伏的奴隶战争;(2)他们的奴隶为什么会夺取圣山;(3)拉栖第梦人为什么会几乎和罗马一样受到赫罗泰的骚扰;(4)威尼斯人的国势并不依靠人们的真诚,然而他们跟被统治者的关系为什么会和罗马人跟拉丁各民族的关系一样,或者更好。但马基雅弗利所说的罗马元老与人民之间的仇恨是不是消除的问题,却是内在的原因。如果要得出与他不同的结论,我就必须奠定与他不同的原

---

① 见《马基雅弗利论文集》,Ⅰ,6。

则。因此我便说：从内部来看，一个共和国要不是平等的就是不平等的。一个内部平等的共和国没有内在原因可以引起骚动，因此，除了有外来原因促成以外，就不会发生这种情形。一个内部不平等的共和国没有任何内在原因可以获得安宁，因此，除开有牵制力量以外，就不可能出现安宁的局面。

"为了证明我的说法，目前除开他的例子以外，我不打算引用任何其他的例子。拉栖第梦人对外部说来是不平静的，因为他们的外部关系不平等，也就是说，他们对赫罗泰的关系不平等。但他们在内部却非常平静，因为他们本身不论是根还是枝，都是平等的。在所谓根部，是通过土地法而平等的，在所谓枝头，是通过元老院而平等的。任何人除开通过人民选举以外，就不可能进入元老院。亚里士多德曾经谈过莱喀古斯这种制度。他说：莱喀古斯为了使他的公民争取这种光荣职位而不漠不关心，所以才为人民定下了选举元老的制度。马基雅弗利在这儿正像其他地方一样，把他们当成罗马人看待，认为他们有平民与贵族之分。这样，他就把这个共和国的阶级完全看错了。其实这里根本没有这类的东西。他们的平静状况也不是从君王的权力得来的。他们的君王绝不会保护平民，使之不受贵族伤害，他绝不可能有这种意识；反倒是元老院在制度方面宣布了自己的目标，声明要保护人民，使他们不受君主的伤害。从此，君王也只有一票的表决权。他们的安宁也不是由于元老院正直，或者是他们使人民不参加政府活动，而是由于他们的行政权是平等的。从神示上（就是他们的基本法律）可以看得很清楚，元老院只有辩论权，共和国的决定权属于人民。拉栖第梦王德奥庞普和波利多尔曾经想在古法中加上一条，以便使人民无法参与政府事务。这条法令规定：如果人民的要求不合理，国王和元老院就有权予以撤销。人民的决定如果有问题，元老院就可以依法重新进行辩论。人民听到这事以后，马上骚动起来，并重新进行辩论，直到他们选出监察官，并由国王承认了这官职才罢休。普卢塔克曾写过这样一段话：'现在让我们谈谈斯巴达国王德奥庞普的政绩。他最初在拉栖第梦建立监察官制度时，为的是约制国王的权力，正如同罗马保民官的权力是为了约制执政官的权力一样。他告诉妻子说，这样做为的是给他的儿子留下节制有度而能传之久远的权力。有限制的权力是最稳妥的权力。因此，德奥庞普便用合法的锁链把王权约束起来了。他愈节制有度，就愈获得人民的爱戴。'[①] 根据上述的情形看来，一个谋自保的共和国如果发生了不平等的情形，元老院与人民之间便会和一个图谋扩张的共和国同样容易发生仇恨。拉栖第梦的平静只是从平等中产生的。

"如果说威尼斯的太平是由于它解除了臣民的武装，那就是忘记了拉栖第梦人也曾解除赫罗泰的武装，但在这一方面仍然无法平静。因此，威尼斯人如果没有外在的骚乱，首先是由于他们的地形。在这一方面他们的臣民是不敢存非分之想的（这一点诚然是他们的幸运）。其次是由于他们有优良的法律，因此臣民们便无意去进行侵犯。但后一点就只能归之于它的经纶之道了。我们愈是仔细研究，就愈觉得这种法律伟大。幸福（如果有的话）所产生的效果正和自身的原因一样，是不稳定的。事实上任何共和

---

① 见普卢塔克：《莱喀古斯传》，Ⅶ。

国都不能像威尼斯那样始终安谧如恒,所以威尼斯的安宁就一定不是单凭机会产生的了。我们已经看到,由于它是最平安的国家,它就必然是最平等的国家。它的整体是由一个阶级组成的,它的元老院可以说是一块滚动的石头,它在转动的时候从没有,也绝不会成为一个四分五裂或野心勃勃的机构,更不会像罗马元老院那样,用自己的鹰爪把罗马人民一把抓起来。① 马基雅弗利不愿意承认这一共和国的优点。读他的书的人可以看出他从没有研究过威尼斯的法令,如果研究了的话,就不会把他们的经纶之道归之于机遇,而会把自己那一部令人殷羡的大作写得尽善尽美。这种完整的著作,至少在内政方面,全世界除了威尼斯的法律以外是找不到与之相称的典范的。

"罗马由于有强大无故的军队而免除了一切外在变乱的原因。它要不是以一致对外的方式在国内维持和平,就不能安宁。议员们,你们都是共和国的元勋,所以比普通人胸襟更加开阔,请你们注意一下吧!任何人都不能指出一个先天正直的共和国会变得不正,同时也不能指出一个先天不正的共和国会变得正直。罗马在先天上就是不正的,或者说是怪异的。前面已经说过,它那一对孪生阶级——贵族与平民,生下来就是一个身子两个脑袋,也可以说是两个肚子。虽然伊索寓言上说过,元老院派到阿文廷山上去当说客的曼涅尼阿乌斯·阿格利帕把元老比作肚子,把人民比作臂和腿,肚子不论看起来是怎样懒惰,但它要是没有得到营养,就不但是臂和腿,而且连整个身子都会枯萎解体;但是,很

---

① 罗马国旗是鹰旗。——译者

明显，元老是一个特殊的肚子，它甚至从人民口里把肉抢过来，但它由于惧怕土地法，又退回来，退时却没有使共和国得到正当和必要的营养。可是，据说住在尼罗河瀑布周围的人没有听到嘈杂的声音，所以罗马作家们以及最熟悉他们的马基雅弗利在那样多次保民官的风潮中，似乎都没有听出他们的自然之声。虽然他们不会没有认识到，这些变乱是由于人民想分享官职，或者是由于人民为土地法而斗争，马基雅弗利对这一点特别赞成。然而这种说法把问题说得太简单了，而且把治病的药方说得太简单了。比如李维就曾有过一段这样的叙述：

> 平民们，为了减轻痛苦，就只有使自己的人当权，否则就没有希望。

"当人民陷于贫困与绝望时，就变成了自己的政治家。正如同某些动物一样，害了病时就变成了自己的医生。它们会由于本能而选取可以治病的适当草药。但人民绝大部分对于用药方面是不如动物的。所以罗马人民陷于苦难中时，就本能地求助于共和国的两大基本方法，一种是分享官职，另一种是实行土地法。但他们只是尝了一尝便啐唾沫，并没有把药吃下去（这是医药上必不可缺的），他们的健康就可以从这种方式上看出来了。因为当他们取得了分享官职的权利时，也只是趑趄不前地去分享，并没有在每一种选举中享受充分而平等的轮流任职权。同时他们对自己所取得的东西也不重视。当他们订立了土地法时，又不去注意，一直让那条法律作了废。吃药如果不按剂量的话，就会中毒。正如同稍稍尝一点哲学会让人相信无神论一样。从罗马人的保民官制度中看来，稍稍尝一点政治也会发生变乱。人民单凭这种官职，绝得不到和平。他们得到的职权既只有这样多，所以就只是得到了长期纷乱的祸根。他们要是取得了完整的土地法，就会得到拉栖第梦人那种平等和安宁。同时他们要是取得了完整的轮流执政制，便也能得到威尼斯那种平等和安宁。这样一来，罗马的元老与人民之间的仇恨就不会比拉栖第梦或威尼斯的这两种阶级之间的更大。马基雅弗利把威尼斯的太平归之于它的幸运而不归之于它的经纶之道，我看来是把鞍子套错了马。因为罗马虽然'不能如风驰电掣，但也像战马奔腾'，罗马骑在健壮的马上，军威是无与匹敌的，但威尼斯在内政方面却是乘上了贝加索马腾空而行。①

"所以整个问题就在于罗马人民是不是能取得这些法令。首先，如果说他们不改变共和政体就无法取得这些法令，那便是说不通的。因为那样说来，他们不改变共和制便也无法取得保民官了。事实上他们却取得了这种官职。任何人要是看看人民取得保民官时的情形，就会认为他们可以轻而易举地取得任何其他东西。因为贵族在保民官问题上让步的原因只是由于没有办法了。从经验上看来，拉栖第梦人建立监察官，雅典人在布拉提之役后使元老院同样扭转到另一方向（要一个先天不正的共和国变得正直是很不容易的），都属于类似情形。如果有人反对说，这样就会摧毁贵族，因之也就会使共和国失去贵族所得来的宏伟国运，那么他

---

① 希腊神话中的神马，可腾空飞行。它的蹄踏在赫利孔山上时，就造成了希波克令泉。——译者

的意见是不能成立的,因为事情的结局否定了他的看法。非常明显,贵族如果没有轮流执政制与土地法等法令,就会把人民吃下去。萨勒斯特说,贵族真是一些尸位素餐的人,除了虚名以外什么也没有。他们养尊处优,使得这样强大的共和国,这样伟大的光荣得到了这样可悲的结局。所以要消除罗马人民与元老之间的仇恨是有办法的。议员先生们:

"如果我说得对的活,我就使大家得到了安慰和信心。马基雅弗利的看法虽然不同,但我们的共和国仍然是安全和健康的。但如果我所说的没有道理,那么各位就去相信他的话吧。他坚信一个立法者应当把一切事例都抛开,而只学习罗马,要像他们那样在贵族与平民的仇恨之中纵横捭阖,这是取得罗马的伟大的必要步骤。因此,我们的国家的最坏景况,正是他所担保的最佳境况。

我的话已经说得很多了,但这问题也很重要。现在我可以用这样几句话来总结,如果群众会议喜爱辩论,这也不是由于人民的性质而来的,而是由于共和国的性质而来的。我们的共和国的性质天生就没有这种放纵不羁的情况。这正是我们要证明的事情。往下的讨论必须分成两部分进行。

> 第一部分说明其他共和国中人民会议的各种制度。
> 第二部分将我们的人民大会和他们的作出比较,说明它是怎样除去了各种制度之短,而兼得了各种制度之长。

"在开始讨论第一部分的问题时,我必须指明,我们这一时代的公众错误中有一个错误是很严重的。人们认为在古代像我们这种政府大多数都只有一个城市或市镇。但根据提出这些情况的议员的话来看，这种体制的国家在古代只有迦太基比较重要。直到近代才又出现了威尼斯。

"首先拿以色列来作例子，他们一共有十二个支派，分布于全国各地。人民听号音集合，组成人民会议。佛斯佛奴斯议员已经详尽地说明，这种会议的庞大以及由此而产生的不可避免的笨重迟缓，变成了这个共和国分裂的一个主要原因。他们有神殿和宗教仪式，人民起码每年要到那里去一次。这样便对各支派形成了一个强有力的纽带。否则，他们的团结就会是很松的。

"雅典一共有四个部族，把城里城外的人都包括在内了。底修斯把他们聚到一个城里，并不是为了排斥乡村，而是为了使共和国有一个首都。诚然，城墙里的人组成的会议不要乡下人也能办好一切事。同时乡下人却非常之多，对他们形成了负担，对国家形成了危害。尤其糟糕的是他们教育很差。色诺芬和波利比乌斯[①]就指出了这一点，并且把他们比作水手，说他们在海面平静的时候老是互相争吵咒骂，谁也不去管公共安全的事情，一直等到大风暴来临，受到危险时为止。修昔底德看到这个民族在苦难中吸取了教训，变得更加聪明起来，以致把他们的人民大会减为五千人。这时他在第 8 卷说：'现在（至少是在我这个时代），雅典人似乎已经把国家机构调整好了，他们兼顾了少数人（指投豆元老院）

---

① 波利比乌斯（Polybius），希腊著名历史家兼政治家，亚该亚同盟领袖利科塔斯之子，对希腊政治有极大影响，后被掳到罗马，与西庇阿交善。后潜心著述，有史书四十卷，保存完整的有五卷。——译者

和多数人（指五千人大会）的节制有度的情绪。'他不但提出了意见，且而还提出了最好的证明。他说：'这是多年的灾难以后，第一桩使这城邦重新抬头的事情。'各位议员应当注意的是，这是我所找到的第一个民众代表会议，也许这只是我个人认为可以找到的第一个民众代表会议。

"拉栖第梦人一共有三万人，分布在拉康尼亚地方。这是希腊最大的地区之一。根据某些权威的意见，他们一共可能分为六个部族。全体部族集合所形成的人民大会掌握立法权。城内有时为了要紧的事务开的小会，只有斯巴达人参加。这和威尼斯的情形一样，是一种会议的好形式。但由于一种坏的因素而形成了共和国的弱点。该共和国由于公民人数少而成寡头国家。

"因此，不论采取哪一条道路，情形似乎是没有人民代表，共和国就要包括全体人民。这样要不是走向寡头政体，就是走向混乱。

"这一点被罗马人看破了。他们那些粗野的部族从亚尔诺河伸展到伏尔吞奴斯河，也就是从费苏里或佛罗伦萨一直伸展到加普亚这一大片地区。他们创立了一种按抽签法选出的代表制。抽中第一签的就是特权部族。抽中其他签的两三个部族则称为依法召集的部族。这些部族在两次会中为共和国投票。特权部族在第一会议中投票，依法召集的部族则在第二次会议中投票。

"现在让我们来比较一下。以上各会议中的缺点在我们的特权部族中都已经被排除了，而一切的长处却又全都被吸收进来了。因为首先这就是雅典人摆脱了色诺芬和波利比乌斯的责难而获得修昔底德的赞誉的方式，也就是代表制的方式。其次，我怀疑雅典人用的是抽签法，而罗马人则毫无疑问是这样。但我们的特权部族则不然，它和我国以往的下院一样，用的是选举法。通过这种办法，大洋国各部族都在特权部族轮转时成了依法召集的部族。谁要是认为现行组织的人数太少，那么这种机构便是一个轮子，经过几年一转之后，就可以把所有适合的人手都配合到公共事业中来，或者说，使所有被轮子转动的人都适合于公共事业。同时，我们要是正式考虑一下，就会发现它可以十分平等而简便地把各部族从玛辟西亚边境召集到政府这边来。这比罗马人召集波米利亚或邻近地区最近的部族还要平等而简便得多。假如不是这样的话，我就受骗了。关于这一点，我们还可以补充一句：一个共和国的人民大会如果执行方式不灵便，就必然会由于大家不能忍耐而被抛弃。我们为人民举行集会或选出部族代表团时，就像为小孩子喂奶一样。在这种制度下让他们在一年中进行四天投票时（区里一天、百代表辖区一天、部族两天），他们所要吃到的最丰盛的食物绝不难消化，不过是按自己的意愿投赞成票和反对票而已。我要提出一个人的话来作为证明，我们之中有些风流人物对这种援引或看法是感到好笑的。但不论大家更同情他们还是更同情我，我总是要提出作为证明。我认为这些人是在嘲笑一个清醒的人，但并非有意伤害他。这人就是彼特奴斯·库尼乌斯。当他谈到人民的性质时，他说：'如果让人民分散，他们便是十分单纯的人，但参加会议以后，就能看清和知道一些事情，'[①] 说完了他便不再不厌其烦地谈下去了。当人民分散时，便是许多代表私人利益的人物，但集合在一起时，便成了一个公共利益的集团。前面

---

① 见库尼乌斯：《论希伯来共和国》，I，12。

已经说过，共和国的公共利益是最接近人类利益的利益。而人类的利益则是正确的理性。但贵族聚在一起时的理性和利益就是贵族阶级所表现的理性和利益，这只属于一个党派，性质完全相反。因为当他们分散时，比人民分散时要聪明多了，但聚在一起时却变成了那样一批笨蛋。比如罗马的贵族在排斥人民以后，就锯断了支持自己的树枝，甚至于摧毁了自己昌盛的根源。亚里士多德说：'群众比公侯更聪明更忠实。'[1] 马基雅弗利跟随于亚里士多德之后进一步加以发挥时，就大可以说'民主政府的特权部族是代表智慧的'。[2] 因此，我们共和国的特权部族一方面是代表智慧，同时也是代表权力，它是存在于人民之中，所以便称为特权部族。我当然知道，罗马的特权部族之所以被称为特权部族，是因为他们最先被叫去投票。"

第二十二条法令中所说的选举，不论是一年一度的还是三年一度的，在下一条中应加讨论的是这样：

第二十三条法令说明特权部族的权力、职能和工作方式。

特权部族的权力或职能一共分两部分：一部分是决定权，也就是立法权。另一部分是司法权。在后一方面，它是共和国的最高法院和最后上诉机关。

前一部分权力是这样：人民根据这一通行法规，除开自己订立的法律以外可以不遵守任何法律。也可以说，除开经他们的平权代表——特权部族运用批准权承认的法律外，可以不遵守任何

---

[1] 见亚里士多德：《政治学》第3卷，第10章。
[2] 见《马基雅弗利论文集》，I，58。

其他法律。元老院要求人民大会服从自己，或人民大会主动服从元老院时，所根据的法律如果未经公布印行六星期，并由元老院提交特权部族，经该部族多数赞成票通过成立，便是不合法的。元老院未经人民大会以上述方式批准，或以上述方式订立的法律批准，便不得宣战、征丁、征钱，但紧急情况不在此例。大家都同意，遇有紧急情况，元老院和人民大会的权利都属于依法产生，并根据前述通行法规所规定的时期任职的独裁官。当法律在公布讨论时期，监察官可以责成元老院，保民官可以责成人民大会，不得交头接耳、私行聚会或彼此拉拢来进行任何事务或提出任何意见。一切都应公开进行。

特权部族的第二部分权利使他们成为全国与各殖民省的最高审理机构。举凡危害人民主权罪、叛国罪、抢劫罪、贪污罪或盗窃国家财物罪等等，都由该部族审理。各殖民省人民或公民向人民大会申诉时，特权部族就有权审判并决定该案件。但任何人的申诉案件如果是不服国内或殖民省中任何法庭的裁判然后提出的，那么申诉人应首先将一百镑交付原审理法庭，并保证在人民大会前败诉时，即放弃这一百镑。军事参议会的权利是本共和国的特殊权力，问题不能向人民申诉；军事执政官在战场上的军法中的问题，也不能向人民申诉。这是唯一的两个例外。

特权部族在有人向他们提出议案时，应按下列方式进行：行政长官以元老院名义提出议案时，应向人民大会反复朗诵并解释，然后将整个问题交付表决。投票用赞成、反对与无意见三个箱。票收齐后交给保民官，并在提案者面前加以点数。如果大多数票是无意见票，提案者即应放弃，并由元老院继续辩论。如果多数票是反对票，提案者就应当放弃；元老院也应当放弃。但多数票如果是赞成票，那么部族方面的手续就清了，提案者就可以开始向上提出。他们将无意见票除去以后，就可以将整个问题连同反对票与赞成票，分条整理出来，由保民官当着提案者数清。票数由该保民官登记并呈报元老院。事后如以元老院名义提出并经人民的命令批准，就成了大洋国的法律。

特权部族关于司法方面的事务，应当这样进行：保民官是人民大会审理的一切案件的听审人。申诉或其他案件中应开始处理的诉讼与审理事宜都由他们照管。他们之中如果有任何一个人接受了这种案件，就应当由他提案。案件一经提出，人民集合起来进行决断时，保民官就担任法庭主席，有权维持秩序，并应坐在部族当中所设立的台上。台的右边有一个座位或大讲坛，由原告坐。台左边的座位则归被告坐。双方如果愿意的话，都可以请辩护律师。在这种场合下，保民官可以按照需要，由一定数目的管票员、秘书、门警和元老院信差随侍。其中一人将立好一个一小时的砂壶滴漏，但所计时间应达一小时半。沙漏打开以后，右边的当事人或辩护人就可以开始对人民大会讲话。如果有文件要宣读，或证人要查对，办事员就可以将砂壶滴漏关上，直到这两种事情进行完毕后再打开。右边的当事人在砂壶滴漏流出期间可以发言，但不得延长。右边的人时间完毕以后，左边的当事人在每一方面都可以和右边的人一样做。像这样听取了案情以后，保民官就可以将问题提交部族，用一个白箱、一个黑箱和一个红箱（无意见箱）来表决，断定当事人有罪还是无罪。计算票数后，如果发现多数票是无意见票，该案情就应当在次日第二庭中继续听审，问题还是根据前一天的方式提出。第二次的多数票如果仍然是无意见票，该案件就应当在第三天继续听审。但第三审时表决票将没有无意见票。在三天听审中，多数票出现在白箱中的那一天，被告就宣告无罪。多数票出现在黑箱中的那一天，被告就宣告有罪。被告宣告有罪后，如果是刑事案件，保民官就在下列或类似问题中将自己认为适合这案情的问题用黑箱与白箱来加以表决：

1. 是否发与缓刑判决票。

2. 是否处以罚金若干。

3. 是否将财产充公。

4. 是否应褫夺任公职权。

5. 是否应驱逐出境。

6. 是否应处以死刑。

保民官将上述各条或其中三条单独或适当地混合在一起提出后，在黑箱中获得过半数以上多数票的一条就是当事人的裁决，由第三联队的部队监督执行。

根据该共和国的通行法规看来，元老院的提案或人民大会司法案件都不至于多到使特权部族连续不断地工作。元老院的主要工作就是教导和训示人民大会，当他们没有重大事务分身的时候，就可以由骑士与官员中指定最能干的一人正式为特权部族举行讲演。也可以由传令官，经常指定人为特权部族讲演。当议会在城里时，讲演就在万神殿举行。当议会在乡下避暑时，就在林园或风景优美的地方举行。时间是每星期二上午或下午。

临时担任此职的传令官，首先应以最简单的方式把共和国的法令重复一下，然后就选出其中的一条或一条的一部分，向人民讲述。这种讲稿或讨论稿事后应由元老院仔细阅读，认为合适时，就可以印行。

执政官对本法令作了如下的解释。

"议员们：

"我十分希望对以上所宣读的法令稍微解释一下，我要简单地说明这种部族或会议的体制怎样完成自身的职能，以及他们的职能（即批准权或立法权，以及共和国的最高司法权）是怎样和自身的体制相配合的。马基雅弗利在一篇论文中提出了一个问题：自由的保障交给贵族妥当呢，还是交给人民妥当呢？他这一问题是由于词句解释不清而发生的。因为自由的保障只能是指共和国的批准权。所以如果说自由的保障可以交给贵族，这就等于是说批准权可以交给元老院。在这种情形下，人民大会就没有什么作用了。我可以证明这是错误的。如果说拉栖第梦的情形是这样，那么前面就已经充分地说明过了。但他认为威尼斯的情形也是这样。关于这一点，康塔里尼说过：'大议会是整个共和国和法律的最高权力所在，而元老院和官吏的权力则都是根据法律得来的。'[①] 根据所有知道那一共和国的情形来判断，自由的保障权在制度上属于大议会。只是根据上面所说过的理由，有时也由元老院执行。在这里，我用不着为了证明这样一桩毫无疑问的事，把两个共和国的情况再谈一遍。上面已经说得很清楚，两方面的批准权都操在人民大会手里。我国的人民方面或特权部族每年由大洋

---

① 见康塔里尼（Contarini）：《论威尼斯共和国及其官制》，第86页。

国各部族选出七个代表组成（其中三人是骑士）。但部族数既是五十个，所以每年选出的代表总数便是骑兵代表一百五十名，步兵代表二百名。特权部族中这种代表一共有三组，所以共有骑兵代表四百五十名，步兵代表六百名（各殖民省代表未计，以后另述）。通过这种方式，选举的优势仍然存在于步兵代表一面，他们多一百五十票。同时我们在真正的贵族的支持下，使共和国获得了前所未有的稳固的民主根基。所以在人为的或自然的方式中，便没有比这种会议更适合于操决定权的了。马基雅弗利引西塞罗的话说：'人民在犯错误或按照习惯行事时，是不大容易发现真理的。然而一旦有人指出真理之后，他们便不但马上会承认真理和拥护真理，而且会成为最坚定和最忠实的真理保卫者。'根据共和国法令的规定，各位有义务也有权利把人民当成套着皮带搜索猎场并钻入丛林哄起野物的猎鹰和猎犬。因为人民的性质是这样：如果没有人给他们哄起应猎的野物，他们就不会打猎。各位千万不要认为他们会停下来问问你情形怎样，也不要认为他们比猎犬或猎鹰知道得更少。各位应当像猎人放猎狗或养鹰者放猎鹰一样，立即把人民放出去飞翔或奔跑，贵族在这种狩猎中和人民的关系就是这样。罗马的人民当时所抓到的猎物是整个的世界帝国，但贵族却把尾巴一翘，和乌鸦一起歇在王国的塔顶上。因为，虽然他们一方面并不全都要求世界帝国，但同时大家又全都不愿接受补救的方法——土地法。

"但我们的特权部族不但有批准权，而且也是全国的最高审理机构和最后申诉机构。因为民主政府如果有意要使国祚长久，就必须首先保证使申诉权归人民掌握。李维说：'必须在人民大众之前告发官吏，并将叛国者取斩，将其财产充公。'① 一个人受托一宗财产之后，如果可以不负责任的话，就会占为己有。同样的道理，官吏从人民手中获得权力后，如果可以不对人民作呈述，就会假公济私，共和国也就会失去自由。因此，一切共和国长期以来的经验都肯定人民应掌握最高审判权（没有这种权力就不可能有民主政府存在）。如以色列的亚干②的情形，以及边雅棉族③的情形便都是通过会众审理的。雅典的人民大会由全体人民组成，人数太多，不能执行司法事宜，所以便另有最高法院或赫利亚亚（Heliaia）法院的组织。该法院有时由五百人组成，有时由一千人组成。案情大时也可以加到一千五百人。人员用抽签方式从全体人民中选出，由九个执政官任主席，会同一起审理该国中最重要的案件。拉栖第梦代表人民利益的官员监察官五人，可以审问国王。这一点在包散尼亚④与阿吉斯⑤两人的案件中可以看出。阿吉斯在这种法庭中受审时，他的母亲大叫要诉之于人民。普卢培克

---

① 见李维：《罗马史》，Ⅱ，8。

② 据《圣经》旧约《约书亚记》记载，犹太人支派中的亚干（Achan）取了当灭的物，上帝向以色列人会众发怒，使他们战败，然后使会众按家室前来，将取物者加以处理，用石头打死。

③ 据《圣经》旧约《士师记》记载，以色列人某人的妾被边雅棉（Benjamin）人奸污至死，后以色列人为此击败边雅棉人，并将他们一个个地在会众前处死。

④ 包散尼亚（Pausanias），斯巴达大将，希波战争中领军败波斯人于布拉提，但暗中又与波斯人私通。公元479年后他成为斯巴达王，但通波斯人事发后受到人民审判，后被饿毙。——译者

⑤ 阿吉斯（Agis），公元前244—前240时的斯巴达王，曾企图使斯巴达恢复旧制，成立寡头政治，后被人民审判，并被杀。——译者

为他所作的传记中就有这种记载。罗马人民的保民官的官职性质和斯巴达的监察官相似，有时人数也相等。根据哈利堪纳苏斯和普卢塔克的说法，这种保民官就是仿照斯巴达人的制度设立的。他们有权指定日期传任何人出庭。如果他自己要答复人民大会的审问时，他的官职至少就被取消了，因为独裁官的问题是不能上诉于人民大会的。比方科利阿朗奴斯打算在饥荒中禁发谷物，胁迫人民，便被取消了保民官的职位。此外，如S.卡西岛斯打算当暴君、M.塞尔吉乌斯打算逃到威伊族中去、C.卢克莱修打算抢劫自己的殖民省、J.西朗奴斯不经人民大会允许向辛伯利族作战等等罪恶都被称为危害国家罪。关于贪污或盗窃国家财物罪的控告与审理有以下各种事例，如：M.库里乌斯拦劫塞姆尼特人的钱，萨利纳托在士兵中分配掳获物不均，M.波斯特休米乌斯诡称船只遭难、欺骗共和国政府等。以上两类案件，性质都比较偏于公众方面。但私人性质的事情上诉也由人民大会审理，甚至在王政时期也是这样，如贺雷西的案件便是由人民审理的。威尼斯的情形和罗马并不两样。如元首罗利丹诺便被大议会判刑。在继罗利丹诺之后任元首的安东尼·格林曼尼身为海军上将，竟然让土耳其人在他的舰队前面夺去勒旁陀，也受到了大议会的审讯。

"然而，罗马的独裁官的事情是不上诉于人民大会的。有这类事情发生时，共和国受的损失就大了。比如S.莫利乌斯想做皇帝，设计陷害并败坏了保民官。因此，T.昆修斯·辛辛纳图斯被推为独裁官。他派塞维奴斯·阿哈拉做他的骑兵司令，并派他去逮捕莫利乌斯。莫利乌斯一方面反对独裁官的命令，一方面求人民帮助，这时阿哈拉当场就把他杀掉了。从这个事例中我们可以看出，独裁官在什么情形下能防止人民在没有提防危险的时候受到打击。所以威尼斯的十人共治议会中的问题便不能向大议会上诉，我们的军事参议会的问题也不能向人民大会申诉。用一句话总结起来说：我们的特权部族的进行方式与投票方式都是威尼斯式的。

"我们所进行的这一段讨论，使我们自然而然地从各共和国普遍具有的讨论机构（即元老院）和批准机构（即人民大会）转到了第三种机构，也就是执行机构，或行政官员机构。这一方面我无须多加讨论，因为我国的执行官员是军队方面的军事执政官和各部（如财政部、大法官厅）的中央官员、各种训令事项下的各种参议会、监察官（包括其本职并兼任宗教参议会议长）、特权部族政府及最高法庭中的保民官以及各法庭的法官等等。这一切的性质在上面都已经说过很多了，无须再说了。

"星期二为人民大会所举行的讲演或讲座，对于元老院、特权部族和整个国家说来是大有好处的。对于元老院说来，这不仅可以让元老院议员练习口才，而且可以使他们记住政府的体系。口才对于元老们说来是很有用处的。因为他们如果不懂修辞学（先假定这种艺术没有旁的用处），而去和另一个善于辞令的国家交涉或为本国辩护时，那么优势就会决定于这种技艺，而不决定于事情本身。同时，我国政府的灵魂与精神一方面贯穿在整体之中，同时也分布在各部分之中。任何人要是不了解整体的情况，便不可能决定各部分的事情。从这方面看来，这种讲座对特权部族显然也有好处。甚至特权部族中的人对于这种讲座会更加关心。我们的共和国是人民的财产。一个人虽然守正不阿，但要是不了解自己的财产状况，就会把它花光，或受人欺骗。最后，在这种情况下，公共财物就会被拿出来，你争我夺，弄得四分五散，整个国家很快就会像印第安人一样，喜好一些玻璃珠子，使政府被一些幼稚的幻想与奇怪念头所搅乱。要不然就会让自己的自由被夺去。我们这一时代的当轴诸公与贤者如果把共和国当成最荒唐的东西来耻笑，那么就会被人民认为在这一方面是一个白痴，否则人民就是没长眼睛了。"

关于元老院与人民的情形，剩下没说的就只有以下的一点了。

第二十四条法令规定：玛辟西亚依法可以自选三十名骑士经常驻在大洋国的元老院中，此外还在特权部族中派驻六十名骑兵代表和一百二十名步兵代表。他们对于共和国的事务具有平等的权力进行辩论和批准，并尊重他们的品质与人数。但他们应遵守共和国轮流任职的制度，每年改选骑士十人，骑兵代表二十人，步兵代表四十人。以上所说的一切对庞诺辟亚也能适用。两省的骑兵共一队，步兵也是一队。玛辟西亚省每年将选出骑兵队长与骑兵旗手各一人，庞诺辟亚则选出步兵队长与步兵旗手各一人。

特权部族的组织像这样安排好以后，自然就可以比之于月亮。这一方面是他们借元老院的光辉有如月亮借太阳的光辉；同时也是因为他们的赞成票与反对票就像潮汐一样涨落。元老院与人民大会的体制说完之后，我们就看到了大洋国议会的情况，其中包括着提议案的元老院和作决定的人民大会。两者结合就形成了全国议会的法案。所以说全国议会是心脏，包含着两个心室。一个心室较大，由一个较粗的心房补充血流；另一个较小，充满了纯洁的血液。它们在不断的循环中将大洋国的生命血液吸进来又送出去。因此，从这一点看来，这政府的生命不多不少就像人一样有死亡，但它也像地球一样不会眩晕。因为地球不论是就其自身而言，还是作为运转的天体而言，是绝不会眩晕的，反而是不转动就不能生存。试问这个政府通过运转为什么就不能恒常而稳定呢？除了这种稳定以外上帝在人类普遍的共和国中并没有订立任何其他的恒常与稳定。我们看到人生是一代接一代，交替不已，但大地却永存不朽。也就是说，不论它是不是围绕着适当的中心转，它总是处在适当的位置。根据以上所说的看来，元老院、人民大会和执行机构，或者说这三方面所组成的议会，就是这个共和国的保护者，也是所罗门美妙地描述过的妇人的丈夫。所罗门说："她好像商船从远方运粮来……她想得田地就买来，用手所得之利、栽种葡萄园……她觉得所经营的有利……她张手周济困苦人，伸手帮补穷乏人。她不因下雪为家里的人担心，因为全家都穿着朱红衣服。她为自己制作绣花毯子。她的衣服是细麻和紫色布做的。她的丈夫在城门口与本地的长老同坐，为众人所认识。"①城门可以说是以色列长老议事会或元老院的分院或下属部门。我们的共和国作为一个家庭主妇来说，并不比她更差，对官职的关心也不更少。这一点从下面的一条法令就可以看出。

第二十五条法令的条文说：上次内战已将国库耗空。消费税既可增加岁入一百万镑，今后十一年间将继续征收，以便填补亏空，并供养行政官员、骑士、代表以及其他公职人员。他们将按照自己的地位每年领取下列数目，以便供养本身：

军事执政官在行军时另付将军薪俸。

---

① 见《圣经》旧约《箴言》编，第31章，第14等节。

	每年镑数
军事执政官（平时）	2000
传令官	2000
三个法政监督吏	4500
三个财政监督吏	4500
两个监察官	3000
二百九十个骑士每人五百镑	145000
四个大使	12000
军事参议会情报费	3000
典礼长	500
查马官	500
副查马官	150
十二名管票员冬服费	240
夏服费	120
膳宿费	480
三辆国家马车、二十四匹马与马夫以及驾车人等的维持费	1500
查马官所用十六匹大马的粮秣、马夫薪饷，以及所属并训练骑术的管票员的薪饷	480
国家议会二十名书记	2000
二十名门警（兼管战斧）服装费	200
膳食费	1000
二十名信差（管吹号）服装费	200
膳食费	1000
青年集会装饰费	5000
总数	189370

百代表辖区中的成员死后捐给辖区集会的钱财如果不超过四十先令，就将征收其动产的百分之一，直至辖区集会的实际收入每年达到五十镑为止。这笔钱将用作青年奖金之用。

十二个管票员将根据元老院的会议组织分配到三个同届选任组中去。第一届中的四名管票员在年度循环选举中，由该次选举的骑士所提出的儿童中选出，年龄不得低于十一岁，也不得超过十三岁。选拔时由议会警官在万神殿设瓮抽签决定。共和国的差役号衣的式样与颜色可以在军事执政官改选时由执政官根据自己的喜爱更换。但每个骑士在任职期间都应当为他自己的差役或某一个差役备办共和国号衣。

特权部族的收入如下：

每星期镑数

骑兵保民官二人	14
步兵保民官二人	12
骑兵队长三人	15
骑兵旗手三人	9
步兵队长三人	12
步兵旗手三人	7
四百四十二名骑兵每人二镑	884
五百九十二名步兵每人一镑十先令	888
六名号兵	7镑10先令
三名鼓手	2镑5先令

每星期总数 1850 镑 15 先令

每年总数 96239 镑

全部元老院、人民大会与执行机构总数 ………… 287459 镑 15 先令共和国官员以及许多官职的辅助人员与职员等根据上述规定取得俸给后,消费税与支出后的盈余以及这笔款项的利息应由元老院与人民大会的财务人员妥为处理,直至余款达到八百万镑,或足够购置四十万镑净收入的财产时为止。这时十一年的时间已经过去了。如果元老院与人民大会没有其他命令规定,就将全部免除消费税,并永远取消这项税款。

根据这一建制法规,税款(将在结论一章中详细阐述)减少了一半左右。这样一来,当这一法令开始试行时,就将受到人民欢迎。其实开始时的利益和住后将说明的利益仍是不能相比的。然而埃皮蒙奴斯议员已经是好不容易地等到现在了,他发现这正是发作的好机会,于是便像冲出了疯人院似的说:

"执政官先生:

"我耳朵里就像有一个车轮在吱吱乱叫,我的头简直感到天旋地转。有些人竟然那样高兴,让人有苦说不出。如果那些趾高气扬的特权部族和这些游手好闲的步骑兵保民官竟然能不把军事执政官和传令官的头砍下来,然后在天下人面前把它们绑在一起,那就让子孙万世耻笑我好了。像我们这样一个共和国,如果有人在忏悔节的风潮上到这里来当学徒,[①]学习古代司法制度,那么这里就成了贵族国家。实际上你已经让这一群暴徒拿上了棍棒,而国家的贵族则像一群长着紫红色颐肉的公鸡,他们的薪俸

---

① 伦敦在古代有一种风俗,每逢忏悔节的星期二,各城市的学徒一律放假,并纵情喧闹。鼓动邻近口角争吵,使成斗殴。甚至公开决定大众事务,成群向议会请愿。——译者

就像头上的黄金鸡冠,显得大有油水,似乎是生怕人家不用棒打他们似的。①

"在闹鬼的时候我是一夜也睡不着。有一夜睡不着是因为这些贱奴正在用六呎棒②量丝绸,另一夜睡不着是因为他们把财政部长的金雅可布③拿着往油腻的袋里塞。他们人数有一千以上,拿着武器的也有三百多。他们把长袍从身上一脱,身上就只穿着紧身和长袜。但我为什么要说一千人呢?每一个部族都有两千,全国一共十万。他们不但采取了部队的形式,而且在内政方面的职权也足以任意地给我们定法律。大家都知道,下等人什么也不管,只认得钱。你们说立法者的责任,是假定所有的人都居心不正,他们既成其为一支军队,因之也就必然会抢劫富人。你们还生怕他们在这样胡作非为的时候心里会害怕,所以便鼓励他们说有捷径可循。因为他们运用选举中所取得的压倒优势就可以为所欲为了。这些地区的中心启柏顿地方每年都举行一种市集。那儿本以酒著称,许多好事之徒都爱往那里去。我国的笛子手和琴手都到那里去集会演奏(拉栖第梦人的元老院连笛子与竖琴的曲子都要管,那儿有没有这种风俗我可不知道),并召集奔牛会④。谁要是抓住了那头牛,就成了那一年的市民会议的最高行政长官,被称为

---

① 英国有一种"棒打鸡"戏,此处借喻人民向贵族进攻,是一种残酷的事情。——译者
② 英国乡下农民用的棒,两头用铁包着,此处极言攘夺之乱。——译者
③ 雅可布是英币制名,铸于詹姆士一世时代,值二十至二十四先令。——译者
④ 奔牛会是英国古代一种野蛮的娱乐。参与者将牛的耳朵、角等切去,然后加上胡椒。谁要是能抓住牛和剪下一绺毛就可以得奖。——译者

笛子王。不得到他的批准，任何公民都没有从事自己行业的自由，同时也不能获得公民资格在该市的巡行会中牵猿或牵熊。启柏顿地方的牵熊者是一个酒店老板，而且是足球赛和斗棍术的提倡者。据我所记得的，他历来就是这种会的秘书。我要指明，大事都是从小事起的。有什么东西能阻止这种笛子王和秘书以及他们的忠实部下——琴师和耍熊的人，不把诀窍告诉那些一心只为自己打算和贪图金钱的人呢？各巡行会都要依靠典礼官。人们将委托典礼官对所有的部族下指示，希望并命令他们，为了本身的利益，下一届的第一动议人只选最有技术的棍击手和足球员。这一点一传出去马上就能做到，所以第一动议人就不包含其他人物，而且必然会选到涅布龙或加利莫弗利部族①中来。这样，你们的元老院和特权部族便都是猪嘴巴里长出的象牙。其中大部分是铁匠，一定会趁热打铁，把你们的地产都打成了平头钉。耍熊的人就会当军事执政官，笛子王就会当传令官。议员们，这一席话本来可以换上另一种说法。但这种说法也是一种凭良心的说法。根据你们的方式，人类的智慧就不能防止这类流弊。但这些话如果是一种数学的证明（我曾经请教过艺术家），我倒可以跪着向你们请求，在事情还没有过迟以前，我们最好能恢复一些清醒。

"如果我们为了这些排场、薪水、马车、仆役、书童等等把钱都花光了，人民岂不会说我们把元老院和人民大会的成员收拾打扮起来只是为了陪着小姐太太逛公园吗？"

跟摩西一样和善的执政官提出了以下的答复：

---

① 原字指乌合之众。——译者

"议员们：

"虽然有上面这一些话，但我仍然看见埃皮蒙奴斯每天晚上陪着太太小姐逛公园。年轻人这样做我并没有指责之意。对女性所具的和应当具有的尊敬也不是我非难的问题。女性占人类大家庭的一半，没有她们另一半就不可能存在。然而，我却怀疑我们最老的行政官员怎样能完成这一任务而又受人感谢。古话说，受到人家服务而不表示感谢是要处以死刑的。因此，在这一方面我们并没有要他们承担什么义务。如果大家觉得合适的话，这些事情已经交给他们自己的命运和判断去决定了。我虽然不能赢得埃皮蒙奴斯议员的尊敬，但我知道他是很爱我的。关于这一问题我却要说，假如他有一个情人像这样对待他，他就会觉得人生很可悲了。要不然我倒要请各位议员来说说，像这样一位朋友，把笛子王的政治拿来和我相提并论，我又怎样能对他生气呢？我不否认，笛子王可以教会熊跳舞。但熊的辨音能力是所有动物中最差的。他必须使五十个不同部族步调一致，而且要两年不乱，否则就没有用处。这事情叫他答应只是一个小问题而已。但我却认为这是不可能完成的演奏。第一，这是由于动物的性质；其次，这是由于投票的性质。要不然的话，原来他认为很困难的事现在就变得容易了。但他会这样想：在出发执行任务的时候，他们会把票球拿来当苹果吃掉。但是由于这里的体制不同，他们所遇到的障碍将比我所亲善的那个共和国或任何其他共和国中更多。现在事情很清楚了，这位议员的话都是有的放矢，他的目标只是要证明我国优于其他国家。当他继续往下说时，这一点就愈加清楚。据他说来，似乎只有铁匠才会被人民选出来。他们是：

雷神、战争和光着身子的火炉工人。

像以色列的俄陀聂、以笏、基甸、耶弗他和参孙;[1] 像雅典的弥提阿狄斯、亚立司泰提、特密斯托克利斯、赛蒙和伯利克里;[2] 像罗马的帕皮里乌斯、辛辛纳图斯、卡米卢斯、费边、西庇阿[3]。我们共和国的财富的铁匠,不会像那种打好的平头钉(笨蛋之意,兼指上文趁热打铁一语。——译者),而是一些霹雳火。民主选举的性质使得世界其余部分在人数和光荣上都不能和这三个共和国相等。那些人诚然是最出色的击棍家和足球员。光辉的军队就是他们的棍棒,世界就是他们脚下的球。所以我们理解上面所说的立法者的格言——所有的人都居心不正——时,就不应当认为是指全人类或共和国。这两方面的利益就是唯一的准绳,其他不正的东西都应当根据这一准绳校正。这话所说的是:不论哪一类自命独树一帜的个人和团体,都应当以整体的利益为准绳校正自

---

[1] 以上五人都是以色列人的士师,他们到迦南地方以后,前后一共有十五个士师,这是其中较著名的几个。——译者

[2] 以上五人都是雅典执政官。弥提阿狄斯和亚立司泰提是希波战争中的名将,战胜波斯人后任首席执政官。特密斯托克利斯是亚立斯泰提的政敌,主张建设海军,他们两人的斗争反映了当时跟海上贸易有关的商人、手工业者与地主贵族的矛盾。赛蒙是亚立司泰提的儿子,萨拉密斯之役领舰队击败波斯,后又领导贵族击败特密斯托克利斯而成为主要政治人物。后被流放。伯利克里是奴隶制时代雅典著名的民主政治家,执政时代深受人民信仰。——译者

[3] 以上五人都是罗马的首要政治家,前三人是传说中的执政官,费边是一个贵族家族,其中最著名的是布匿战争中击败汉尼拔的昆都斯·费边·马克西谟斯·维罗科苏斯。西庇阿也是一个大家族,其中最有名的一人是西庇阿·阿非利加奴斯,早年任西班牙总督,后征服新迦太基,并领志愿军在非洲击败汉尼巴。凯旋归罗马后,因受政敌攻击而退出政治舞台。——译者

己。所以就有一个推论说,贪得无厌的人是贵族而不是平民,这一点已经得到一切经验的证明了。那些拦路抢劫的人不是从事各种行业的人或习于勤劳工作的人,而是那些教养可比于士绅的人。埃皮蒙奴斯议员是一个守本分的人,他不知道格言是为非作歹时所必不可缺的。有一个千真万确的事实是:如果钱袋不比匪盗多,那么窃盗就会被迫改邪归正,因为他们在那一行中吃不开了。假如人民要变成匪盗的话,谁又看不出那时的匪盗会比钱袋多呢?因此,整个民族要变成抢匪或劫富济贫的人,无论从目的还是从方式上讲都是不可能的。但我认为上面所提的那位艺术家,不论是天文学家或数学家都没法告诉我从地上到太阳究竟有多少巴来(三分之一呎。——译者)。但只要他已经被叫去数去了,心里就会感到满意。说到这里,这一问题就可以结束了。立法议员们就像是认为我掌舵不行似的,让我在永远平静的海面上去飘扬我的旗帜。这一点我已经斥责过了。但埃皮蒙奴斯议员却时常吹一些风到我的帆上来,并且把水面激动一下。一只船如果不受到波浪的猛力冲击,并且冲击过对着它冲来的波浪,它就不可能前进得那样有力。在冲击的时候,我在黑暗中看出甚至从海水本身放出了光芒。[1]在我们的会上,埃皮蒙奴斯原来打算向我们证明某一种东西,但实际上却证明了另一种更好的东西。也就是说,我国的人民在每一个部族的年度花名册上长老达到两千,青年也有两千,总加起来构成全部族人口的五分之一;那么全部族的人除开妇女

---

[1] 古代根据亚里士多德的《动物学》产生了一种传说,认为海水可以发光,但由于被上面的泡沫遮住了,所以才不见光。如搅动使泡沫沉下,即可见光。

和小孩不计,就将达到两万人。全国部族既然有五十个,总人数便有一百万人。现在区既然有一万个,我们不妨按每年每区一千镑净地租计算将地区与人数来对比一下。全国的收入或将田地出佃后的地租,将达到一千万镑。一千万镑的收入由一百万人分配,每人每年只摊到十镑,他就要靠这个收入来养活自己和妻室儿女。但是在公地上有一头牛,每天靠劳动赚钱吃饭的人,收入比这份土地分配给他自己的要多一倍。因为土地这样分配以后就没有人去叫他工作了。埃皮蒙奴斯的听差花去他的钱比一个人在那种情形所挣的多三倍。叫那听差这样做的话,他自然就会吃亏了。但有许多行业中的人非但比分得好土地的人生活好,而且自己也成了大地产的购买者,试问这又怎么说呢?埃皮蒙奴斯先生要证明,一个国家(至少是我们这个国家)的工业收入比单纯的地租收入要多三四倍,他所指的是不是这一点呢?因此,如果人民妨碍工业,他们就妨碍了自己的生活水平。但如果他们要发动战争,他们就要妨碍工业。如果像罗马的贵族一样,把面包从人民口里抢出来,就一定会发生战争。在那种情形下他们就会成为平均主义者。但我们的土地法则可以使他们的工业流出牛奶和蜜糖。有人也许会说:

> 如果农民知道自己的财富何在,
> 那将是怎样地幸福。

如果让人民理解自己的幸福,这一点自然是正确的。但哪里的农民能理解自己的幸福呢?我倒要用类似的问题来答复:哪里的农民不能理解自己的幸福呢？在法国、西班牙和意大利，他们似乎是不知道自己的幸福。那么我们不妨把原委告诉他们，然后再看看谁的看法更正确。但在日耳曼最近的几次战争中，我听说当人民有面包吃的时候，各王公绝无法使他们从军。所以他们才让国家时常受到洗劫，以便取得兵员。你可以看出，这就是人民的脾气。日耳曼各邦如果已经证明是最明智和最稳定的政府，而任何人在军队里又举不出例子来证明一般的士兵由于得不着长官的薪饷就发动兵变，那么我们为什么要认为特权部族会因为元老的薪俸高而把元老的头砍下来绑在一起？其实一个国家的人民和一个军队的士兵都知道，世界上任何国家都不可能使他们的收入和元老相等，正如同普通士兵的薪饷不可能和长官相等一样。对于一个普通士兵说来，如果他们凭品质可以当上长官，他们就很满足了。特权部族的成员和元老的距离比那更接近，他们自然就更加会满足。

"如果埃皮蒙奴斯认为我们的薪水太高了，共和国不善持家；那么她究竟是让全家不盖在雪底下就算善于持家呢，还是要让家里人把房子烧掉来烤火才算善于持家呢？因为这两种情形总会出现一种。如果人们以继承地产的方式每年取得一千镑或两千镑的报酬，你是不是认为共和国就占了便宜呢？如果说他们像那样就能比现在更圣洁，那是没有人相信的。如果这一点不能保证，那么时至今日，我们纵使不能找出方法来治好他们那种可咒的贪婪，至少也要想办法把他们约束一下。从另一方面说来，如果一个穷人（可以援救城市的那种穷人①）为公众流汗，那么你让他和一家

---

① 参看本书 97—98 页。——译者

大小在平常年景挨饿，心里难道说得过去吗？但是利益沾上手的人就不会自己放手让它失掉。共和国要是看重这些就是刮小钱了。以色列的长老议事会既是最高权力机关，一个常设法庭选出来之后就有很多油水。雅典的投豆元老院由于是一年一度的，所以薪俸很少，但阿留波阁议员是终身职务，薪俸就很优厚。拉栖第梦人的钱很少，用钱的地方也很少；他们的元老所得的好处就是终身享受名誉。罗马的贵族因为得不着利益，所以便把一切都抢走了。威尼斯的情形是，人们根本不出门，只走到自己的门口来接差事，那样的报酬很小，但荣誉却很大。而荷兰的国家参议员每年都有一千五百弗来铭镑，其他利益还未计算在内。议会议员薪俸更加优厚，那个共和国比我国更加应当爱惜小钱。

"方才已经说过，我国的收入除开工业以外共有一千万镑。而全部薪水每年却不到三十万镑。这一笔钱将使共和国大大地美化。人民都高兴自己的共和国能观瞻壮丽。同时，像这笔钱也能极为有利地鼓励人们研究公众事务，而且对于行政官员所提供的待遇也是十分光荣和舒适的。像这样一笔钱，甚至是两倍于此数的钱，如果是花在打猎或家用方面，就绝不会受到人民的抱怨。我站在这里谈这一套，自己也感到害臊。这真是太不足以登大雅之堂了。我国的行政长官甚至还应当得到更优厚的报酬。请问如果在气候多厉的时候又怎么办呢？他们将搬到哪里去呢？这个城市纵使在最合乎健康的时候也由于天气太热而不宜居住。你既然把自己的健康托付给他们了，那么对他们的健康就应当好好注意。我个人认为，元老院和人民大会每年从6月1日起，都应当搬到乡下去换空气三个月，除非他们自己反对。乡下的房子比特别建造的避暑别墅还要好。离城十二英里的地方，在哈尔昔翁尼亚河上有一个足以容纳一千人的康瓦利安宫，可供步骑兵保民官和人民大会之用。离城二十英里处有塞利亚山，以古迹和碉堡坚固著称，完全可以用于元老院会议。提案官住在康瓦利亚宫，步骑兵保民官则住在塞利亚山。这样便刚好相当于元老院与人民大会之间的关系。提案官由于有国家马车和职员陪同，此外他们自己还有其他便利条件，所以行走五英里或十英里不会有很大的困难。这些人的住址离人民大会指定为会址的丛林或田野不会更远。人们在这儿办完事之后就可以自己去打猎（我主张把哈尔昔翁尼亚的大围墙围住的公园划归中央长官，康瓦利亚宫附近的公园则划归步骑兵保民官），并在那里进晚餐。议员们，大家应当注意不要让人家把这些建筑拆掉卖铅皮，如果你考虑到了的话，就会发现人们是不会饶过这些铅皮的。希尔拉地方创立学校的人规定：学童们应当有一个暑期学习所。大家对于行政官员也应当同样爱护。但我国竟然有这样炽烈的卖物之风，有这样浓厚的犹太人作风，所以我就不知道人们将怎么做法了。只有这样一种做法，即使人人知道哪些东西是属于共和国的，并且知道所有的民族在这种情形下都是何等留心地保护自己的风景古迹，唯有这样才能看出最近的浪费。城市附近本来为了健康和游览保存了许多森林，但人们却砍下来，三便士卖掉了。这种事情就告诉你，动手干的人是不能建成共和国的。我国无与伦比的城堡和古迹被毁，也都莫不如此。这种事情纵使是为宗教的缘故做的，也不能原谅。诚然，上帝是不会住在人工建筑的屋子里，但聚会却只有在这种屋子里才能举行，而这些房子则是建筑得最好的。如果说这些房子太华丽，因而就亵渎神,不适于敬神,这也是说不通的。因为原始基督教时期的教徒一致都选择神殿集会,而他们却绝没有打算把神殿拆下来。"

上边所说的本共和国的各项法令,全部或几乎全部是关于长老的。其间还有几篇议会讲演,可以作为诠释,帮助理解。读完这一切之后,现在就应当放下长老,谈谈青年,也可以说是放下这种政府的内政制度,谈谈军事制度。但我认为在这儿最好先插进来谈一谈市政府,虽然目前只能略微提一提。

大洋国的国都一般都称为安波利恩(Emporiam),其实无论从名义上还是从管理上都包含着两个不同的部分,另一部分称为希尔拉。因此,我将分别加以讨论,现在先谈安波利恩。

安波利恩以及特辖区①共分两部分,一部分是中央政府,另一部分则是市政府。中央政府部分分成三个部族,市政府部分分成二十六个部族。为了彼此区别起见,后者称为区,由前三个部族统领,但统领的数目并不完全平均。第一部族统领十个区,称为斯卡松(Scazon)。第二部族统领八个区,称为麦托克(Metoche)。第三部族也统领八个区,称为特利科塔(Telicouta)。如果能把这几个名称记住,便有助于更好地了解这个政府的组织。

每一个区都有一个区公所,也就是法庭或审判厅,由穿着区同业公会制服的人员组成,他们都住在本区中。

穿区同业公会制服的人如果具有地位,都按各区制度和古代习俗穿长袍,戴花头巾,围肩巾。

---

① 指威斯敏斯特区。该处的行政与司法古时由特封伯爵管辖,故称特辖区。——译者

同业公会是操同一行业的人的公会，由一个会长和许多干事根据会章管理。公会的数目一共有六十个，其中有十二个比其他公会的地位高，即绸缎商、食品商、布匹商、鱼商、金匠商、皮革商、缝纫匠、百货商、盐商、铁器商、酒商、服装商等。他们和大部分其他行业有公会大厅，其中有许多还是年代悠久的壮丽建筑。在会长或干事的召集下，他们经常在这里开会，商讨各行业的管理问题。往下就要说明，这些同业公会就是整个市政府的基础。因为同一区中穿制服的公会会员在区公所开会，一切破坏城市习惯和违犯市政法令事宜都由他们审理，然后呈区参议会裁定。他们还有权选举两种官员，一种是区长老或区参议员，另一种是区代表，后者在其他场合都称为市议会议员。

各区在这些选举中，由于人员不是一次选出的，而是一年选出一些，第二年又选出另一些，所以就要遵照三个部族的不同情况进行。比方说：斯卡松部族管辖十个区，第一年便选十个区参议员，每区一人。同时还要选一百五十名代表，每区十五人。这些都是三年一任的官职，也就是说，官职任期是三年。

第二年，包括八个区的麦托克族选出区参议员八人，每区一人；代表一百二十人，每区十五人。这些也是三年一任的官职。

第三年，包括同样多区的特利科塔族也选出同样数目的同样官员，任同样长短的任期。所以区参议员的数目按区算来便一共有二十六人，而全部代表则有三百九十人。

像这样选出的区参议员具有各种不同的职权。首先，他们是治安推事。根据选举他们就有这种职权，在被选期内也一直任这种职务。第二，他们是各该区区公所的主席和长官。最后，他们聚合起来就成了市上议院，也称区参议会。但财产在一万镑以下的人不能当选。这议会在每次重新选举时，都由自己的人中选出九个监察员。

区代表按同法聚合起来以后，就组成了该市的特权部族。这种部族在其他场合都称为市参议会。通过这种方式，市的人民大会和上议院便好像是在中央政府的巨轮推动下，配合到每年一选、三年一选和永远运转不息的制度里去了。

在职公会会员除开上述按区划选举的权利以外，还可以在市同业公会大厅集会，组成另一议会，称为市下议院。

市下议院具有两种选举权，一种是选市长，另一种是选每年一任的市保安长官两人。市长必须从第一级的十二个公会中选出。市下议院按多数票选出两人，呈送现任市长和区参议会，由他们遴选一人。后一选定过程也称为遴选，虽然和全国的遴选并不相同。传令官或市长主持法庭时的助手是区参议会中选出的能干人，称为安波利恩文案局长。

市长这样选出以后，就具有两种职权。一种是关于全国的，另一种是关于本市的。在后一方面，他是区参议会的主席，有权任意召集这一议会以及其他市会议，如市下议院，或市参议院等。关于前一方面，他是市区所划分的三个部族的总指挥。其中有一个部族在全国集会投票选举时，应由他亲自率领。他的助手或市保安长官则在另外两个选举亭中指挥另外两个部族。当选监察员的九个区参议员就应当每个部族分配三人根据前面为农村部族监察官所规定的法规主持会场。城市部族只有一个共同的部族议会，即区参议会和市参议会。因此，他们的首级官员的第一名单便不是在选举会上选出的。

市政府像这样更换，除开能和国家制度相符合以外，还有许多好处，我只打算举几个。第一，以往的政府中官职是终身的，但人选却不是由于他适合这一职位，甚至正是由于他不适合才选出来。至少说选出的也是那些不愿担任官职的人，因此，这对他们的安适生活便是一种很大的惩罚。但人们现在任官职时却可以享受公众所应享受的平等待遇，而私人生活又不致受到很大的妨碍。第二，市中以往贵族或区参议会通过法案的方式可以说是强迫式的。因此，议案便常常引起一片争吵，同时也产生了民众部分或市参议会实行辩论权的必然后果。今后规定辩论属于区参议会，决定权属于市参议会，于是便从根消除了分歧。安波利恩市的情形就目前说来已经谈得差不多了。

至于希尔拉的情形则是这样：有关中央政府的共有两个部族。第一个称为亚哥利亚（Agorœa），第二个称为普罗波拉（Propola）。至于十二个区的具体制度则是这样：每一区分三间，每间分四里。第一间在第一年选出市委四人，每里一人。第二间在第二年选出市委四人，每里一人。第三间在第三年选出市委四人，每里一人。这些人都是三年一任的官员。这十二个市委组成该市政府的一个议会。根据全国议会法案对他们的指示，也同样是每年一换，每三年一换，永远轮转不息。

这一议会这样组成以后，就选举各种官员。首先选的是市议长，通常都是选举有品德的人。这一官职由市上议院选举，由这个议会遴选。他们还选出一个能干的律师来做他的副手，掌握议会。最后，他们还从自己的人中选出六个监察员。

市议长是两个部族的司令官。在国家选举会议上他亲自领导这两个部族，他的副手在另一个选举亭中领导另一个部族。市议会中选出的六个监察员每部族三人在瓮前主持。这些部族没有其他的部族议会，只有这个议会。

关于安波利恩以及希尔拉的选举与投票方式可以用一句话总括起来说，它们是遵照前面所提各条法规用投票方式进行的。

至于国内其他城市与自治市的政策都和这一样，再提出来讨论便是冗繁而不值得的，同时我也不敢多谈，因为青年人的队伍在发出光芒。

现在让我按照共和国的方法回到它周围轨道的剩余部分来，这就是军队和殖民省的组织。它的军队中除开军事执政官、将军和作战军官以外，都是由青年组成的，殖民省组织则是由青年与长老混合组成的。

先谈青年或军事组织，这是共和国必须密切注意的部分。人类是自然的魔术唤起的精灵。如果自然没有安排妥当的话，在它把人派去做某种良好和有用的工作时，他就可能喷出火焰来，把城堡烧掉。因为有生命的地方就有运动或工作，而怠惰的工作就是恶，人并不是对一切东西都怠惰。但勤恳的工作则是健康，为了使人们勤恳地工作，共和国就必须及早采取措施，否则就太晚了。而促使人们勤恳工作的方法就是教育。这就是政府琢育人才的艺术。但这方面的经验往往是很令人失望的。有些是由于疏忽，有些是由于在家庭教育中受到溺爱（结果总是一样，后者甚至更坏），以致使无数的儿童受到父母的纵容而走向完全毁灭。在每一个毁灭的儿童身上，共和国都失去了一个公民。因此，政府的法律不论是怎样健全，如果人们的教育中一切都使他不能喜爱法律，他们就会唾弃法律。一个人的子女的教育不能完全交给他自己。从李维的书中就可以看到，布鲁土斯的子女在王国之下受教育以后，对罗马共和国就表示轻蔑。他们说："国王是一个人，当你需要法律和不需要法律的时候，都可以和他说。他对于正确的事情非常高兴，他发怒也不会发在不相宜的地方。他能鉴别忠奸。但法律却是死的东西，无法区别君子与小人。人们有了法律也不能感到高兴，因为他要是完全相信自己的无辜，他的生活就会十分悲惨了。"① 这真是狂诞不羁的黄口小儿！但从另一方面说来，当西庇阿②还是一个二十二三岁的孩子时，听到罗马贵族缙绅由于汉尼巴在康奈地方打败了罗马兵，十分惊慌，大家鬼头鬼脑地在商量，准备席卷财产，逃出罗马。这时他把剑拔将出来，堵在元老们会商的议院门口喝道："谁要是不马上起誓，不逃离罗马，我就叫他的魂魄离开他的身子！"③ 谁要是想拥护王政、反对共和，那就请他来辩解吧！世界上绝不会有这样愚蠢而又邪恶的人，以致全无心肝地说布鲁土斯的儿子的教育比西庇阿好。共和国的青年除开曼利阿斯④之外，都是像这样琢育的，只是一般没有这样好就是

---

① 原语见李维：《罗马史》。据传说，罗马早期历史中的塔昆王朝最后被布鲁土斯领兵推翻，但布鲁土斯的儿子企图使王朝复辟，后为布鲁土斯本人所杀。

② 西庇阿·阿非利加奴斯，出身共和国贵族家庭，曾于非洲最后领兵击败汉尼拔。作者举此例意在说明王政时期与共和时期教育不同，结果也不同，参看第49页注⑥。——译者

③ 见李维：《罗马史》，XXII，53。

④ 见本书第15页注④。——译者

了。政府的清明与否和青年的教育是息息相关的。一个秩序良好的共和国经常把青年的教育事宜交由行政官员处理，这是不足为奇的。伊索克拉底斯曾称颂阿留波阁的议员们，说他们正像这样完成了这种任务。他说雅典人不把法律写在没有生命的墙上，也不满足于为罪行定下惩处办法，而是以教育青年的方式加以预防，使得无罪可罚。他所说的是关于礼仪风俗的法律，而不是关于共和国的管理的法律，否则人家就会认为他跟色诺芬、波利比乌斯等人冲突了。拉栖第梦的儿童在七岁时就送给校长。这种人不是用钱雇来的，而是国家的官员，他们要向国家负责。在校长的抚育下，长到十四岁时，就转交给另一种名为贝地艾伊（Beidiaei）的官员，他专门监督游戏与体操。其中以监督普拉坦尼斯塔的人最著名，这是一种结队的格斗，可是有些过于凶猛。当他们达到服兵役的年龄，就在摩拉中列名，随时准备在将军的统领下服兵役。但罗马人的百人团和六个等级中的教育却是大洋国在自己的三级部队中更为关切的教育办法。这三级部队是几个阶段，青年在军队中开始，通过这些阶段来取得官职。这一点从下述法令中就可以看出。

第二十六条法令规定：父母如果只有一个儿子，那么教育事宜便完全由父母掌管。但本国各部族中都建立了或将要建立免费的学校来教育这类儿童。这种学校为了要使学生在迁移时不受到妨碍，所以每一座都由部族监察官加以严密监督。一方面是监督教师的生活与教学工作，同时也是监督学生的熟练程度。其办法与制度完全根据希尔拉的标准。如果父母的儿子不止一个，那么他们要是不把儿童在九岁以前送到部族的一个学校中去，族长就应当加以谴责和处罚。送到学校后，如果父母有力负担，就由他们自己供养；如果无力负担，就免费供养到十五岁。达到十五岁以后，父母就可以根据儿子的志愿和能力抉择儿子的前途。他可以把他送去学某种行业，也可以把他送到四大法学院、平衡法院或国内其他大学去深造。但送到这些地方去的人如果不从事该处的正当职业，就不能居留到十八岁以后。他如果到了十八岁还没有从事或熟悉法律、神学或医学的工作，同时又不是奴仆，就可以加入各级青年部队，其中不收留任何其他人，除非他原先本在从事某种职业，但由于其他原因而放下了。在这种情形下，只要能证实他放下的时间不过长，不是故意在逃避共和国的任务，那么他在二十三岁至二十四岁以前便可以请得所属部族议会同意后，重新从事这种职业。但他一旦能自由处理自己的事情，就应当马上自动决定进入该行业。本国如果有任何青年或其他人由于办事、观光或求深造，想到外国去旅行，那么他只要从全国议会的监察官那里取得了护照就是合法的。护照上将为他规定一个方便的期限，并介绍他去找大使。大使将协助他，而他在当地就应当尊敬并服从大使。每一个青年旅行归来以后就应当自己写一篇论文送交监察官，说明他所到国家（或几国中的一国）的国家性质与政府形式。这种文章如果写得好，就可以由监察官加以印行，并附以对作者的嘉奖。

每年12月以后的第一个星期三，每区的全部青年，也就是十八岁至三十岁，未被本法令上一部分除外的人，听到钟声以后都应当到各教堂去。到这里以后，便在监督员的监督下集合。会上的选票由监督员管，治安员则主持票瓮。后者将按照长老的方式在全体人数中每五个人选一个。但兄弟两人中当选者不得超过一人；兄弟达四人以上时，当选者不得超过兄弟数目的一半。选出的人担任青年代表。像这样选出来的代表名单由监督员登入区名册，并作为案卷妥加保管，选出的人称为第一级部队。任何人的财产根据法律的规定如果足以备马，或友人愿意资助其备马，就可以成为骑兵，其余的就是步兵。凡属在某年列入名单的人，未经过一年间歇，不得重新当选。

每年1月以后的第一个星期三，青年代表都在各百代表辖区会场集合。他们将在陪审员监督下开会，并由他监票，由保安长官主持票瓮，在他们部队的骑兵或步兵中选出队长一人和骑兵或步兵旗手一人，以便指挥全队。陪审员将百代表辖区名单录入案卷，存在本区会场妥加保管。选举完毕后，本共和国的第一次公开竞技将按下列方式揭幕并进行。每个百代表辖区的会场都有一门加农炮、长炮或萨克炮。奖品武器都是由本共和国的老武器手制就的。事先还在安波利恩塔上展览、试炮，以便证明它们是否保用，是否美观。然后由各百代表辖区的治安推事展出。该治安推事和陪审员就是竞技会的评判员。骑兵如果骑在马上射中目标，评判员就将赠与价值二十镑的武器一套。短枪手射中目标的，将赠与一套价值十镑的武器。毛瑟枪手射中目标的将赠与一套价值十镑的武器。炮手如以加农炮、长炮或萨克炮射中目标，就将奖以价值十镑的银链。但在一次竞技会上每人得奖不得超过一次。得奖者中签任职时应佩带奖品。像这样获得的武器不得出售或赠送，但在多次竞技会上以合法方式获得一种以上的武器者不在此例。

竞技会结束后，集会就解散。骑兵或步兵队的队长将拿着一份名单去见部族保安副司令。保安长官则拿着一张复写名单去见首席治安推事或集会总监。这份名单还将传给监察官。每一张名单都由陪审员在独子的名字下注明一笔，证实名单没有逃避现象。如果不是独子，则在逃避者名下注明一笔，以便部族议会与监察官提出责罚。

每年2月后的第一个星期三，保安副司令、首席治安推事、监察官和会场指导员将在部族会场接待部族青年集会，并按长老集会方式将步兵队、骑兵队及其军官加以分配。整个的阵势通过这种方式排成队以后，本共和国的第二级竞技会就将开始了，首先由青年按国家议会命令或军事参议会指示操练各种军事技术。国家议会拨归各部族作为青年集会装饰费之用的一百镑将由部族议会支出，用以设置假城堡、碉堡等等，以便使青年和观众都能享受最好的运动。这会结束后，监察官就将准备好票瓮，并在骑兵瓮中投入二百二十个金球，其中有十个将标明"M"字样，另外十个标明"P"字样。步兵瓮中则投入七百个金球，其中五十个标明"M"字样，五十个标明"P"字样。此外还将添加银球、补足金球，使之与青年代表队人数相等。然后保安副司令就命令青年走到瓮前，凡抽得银球的就回到自己位子上去，抽中金球的就走到选举亭中去。在那儿他们花上一个钟头左右，根据彼此同意的原则，调换各人更爱好的球。一个钟头完了之后，会场指导员就将把金球上有号的和金球上没有号的人分开，然后由唱票人呼号。他首先叫A，于是金球上没号的而姓氏又以A字起头的就将走到首席治安推事所管的书记那里去。这人将首先登记下这一字母起头的姓名。接着就叫 B，像这样下去，一直到所有的姓名都按字母登记好了为止。这种名单上所登记的青年每个部族的步兵队共有六百人，全体部族共有三万人。各部族的骑兵队有二百人，全体部族共有一万人。这些就是青年代表队的第二级部队，也是本共和国的常备军，随时准备听命出发。球上标明为 M 的，每部族有二十名骑兵和五十名步兵。全体部族共有二千五百名步兵和五百名骑兵。球上标明为 P 的，一切情形都和标明为 M 的一样，就是第三级部队的组成部分。拿 M 球的立即开到玛辟西亚去，拿 P 球的则到庞诺辟亚去，分赴目的地，并且根据殖民省制度中的进一步指示行动。

如果将军或军事参议会遴选的作战军官和军事执政官又接受了全国议会或独裁官的命令行军，那么保安副司令（他每接到军事参议会的命令，都有权召集并训练青年）就将提出第二级部队，或提出命令所指定的数目交与会场指挥员，并由指挥员带着去见军事执政官。时间和地点由军事执政官指定，也就是他指定为大洋国总会场的地方。军事议会将在这里把人员的马匹与武器准备好。军事执政官命令他们拿好武器、骑上马以后，就按奖品武器的等级或其他方式加以分配，然后就领着他们去登船。船只也是准备好了的，粮秣、弹药、大炮和其他一切必需品都已准备齐全。一切指挥与作战事宜都由他全权处理。这就是青年代表队的第三级部队。当他们乘船出发离开部族以后，保安副司令就将从第一级部队剩下的人中重新选出第二级部队人员。元老院则选出另一个军事执政官。

本国的老战士在青年或服役时期完毕之后，如果仍然愿意为国家服务，就可以到大洋国的总会场上去见军事执政官。在将军同意的条件下，他可以收留任何人数，并将同等数目的青年退回去。

为了更好地利用本国的正规部队，军事执政官在军事参议会的指令下，就可以从某一个殖民省或两个殖民省特别征调的部队中抽出一部分，在海上或某个其他地方把他们作为附庸兵接收过来，但其数目不得超过正规军。

任何人要是拒绝加入三级部队中的任何一级，那么他除非是说明原因由部族议会除名（当部族议会未集会时则由部族监察官除名），否则将被认为是一个赫罗泰或公众的奴仆。除开其他一切税收以外，他应当将每年收入的五分之一缴纳给共和国，以酬谢大家对他的保护。除了法律所规定的以外，他不能担任任何官职。但一个人如果只有两个儿子，那么保安副司令就不会让两人在一次选举中到瓮前来抽签加入第二级部队。纵使儿子的数目不止两人，到瓮前来的每次选举也不得超过兄弟数目的一半。如果只有一个儿子，那么不得父母或保护人的同意，他就根本无需到瓮前来。同时人们也不得因此而责备他，或不让他任官职。

这一条关于开往外国的远征队的法令将与下列法令一并解释。

第二十七条法令规定，如有外国入侵的危机，各部族的保安司令接到国家议会或独裁官的命令后，就将长老按青年的编制编队。其第二级部队中包括步兵三万人、骑兵一万人，随时准备跟随青年第二级部队出发，同时也照样由会场指挥员带到军事执政官那里去。

青年和长老的第二级部队开出部族后，保安司令就将使其余的青年和长老的年度编制准备好。当烽火举起时，就将进入全国议会或独裁官指派的会场。见到烽火后,库里亚大会或区大会就应当选出第四级青年和老年部队,以便立即防卫部族。他们也应当按上述方式分队,并按照命令分队进发。在紧急情形下,保安司令就有权根据这种办法选出第三级部队,征集第二级部队,或是征集国家的最后一人。目的是说明共和国在最大的压力下仍然显示信心,认为上帝在公正精神下将不忘仁慈。国家在屈服于人时,仍然保持着勇气、纪律和坚定,直到流尽最后一滴血和耗尽最后一分钱为止。

青年人和老年人在外族入侵时根据这条法令所服的兵役,将由有力负担的人员担。但区中如果知道有人十分贫穷,不能随军队开出本部族,而且也无力负担这种费用,到这种紧急情形出现时,各区的民众大会就应当为他们提供足够的贷款。在战事完毕之后由民众大会出具证明,由国家议会归还。有关本法令所规定的各事项,任何部族、区、行政长官或个人如不履行,就将作为逃避国家义务者,由军事议会加以追究。

执政官是他那一时代(如果不是所有的时代)中最伟大的领袖。在塞维尤斯·图利乌斯以前和以后的时代里,他组织军队的艺术与才华比任何立法者都大,因而给共和国增加了不少的光荣。不过事实是这样,人体的美虽然绝大部分决定于比例或匀称,要是光拿出一副骨架而没有肉,便是一种非常骇人的景象。共和国的法令没有讨论时情形也是这样。如果像那样一直叙述下去,它就会埋怨它的友人,何以缄口不言,袖手旁观。因此,这条法令便由军事执政官以下述方式加上了血和肉。

"各位议员:

"当第欧根尼①看见一个青年喝醉了的时候便告诉他说,他的父亲生他时也是喝醉了。这一点在自然关系上,我只得承认自己还看不出什么联系来。但在政治关系上,这话倒是正确的。人民的恶是由统治者造成的;统治者的恶则是由法律或法令造成的。至于法律或法令的恶则是由立法者造成的。古语说得好:'肇始不善,其后随之。'任何事物在孕育时如果对于其本身的功能说来是不完整的,就很少或根本不可能变得完善。公民在共和国的腹内的孕育,就是教育。

"根据前述法令中的第一条所产生的教育共有六种。即学校、谋生生业、神学院、法学院或平衡法院、旅行以及军事训练的教育。其中有些我将稍微提提,其他的则将详加讨论。

"有人提出在所有的部族设置并装备学校,以便容纳部族中的全部儿童,并能使穷人的子弟免费受到教育。这在一个大慈善事业中只是如何管理的问题。这样就可以使家境贫寒的人免去九岁至十五岁儿童的教育费负担。在这一个时期叫他们做工是没有益处的。将来等到他们有用之后再使他们参加,那时他们已经具备了工作的条件,就可以在每一件工作中都便利,因为能写能读的人纵使是从事最卑贱的职业也是有方便的。对每一个人的工作有益的事,纵使益处很小,也必然会对每一种职业都有利,因之也就对整个共和国有利。所以我们建议每一个明智而善良的人及时实行这种慈善事业。就好像是上帝要促使他去做一样,因为在这

---

① 第欧根尼(Diogenes)公元前412—前323年的希腊哲学家,主张美德的生活就是俭朴的生活,后抛弃一切住在桶中,白昼点灯寻正人君子。——译者

方面我们已经有了条件,可以让我们毫无阻碍地进行下去。

"父母在监察官的督责下,当子女年龄达到十五岁时就应当让他从事某种事业。但究竟从事哪种事业,可以让他们按照自己的能力和爱好选择。对于许多人说来,将从事的事业就是生业,也就是农业、工业或商业。

"农业是民食之本,我们的生活有赖于农业。它是一个强有力的抚育者,可以培养最好的军队,并且可以提供最可靠的军需供应。从事农业的人是最安土重迁、野心最少和最淳朴的人。所以我同意亚里士多德的意见:由农民组成的国家(如同我们的国家一样)必然是一切国家中最好的国家。议员们,对于这种职业的鼓励,应当做的事情是没有止境的,要谈的只是能做到多少。我只希望我是一个农民,能在这方面做些事情。但榨取地租对于富人说来是一种恶行,对于穷人说来也是不慈善的事情。这是一种奴役的标志,它将在共和国最昌盛的时期侵蚀国本。但从另一方面说来,对这方面的条件如果太宽,就会引起怠惰,以致毁坏了共和国的精华——工业。但如果要在这两者之间取得其平,那就会相当于费边所以被罗马人称为是伟大人物的业绩。

"在工商业方面,荷兰人抢在我们前面去了。但从长远过程看来,一个民族如果以对外贸易为本,便只是在工业之上耕作。但唯有出自本土的工业才是应得之分。贩运人家的货物是一回事,把自己的货物送进最好的市场又是另一回事。自然界对我国工农业的鼓励既然比其他国家都高,当人口增殖时,工农业也必然会增长。这种情形必然会使我们的根基比荷兰人更加稳固得多。但上述各种教育却是首要事情或自然界的必要事物,正如同农业之于食粮、工业之于衣服以及商业之于国家财政一样。

"自然界还有一些其他的事物从地位上讲来是列在第二位的，但从庄严和价值上讲来则是首要的，其他的东西都得服从于它。宗教、法律、勇敢、智慧等尤其都属于这一类。

"我们政府中有关神学方面的教育由神学院负担。神圣的立法者摩西不但对埃及人的学术非常精通，并且根据叶忒罗的意见把米甸人的学术介绍到他的共和国的结构中去了。他在会幕处为神学院打下了基础，并在神殿中完成了神学院的机构。[①] 世界的一切学术都是从这个塔尖上展翅高飞的。比方说，斯多葛派的哲学就是从法利赛那里起始的，伊壁鸠鲁派则是从撒多该人[②]那里起始的。犹太人的学术常常被我们的救主引用，并在救主身上体现为基督教。雅典是当时各国最好的神学院，它的元老（即阿留波阁议员）都是哲学家。拉栖第梦人虽然也能写能读，但说老实话并不很好学。他们如果因此而反对神学院，那么他们也根据同一种说法而反对工、农、商业。这些行业都被莱喀古斯禁绝了。但原因并不是由于这些事务本身，而是由于从事这些就会使他们的公民不能专心军事。公民人数既少，如果再管其他的事就必然会把共和国抛掉了。其实光就这些事务本身说来，当初莱喀古斯要是

---

① 据密敦多普（Middendorp）的《著名的学院》记载，摩西将利未人的法律书留在会幕处，以斯拉和一个书记成立了圣书保管处，并说摩西在以色列的会众前讲法律，后来有学者加以引申和发展。

② 法利赛和撒多该人是犹太人中对立的两派上层人物，前者拘泥于经文礼仪，后者则不修边幅，而且只相信五法律书。据《圣经》记载，杀害耶稣的事就是法利赛人主使的。

不精通克里特的学术,并博览其他政府的政术,他就不可能创立自己的共和国。至于罗马,文风之盛也不下于国势之强。他们对阿各斯大学①非常尊重。此外如威尼斯人虽以听任各人的方式来信宗教,荷兰人虽不大注意宗教,瑞士人也不大理会这一方面事情,然而他们全都非常重视神学院。我们砍伐树木是为了建房子,但我倒要请问有谁能提出什么经验或理由来证明砍伐神学院之后能够兴建共和国。关于这一方面我确认,如果对于古代经纶之道没有知识,共和国就不可能变得完整;要懂得古代经纶之道则不能没有学术;要有学术就不能没有高深的学府。这种学校就是我们所谓的神学院。用维罗拉密厄斯的话来说:'单纯的学院学识是机敏的人所轻视的,唯有老实人才会羡慕。然而明智的人则会运用。因为学术研究并不会告诉人们它本身应当怎样应用。应用的问题是学术研究之外和高于学术研究的一种智慧,唯有实际观察才能取得。有专长的人可以实行,也可以逐一地观察细节。然而全面的见解和布局,以及事务的处理,则唯有学识渊博的人才能做得最好。'②所以如果你希望自己的儿子成为政治家,就千万要让他们多饮这一泉源的水。那儿也许还没有任何人去。但饮的水不是养分又怎么说呢?其实水是人摄取营养的必要成分。关于这一点,宗教方面和政府方面同样关心。因为要是没有神学院,过不了几年宗教就失去了。

---

① 阿各斯意即占卜,伊特鲁里亚人原有研究卜术的机构,罗马人击溃他们之后,对这机构十分重视。

② 见《培根论说文集》,原语散存各篇中。——译者

"《圣经》是用希伯来文和希腊文写的,不懂这两种语言的人可能轻视《圣经》。但精通其中一种文字的人谁又不是毕生研究的结果呢?在我们的日常交谈中有一点是可以看得很清楚的。假如有四五个生活在一起的人在谈话,另一个操同一语言的人来了之后也许对他们所说的话很难理解。他们所谈的环境、人物、事项、时间和地点等等他都不知道。一个人在读古书的时候如果既不知道写书的时代,也不知道当时的环境,他就不会知道那究竟是一本神圣的书还是一本凡俗的书。比方说,当我们看到救主与尼哥底母谈洗礼与复生的问题时,责备他的无知说:'你是以色列人的先生,还不明白这事吗?'① 我们对这话又应当怎样看待呢?以色列人的先生应当懂得比旁人多这一事实,难道不说明洗礼和复生(佛斯佛奴斯议员在上面已经说得很详细了)是以色列人所主张的道么?我在某一个百代表辖区曾经说过,没有精通有关环境的人就不可能理解事情本身。因此,要理解《圣经》就必须懂得古代语言并知道古代的事情,或得到懂这方面问题的人的帮助。如果要得到能经常提出帮助的人,那么除开向外国去借用以外(那种人不但卑鄙,而且会骗人),共和国就必须有自己的高深的学府或神学院。前面已经不止一次地指出,神命令我们研究《圣经》。至于研究《圣经》的人是不是苦心钻研古代语言和学识了呢?他们是否不愿花这一番工夫,而只相信翻译本,并且根据现在的环境来理解字义呢?后一种方式是最不可靠的了,而且肯定地会失去

---

① 据《圣经》新约《约翰福音》记载,耶稣和法利赛人尼哥底母谈复生与洗礼,尼哥底母不信,于是耶稣便说了文中所说的话。

《圣经》的真义。这种方式自称高于凡人的理解，其实这种表现正好是因为它低于凡人的理解。我们由于正当地运用神学院来研究《圣经》，所以以往一直都比任何国家更能战胜罗马教士制度中那些红衣主教和繁文缛节；因此，我就不知道我们为什么要相信某些人的话，说他们得到了更大的光辉，以至于放弃神学院。比太阳更大的光辉是存在的，但却不能熄灭太阳。上帝赐予的光辉也没有窒息自然的光辉，而只是增加了自然的光辉，并使它神圣化。因此，我所说的以色列、罗马和其他共和国赋予宗教人员的光荣并不在于受他们的统治，而在于向宗教界商讨宗教事宜，然后再根据神示选择自己认为合适的方式行事。当我说神学院对宗教和政府都是绝对必需的时候，请不要误会我的意思，认为我是说它们和它们之中的管理人员可以受托行使任何非内政官员授予的权力，来管理宗教和世俗两方面的事情。如果犹太教是由摩西建立和指导的，那也是由世俗长官建立和指导的。如果摩西以先知的身份行使这种行政权，那么这位先知便将行政权交与了长老议事会，而没有交与祭司。所以我们国家的行政权也是交与元老，而不交与神职人员。在雅典，执掌全国宗教的执政官是第一执政官，名为祭仪执政官，下面是一个军事执政官。这种官职都是由人民大会举手选举或任命。拉栖第梦的宗教由两位国王管理，他们也就是大祭司，主持祭祀牺牲，并且有权代理阿波罗神的司祭或献祭代表。根据这种职权，他们一方面征求元老院的同意，同时又接受德尔斐地方的阿波罗神示。罗马的宗教事务由总祭司、祭司长和弗拉门管理。这些都是由人民选举的。总祭司由部族选举，祭司长由百人团选举，弗拉门（即区祭司）由库里亚大会选举。我提出这些东西,并不是说我们的宗教能从他们那迷信的事例里学得什么东西。这只是说明古代经纶之术在这种方式上说来,对于宗教和世俗两方面都是一种准则。非但止此,使徒们在每一个聚会中举手选举长老时,所根据的正是这种方式。以这种方式选举长老的地方有:安提奥克、艾康尼恩、里斯特拉、德比、莱考尼亚、彼西底亚、庞菲利亚、柏加、亚托利亚等。当罗马帝国扩张到亚洲时,发现这些城邦和国家大部分是共和国,其余的有许多也具有类似的权力。所以当这些民族在罗马皇帝保护之下生活时,便继续选举自己的行政官员。这是众所周知的事情,我感到奇怪的是人们何以会违反这些例证的普遍证明,硬说宗教当局和世俗政权必然是不同的两回事。其实每一个集会中举手选举出来的长老教诲人民的权力,显然是根据他们任命其他行政官员的同一世俗权力而来的。在我们的共和国中情形也是这样。我们的牧师是由区集会选举或任命的。在这一点上反对威尼斯就是说明它在其他方面还没有什么问题,只是他们的世俗权力机构由于采取了教皇制,所以就失去了信仰自由。同时也是说明,从这种政府的世俗权力当局之中取消信仰自由,除教皇制度以外并没有其他先例。因此,我们的宗教问题便是这样安排了:神学院是国教问题的研究所,在这种方式下其他的人都可以安全地享受宗教信仰自由。原因是不论他们怎样行动,不学无术的人的愚昧无知总不会使你失去宗教,也不会扰乱你的政府,在其他方式下他们是一定会这样的。神学院的薪水和整个国家的圣俸可以增加到这样一种程度,以致可以使宗教学院神职人员过着一种非常体面而舒适的生活。他们不许参加宗教事务会议(神学院中规定宗教参议会向他们商议时除外），不得参与国事，也不能享受任何其他职位。在这种方式下，以学识擅长的人就不可能腐蚀宗教管理，也不可能扰乱政府。但在其他方式下就必然会发生这种情形。威尼斯虽然没有见到宗教的腐化，或者无法防止宗教的腐化，然而却十分谨慎地避免在政府中发生这种骚扰。所以他们的议会选举行政官员时，首先要喊出一句：fora papalini（教皇人员退席）。这句话就是通知一切与教皇有实际关系的人退出。荷兰的神职人员如果干预国事，长官就送给他一双鞋，这时他如果还不走，人家就会赶他下去。我感到奇怪的是一般人的牧师为什么老是要干预政府事务。第一，他们和其他人都有明确的义务要顺服人的一切制度。① 其次，人的这一切制度必须根据某些政治原则，以致根据它们的条文或行为来看，都是最不易被人了解的。所以各个国家的意见都认为，一星点智慧就值一个高等神职人员。最高的神职人员并不是最聪明的人。所以法国人，甚至意大利人遇到国家发生什么荒唐的事情时，总是说这是神职人员干的事（pas de clerc, or governo de prete）。不依经纶之道施政的人才会让那些不学无术的人传道。议员们，如果你们不知道怎样管理神职人员，你们就等于不知道怎样管老婆。于是你们在家里便不能安息，在外面也做不起人。神职人员的光荣职务是在学校和神学院中教导你们的子女，同时在教区里教导人民。而你的光荣职务则是关切地看着他们，不让他们耍花样。在这些问题上就包含着共和国的宗教教育问题。

---

① 见《圣经》新约《彼得前书》，第 2 章，第 13 节。

"关于法律方面，或一般所谓的执行方面的教育，是四大法学院或平衡法院的事。如果要加以讨论，就需要一种特殊的学问，而我却没有这种学问。任何人要是从事以上几种教育的职业，即神学、医学或法律方面的职业，就没有时间去参加各级部队。然而各级部队就是资格，青年人在区、百代表辖区、部族、元老院或特权部族中取得一切官职、职务或荣誉时，都必须以这些资格为基础。神职人员、医师和律师既然都没有取得这资格，所以就不能取得这些官职、职位和荣誉。关于这一点，律师是最容易要求提出进一步解释的人。他们一向在法庭审判席之前从事报酬优厚的职业。审判席上的官职也不断为他们所占有。这种职位不但是薪俸优厚，而且还能终身任职。因而他们便最没有理由要求其他官职。尤其是在平等的共和国中，如果发生官职过多，或者让那些以现行法律牟利的人掌握立法权力，并让他们决定法律应遵古制还是应加改革，便都是经纶之道的败坏。诚然，立法权力也许会需要司法机构或懂法律的人提出意见和提供帮助。因此，法官便一直是元老院的助手。然而不论是怎样发生的，我总看不出任何理由为什么一个法官倒只能当助手，一个律师倒可以成为立法会议的成员。

"我不否认，罗马的贵族都是保护人，人民都是诉讼委托人。他们有些委托这家，有些委托那家，因而在表面上是免费进行诉讼的。保护人不接受金钱，但他如果嫁女儿，他的委托人便要给他送嫁妆费。这一笔钱倒还不算多。但诉讼委托人如果控告保护人、对他提出不利的证据或选票，那就是犯了罪，人人都可以把他当奸细杀掉。这就是贵族制度的精神，同时也就是那个共和国覆亡的决定性原因。因为人民要是进行元老院不高兴的事而元老又不能干预的话，他们便非常糟糕，也就是说受到了诉讼委托人的反对。对于委托人说来，他们如果不按自己的意思投票，便是一个很大的罪恶。大家由于遵守了这种约制，所以在革拉古时代（也就是说，打破这种约制已经为时太晚的时代）以前，人民与元老院之间虽然进行过热烈的争辩，但一直没有动过武。这一点是好的。然而人民同时也无法取得补救办法，这就不好了。因此，我认为一个元老不应成为保护人或诉讼代理人，保护人或诉讼代理人也不应当是元老。因为他执行法律事务时，如果是免费的，便使人民堕落；如果是取费的，便使自己堕落。不论你怎么说，他如果从事法律，就是作茧自缚。

"上面已经说过，莱喀古斯成为一个旅行家之后，就成了一个立法者。但他那一个时代的经纶之道是不同的。像我们这样一个共和国本身就是一个旅行家，我们当然不会排斥这部分教育，因为具有这方面修养的人就是见识很广的人。在我们这一时代，人们虽然不重视旅行，但如果让事情自然地发展，它就会对我们十分有利，任何人如果先不做一个历史家或旅行家，就不能成为一个政治家，这一点是肯定的。因为他如果对于必然发生的事物和将要发生的事物没有阅历，就不可能成一个政治家。假如他对历史没有认识，他就不能知道过去。假如他不是一个旅行家，他就不能知道现况。假如他既不知道过去又不知道现在，他就不可能知道必然要发生和将要发生什么。同时，我们政府组织中的大使馆职位，是青年人追求的目标，尤其是做过旅行家的青年人。有志于旅行的人得到监察官的允许以后，就必须把他们的经历作成报告提交出来。他们由于受到奖励与表彰的激励，必然会把这些报告提出来。这样，我们就有人在外面观察，而且也能选择更好的外交使节。那些英俊的少年从国外旅行归来以后，在参议院座谈会上为共和国而作出的表现，将和他们在舞会上为女士们所作出的表现一样。

"但我们的共和国中最突出的组织是军队和议会，所以就有一种本能驱使它追求勇敢与智慧。谁要是达到这两点，就达到了人性的完美境地。诚然，能够达到这两种美德的人，本身当然有些先天的根基。但这一点并不如某些人所说的那样重要。比方说，穷困使人勤勉，小康之家使人有节制，大量财富则使人放纵无度。这是事物的常理。智慧是一种必需的品质，而不是一种意向的东西。比方说一支军队如果对打胜仗感到绝望以后就会想逃跑。有其因必有其果，这一点也不稀奇。我们的共和国以背水为阵之势驱策公民，使之有进无退，不获得凡属人类的天性与技艺能获得的一切光荣誓不罢休。罗马家族的特征是世代相承的。比方说，曼利阿斯家族是严峻的，普布利科拉家族是仁爱的，爱皮乌斯家族是恨人民的。马基雅弗利认为其原因在于教育。如果我们对于贵族与平民的特质何以不同的缘故感兴趣，那么不同国家之间的原因是不十分明显的，因为除了教育不同之外，风俗习惯也各有不同。古时就有人指出法国人的民族性是在第一次冲击时勇气胜过于男人；往后就懦弱不如妇人了。这一点也早已被他们自己证实。然而如果使纪律有所改良，情形便将不同。我的意思不是说，某一个人或某一个民族作出这类改进后就比别人要明智一些。我只是说，教育肯定地是一种尺度，个人或民族没有这个尺度就不可能知道自身的价值或分量。根据历史家的记载，我们就可以断言在什么时候一个玛辟西亚人就可以战胜十个大洋国人；同时也可以断言什么时候一个大洋国人可以战胜十个玛辟西亚人。马可·安东尼是一个罗马人，但他在克莉阿帕特拉[①]怀中时又是怎样的呢？我们对于青年人应当有另一种教育，否则他们就会像那一段历史一样，浪漫有余而成事不足。

"罗马共和国分配官职时是不问年龄的，这一点在科尔维奴斯和西庇阿身上结果倒还不错。因此，马基雅弗利就推荐这种办法。对于他说来，罗马人所做的事大部分都是做得很好的事。但这种办法在其他的人身上究竟是怎样糟，从庞培和恺撒事例中就可以看出来了。博卡里尼举例说明威尼斯相反的做法中所存在的经纶之道时指出：那些人在青年时就尝到了至尊之位的滋味，上了年纪时就没有可进一步指望的了，而只能维持旧的一切。这些会演变成流血事件，最后以独裁结局。这种过程大大地摧毁了罗马的自由。维罗拉密厄斯的看法比较稳妥。他说：'青年人的错误在于败坏事业，老年人的错误则只是做得不够多和不够快而已。'[②] 青年人虽不能洞明世事，然而勇气则很大。所以谈到本共和国的主要教育制度时，军事活动是属于青年人领域的。

"这一领域中按各级部队分配活动的事情在法令中已有详细描述，我无需重复了。这些法令本身不过是古代经纶之道中最好

[①] 罗马前三雄安东尼战败后出走埃及，与当地女王克莉阿帕特拉结婚，被她所迷，后自杀。——译者

[②] 见《培根论说文集》，《论青年与老年》。——译者

的制度的抄本而已。罗马共和国的世界帝国特别得力于这些制度。现在各国政府都是普遍地破产或根基动摇，而人民则在暴政之下呻吟；因此，有类似的做法就会产生类似的效果，其理由比以往更加充分。当世界上充满着民主政府时，这种原因是无法防止的。

"罗马共和国成为世界帝国的原因并不神奇，而是某些原因的自然结果，纵使说是这些原因的必然结果也不为过。这些原因就是罗马国内与被征服的领土或殖民省中所实行的制度。关于殖民省方面的制度，当我们谈到殖民省制度时再详细讨论，他们国内的制度将整个人民分为部族，根据李维的说法，极盛时达到三十五个。每一个部族根据财产的价值分为五个等级，第六等级是贫民等级，也就是被抚育等级。他们由于贫穷，所以除开儿童以外再也没有能贡献给国家的。他们没有被计算，也没有被编入军队。这是军队中最重要的一点，近代经纶之道在这一方面和古代经纶之道正好相反。因为当我们免除富人的兵役而武装贫民时，就成了奴仆的臣属。如果是免除穷人的兵役而武装财产达到自由民的水平的人时，就成了世界的主人，我国的贵族缙绅根本不懂得怎样才能当世界的主人，所以便不能保持自己的土地。他们认为，如果让自己的孩子当一个普通士兵，并担负一切军事义务，便是一种很奇怪的教育。然而我们并不是为四先令一个星期的薪饷，而是为了要在城市中和战场上能成为好男儿。后一种作用使本共和国的普通士兵比君主国中一个将军还好。有人也许会认为，这样做就会使贵族大量流血牺牲。然而我敢说，罗马贵族纵使是在最激烈的战争高潮时所牺牲的人也不会有我们的奢靡与懒惰所伤害的人那样多。因为'伤害身体的，也会伤害灵魂'①。如果人们维护的是公共权利，那么他便运用了正义之剑，这剑可以使他接受元首的紫袍。人间的荣誉没有比这再高的了。当他倒下时，又会爬起来，并且会更快地获得超于尘凡而濒于天境的报偿。现在让我们再谈罗马的例子。以往曾不止一次地指出过，每一个等级又分为百人团。每一个百人团则平均地分为青年部分与长老部分。青年出外作战，长老卫戍国土。第一等级中有十八个骑兵百人团。根据塞尔维尤斯的制度，他们是首先被召投票的百人团。军队的征集（这正是目前所谈的问题），根据波利比乌斯的说法是以下述方式进行的：

"在宣战时，执政官就选出二十四个军事保民官或将军。其中有十人是刚服过第十期兵役的，都是年轻的军官。保民官选出之后，执政官就向部族指定日期，凡属到达服役年龄的人都应当到卡匹托尔②去集合。到了那一天，青年人便遵命集合。执政官升台后，青年保民官立即按下述方式分成四部分：第一军团四人（每军团至多包含六千步兵和三百骑兵）、第二军团三人、第三军团四人、第四军团三人。青年保民官像这样分配之后，长老保民官中即有两人分配到第一军团，三人到第二军团，两人到第三军团，三人到第四军团。各军团军官分配定以后，接着让各部族抽签，并取一个方便的距离按次序坐好。然后抽中第一签的部族就被传

---

① 见维琪尔：《农事诗》，Ⅳ，237—238。
② 卡匹托尔（Capitol），古罗马圣山，上有丘比特神庙，重大国事在此集合商议。

召。该部族中懂得这回事情并作好准备的人马上就选出四人。选时注意不能选出非公民。这些公民都必须属于青年部分，而这些青年则必须属于五个等级之一。这五个等级中不熟悉自己操练动作的等级也不能选。同时他们还特意按年龄与身材加以配合。所以军团的军官除非能熟悉像这样选出的青年，就只能碰运气了。他们从第一军团选出来的人中挑出第一个，从第二军团的人中挑出第二个，第三军团的人中挑出第三个，第四人则从最后一个军团中挑出来。选举就像这样进行，直到步兵挑选完毕为止。各军团与各部族按签变动。骑步军团的军官也按大同小异的方式进行，直到骑兵也挑选完毕为止。这一过程谓之报名，以色列的子民也是按签报名的。如果有人拒绝报名，就把他当奴隶卖掉，或者是把他的财产充公。据说当初执政官马可斯·库里乌斯有一次不得不宣布当场被选举的人时，集会投票的青年没有一个答理他。于是他便命令最初选出的波利部族抽签，但这个部族也不答理他。这时他便用长枪把青年人的财产押下来了。这种事情和以色列的法律是相符合的。根据这一法律，扫罗'将一对牛切成块子……传送……全境，说，凡不出来跟扫罗和撒母耳（作战）的，也必这样切开他的牛'[①]。从这一点也可以看出，以色列人没有牛的就不能参加军队。但罗马人的青年最高年龄按图利法的规定是三十岁。根据这一法律（马基雅弗利等人认为没有好好被遵守），任何人在当兵时没有立功和服满兵役以前不得任官职。兵役是在第十期兵役后期满的。此后除非是共和国被外族侵入时，他便不会受惩罚

[①] 见《圣经》旧约《撒母耳记》（上），第11章，第7节。

的督责，要去报名。在那种情况下，青年和长老同样要服役。这种事情一向要经过很大的骚动才能完成。兵役宣告结束时，被选出的人仍然被认为没有退休。执政官也可以任意在已经服役的人中征调应征兵员。军团像这样组织完毕以后，便分成两部分，各由执政官一人领导。除开罗马公民外，谁也无权在军团中服役。由于两个军团只能组成一支小军队，所以罗马人便在拉丁或意大利同盟中征调出人来，在每一军中加上相等的步兵和加倍的骑兵。这样一来，执政官直辖的军队加上军团和附庸部队便可达到三万人左右。他们通常总是征集两支这样的部队，加起来就有六万人左右。

"我们最伟大的领袖——执政官所制定的军队编制是三级部队。第一级部队由区中五分之一的人（库里亚代表）选出，全国共有十万人。他们在百代表辖区中选出军官（百代表辖区代表）。他们的竞技会或操练会就是在这儿举行的。会上还有优厚的奖品来吸引青年，奖品本身和奖品的荣誉都是人们渴望的目标。这样就能使百代表辖区终年成为竞技会的场所和练兵的场所，在十年之间就可以装备三万步骑兵。其武器在铸造、安全与美观方面都非常好，纵使是亚历山大御林军的银盾也赶不上，从没有这样多人肩负过这样的武器；在这种方式下，也能使军事执政官或将军在分配军队时有优良品质的表征和方向可作根据。这样一来，武器对于所有主人的价值就会倍增，同时也可以使共和国的负担大大减轻，因为许多人都必须佩带这种武器，因而也就已经武装起来了。但在这里人们就会提出反对意见。这一笔经费怎样筹集呢？每年五十镑的数目对一个百代表辖区说来是很可观的，很不容易筹集。人们不会拿出钱来,同时,有关这种集会的装饰的法令中所提出的数目在很多年中也征集不起来。这些都是我们的特殊形势中所产生的困难。但每个百代表辖区中征得一千镑之后,就把这一笔收入永远解决了。每个百代表辖区除了个人的财产不算,每年的净地租就有一万镑。加上个人的财产就比这数目还要大一倍。所以百代表辖区每年只要拿二十分之一的收入就行了。如果你在缴纳赋税(以后只是很小的数目)的时候出不起这笔钱,那么就在不缴赋税的时候付出好了。如果一年拿出这笔钱嫌太多的话,那么就在两年中拿出,如果两年还嫌太多,就在四年中拿出。我们以往到底是怎样当家的?更大的数目到底用到哪里去了?议员们,如果你们做出这种善举,过一些时候就会得到善报。当各位谷满盈仓、腰缠万贯的时候,请不要哭穷吧。

"现在让我们接着往下说。第一级部队在百代表辖区中配得军官,就将集合进往部族。在这儿他们将受到其他优良的竞技运动的招待。接着便选出第二级部队,或我国的常备军。人数是步兵三万人,骑兵一万人。在宣战时就将开赴大洋国会场,调归军事执政官指挥。这样就成了第三级部队,也就相当于罗马的军团。但应当指出的是:罗马的执政官可以任意选任军事保民官,并任意从退伍军人中征集应征入伍的人。但我们的将军或作战军官却是由军事参议会遴选的。我们的退伍军人除了自愿的以外不会加以征调,并且还要经过将军的同意。这样,虽然不用罗马人那样多的激励,更不用他们提出的那些强制方法,也可以解除许多在这种情形下非常可能发生的顾虑。罗马的军团每一支队伍总共不过三万人或稍多一点,但这儿却有四万人。他们虽然能加上附庸军，但我们这儿的玛辟西亚却比东印度群岛所能提供的收入还多。以往玛辟西亚除了提供一些土蓟[1]之外，不能提供别的东西。但根据我们的土地法把他们那儿贵族的奢惰之气铲除之后，就成了取之不尽、用之不竭的人力资源。这样做对他们本身也是有好处的。他们对我们军队的重视比对波兰的别针[2]还要大得多。因此，罗马执政官统辖部队中有数量相等的拉丁或意大利附庸部队附加在军团里面；我们便可以在议会部队之外附加上为数相等的玛辟西亚与庞诺辟亚军队，因为那一殖民地今后可以提供这样多部队。这样一来，共和国就可有八万人上战场。以小的兵力作战不是节省而是浪费，是一种病态，是一种痛苦的拖延方式把人力和金钱浪费掉。罗马人以大量兵力投入战争，所以就能使战争缩短，同时他们也不惜金钱多少。因为人力丰富的国家就可以主动地决定在最适宜的地方去征调。所有古代的君主国家通过这种方法都可以发扬光大，并获得大量财富。近代的君主花了很高的代价去换取小量的利益，结果都是府库空虚。有人也许会说这条法令过于莽撞，因为它规定战争指挥权由总司令独自掌握，而威尼斯的习惯则有副司令约制总司令，那样似乎更加谨慎。但在这方面所有使用雇佣兵的国家，或威尼斯，都不足为我们师法。一支雇佣军队加上一个常任总司令就像命运之神中的织布女神。但正规军加

---

[1] 蓟是苏格兰的国徽。这话的意思是说那里只能提供一些土产。请参看本书第 2 页注③。——译者

[2] 在本书第 2 页上，作者曾把贵族比之于树桩，此处别针也有同样的用意。——译者

上每年一任的长官则像剪布女神,彼此的利益根本是互相对立的。[①]另一个军事执政官在家里掌握着一支军队则是优于威尼斯方式的副司令官。这样一来,在外面作战的军队纵使有任何偶然的机遇,也会像外敌一样很少可能退回来进行侵略。考虑到这些事情以后,战争的性质便和其他的东西相反了。因为在这一方面你如果要严格加上约制,便不可能得到好结果。比方说,如果一群猎人事先开一个会,说明鹿向哪条路上跑,在猎犬追踪失向的地方怎样寻找,怎样骑马才能成天追猎等等。这一切就等于是军事参议会在指挥一个总司令。长着五彩缤纷的翅膀的季节与秩序女神是管辖将军的参议员。他应当像一只不见景致而只见景致变化的眼睛。'议员多就有力量'这句话只能适用于内政方面。在军事方面,议员多就刚好没有力量,这是千真万确的事实。军事上的协议制就像把猎犬绑成对去打猎一样。在阿提喀之战中,拉栖第梦王克列门斯和德马拉斯便像这样配成一对,结果是彼此牵制,其实他们应当联合起来抵抗波斯人。像那样牵制就成了他们惨败的原因。在这次事情之后,该共和国就好好地商量了一下,制定了一项法律,根据这项法律,往后参加战争便只有一个国王。

"'有一次费登拉底发生叛乱,把罗马的殖民团杀了。于是罗马人民便选出四个具有执政官权力的保民官,让其中的一人守城,其余三人则遣派去攻打费登拉底。这三人由于意见分歧,带回来

[①] 据希腊神话记载,命运之神是宙斯的三个女儿,其中克罗陀织命运的布,拉桀斯决定布的长度,阿特罗波斯剪断布。此处借喻两种军队的对立。

的只是丧尽体面的失败。于是罗马人又选出一个独裁官。'① 李维对这事的评价是这样:'三个保民官都有执政官的权力,这个事实告诉我们三人共治并没有用处,因为每人都各行其是,而其余的人则各执己见。这样就给敌人以可乘之机。'② 后来当执政官奎克修斯和阿格利帕被派去抵抗埃魁时,阿格利帕就根据这一理由拒绝和他的同僚一起出征。他说:'在战争中处理大事,最好的方式是把大权集中在一人身上。'③ 如果把近代军队失败的原因好好研究一下,其中绝大部分都是在这一点上出了问题。在这种情形下信托一个能力中常的人比信托两三个才华出众的人还要好。执政官的权力诚然是平等的,但如果是一人坐驻元老院,另一个在外领兵,则可形成良好的均势。我们在老军事执政官出征后选举新军事执政官这件事,便正好是走的这条道路。

"第二十七条法令规定在外族入侵时,长老和青年具有同样的义务自费服兵役,这是合乎理性的,因为每一个人都在保卫自己的财产。而且罗马人对萨姆尼与托斯堪人的战争,也适合我们仿效。李维的《罗马史》中有这样一段记载:'这时元老院下令闭庭停止听审,所有的人都要参加抽签,其方式也不比往常,青年人固然要宣誓,长老也要参加军队。'④ 我们的国家是所有的民族中最不易受侵略的。有一个法国政治家说,大洋国是一头野兽,它

---

① 均见李维:《罗马史》,Ⅳ,30。
② 同上。
③ 同上书,Ⅲ,70。
④ 同上书,Ⅹ,21。

除了自己吃了自己以外就不可能被旁的野兽吃掉。然而政府要是不在各点上都有安排，便不是完善的。到了最后关头的时候，一个尚武的国家中的长老必然可以充当老战士。共和国被侵略时就像安泰①倒下去之后能获得力量一样。全部长老有五十万人，青年也有这样多。当他们听命应征时，就可以组成十二个前后相承的战斗部队，每个战斗部队共有八万人，一半是青年，一半是长老。共和国的体制对于人生所能获得的品德说来完全不是陌生的，而且在它没有死亡之前便和死亡熟悉了。假如上帝的手由于它有越轨行动而加在它身上，它就将为它的罪而感到悲哀，并且会因为自己的恶行而跪倒在灰里痛悔，然而却不会失去它的丈夫气概：

> 假如整个世界毁灭了
> 它也能镇静如恒。"②

本书往后的部分都是关于殖民省制度的通行法规。其中一部分是属于内政方面的，也就是关于长老的部分。另一部分是属于军事方面的，也就是属于青年方面的。殖民省制度中的内政部分由下述法令加以规定：

第二十八条法令规定，殖民省议会由十二名骑士组成，其中每四人组成一同届选任组，共分三届。他们的任期和轮转办法和

---

① 安泰（Antæus）希腊神话中的神，是海神波赛顿与地神盖娅的儿子。角力时倒地后即得其母亲之力而复起，后赫邱力将他举离地面战胜了他。——译者

② 见贺雷西：《颂诗诗集》，Ⅲ。

全国议会是相符合的。正常进行的方式是每年从年度循环表上选出任期届满的元老院同届选任组的骑士四人（都是三年一任的官职），其中一人任军事执政官或殖民省总司令，官职每年一任。军事执政官或长官像这样选出之后，一方面担任省议会主席，有权向该议会提议案；另一方面则担任军队的总司令。议会的其余部分别将选出每周一任的议长，这种议长两人联合起来，就有权向议会按大洋国元老院议会的方式提出议案。由于殖民省议会都是国务参议会的成员，他们可以而且应当和国务参议会保持频繁通讯。其方式应当是这样：任何意见在殖民省议会中以合法的手续提出并讨论后，再经军事执政官或任何两个议长签署就可以转呈大洋国的国务参议会。国务参议会将根据意见性质加以讨论。如果问题属于他们训令范围之内，即通过本身权力加以解决。如果不属于他们的训令范围而是国家事务，则送呈元老院讨论，并以元老院的名义解决。如果是法律问题，如为治安或一般目的征丁征税等，则将以元老院的名义和人民的命令加以解决。总之，国务参议会将斟酌情形按上述方式中之一种提出答复、意见或命令。庞诺辟亚和玛辟西亚殖民省议会将特别注意大洋国议会土地法及其所制定或将在某一个时候制定的其他法令，使之得到正确执行。他们将处理并收纳两省的关税作为大洋国的造船费，大洋国是他们的共同保护者。他们还将注意使各殖民省按时征集适度而充分的薪饷，以便用最有效、最稳定和最方便的方式维持和供应军官与士兵或军队。他们将收纳这些地区的公共收入。每一个议员在任期内都可以从这笔钱里每年取五百镑作其本身的用途。军事执政官除了总司令的薪水一千镑外，作为议会的主席每年还可以得五百镑。其余的则将划归各殖民省的骑士与代表用。款项如果缴足了，就将按大洋国的定额发给。如果不足，则将平均分配。有余额时则送归大洋国国库。如果大洋国在任何一省保有任何土地，他们就将加以经营，将地租送交财政部。如果共和国具有更富足的省份，那么军事执政官或总司令，以及议员的薪俸都可以增加。关于其余的问题，人民可以选举自己的官员，并根据自身的法律治理。他们如果愿意的话，也有权从他们本地的官员那里上诉到大洋国的人民大会中来。有些人受到伤害以后，离大洋国这样远，可能无法上诉。于是便有八个推事在法政监督吏前宣誓，然后四人一组派赴各省，每两年巡行一次。他们将以巡回法庭的方式分区处理。在听取案情并立卷后，就将免费地将人民大会的裁决送交各案件的控诉人。

殖民省组织中的骑士任期对国内的官职说来只是一种空白期。当他在殖民省的官职任期届满后，就不妨碍他在目前的选举中担任任何荣誉职位。

殖民省议会的法定人数正和大洋国的议会或其他集会一样，在气候正常时应达到全体会员的三分之二。在气候多厉时不得少于三分之一。但元老院中缺少三位中央长官则不能构成法定人数，议会缺少两位议长也不能构成法定人数。

殖民省制度中的内政部分已经由上述法令说明了，其中的军事部分则由下述法令规定：

第二十九条法令规定：第三级部队的青年代表队抽出标明"M"字样的金球后，各部族像这样选出的人共有骑兵十人，步兵五十人。也就是说，全体共有骑兵五百人，步兵二千五百人。各部族的代表队将由各指挥员带领到殖民省军事执政官或总司令那里去。时间地点由他凭选举证书指定。军事执政官接受这种骑兵与步兵（即该省的第三级卫戍或部队）之后，将立即带领他们到玛辟西亚去。那儿的军队共分三个联队，每联队有三千人，其中五百人是骑兵。他们迎接了带领第三联队来的新军事执政官之后，带领第一联队的旧执政官即将由省议会撤去。庞诺辟亚殖民组织中抽中带有"P"字球的青年代表队也将按照同一方法进行。当共和国获得新行省时，元老院和人民大会将按同一方式建立新的组织。其人数多少，则按具体情况决定。当青年代表在殖民省组织中服役之后，如果在选举第二级部队时又抽中了标明某一殖民省字样的签时，他就可以拒绝接受这支签。当他拒绝时，掌管该瓮的监察官就将命令在该瓮进行投票的行列暂停。如果青年代表能提出军事执政官或将军的证明证实他已经服了役，监察官就将把他所抽出的球再投入瓮中，并取出一个空球。然后叫这青年退出，让抽签继续进行。

为了使本共和国的整个制度完整起见，下述法令为第三级部队或野战军规定了一些规程。

第三十条法令指明："你出去与敌争战的时候，看见马匹、车辆，并有比你多的人民，不要怕他们。因为耶和华你们的上帝与你们同去，要为你们与仇敌争战。当你们分掳物时，为你们定下的律例、典章是：上阵的得多少，看守器具的也得多少。"[①] 也就是

---

① 见《圣经》旧约《申命记》第20章、《出埃及记》第15章、《约书亚记》第24章、《撒母耳记》（上）第30章等处。

说，就大洋国说来，从敌人那里得来的掳物，凡属是衣物、武器、马匹、弹药和食物，由军事执政官和将军分给士兵，地点由他们指定。其他的物品则将送交四个战利品保管委员保管。他们由军事参议会选出，并向军事参议会宣誓。当军事执政官认为有必要时，可以批准保管委员运用国家船只和护航队。目的是使他们在取得三个或更多的将军签字的启运单以后，就可以或命令人将掳获物运交大洋国战利品保管局。这些物资将在这里出售；价款分成三部分，一部分归国库、一部分分给本国士兵，另一部分在附庸军归来后分给他们。但附庸军的人数必须与正规军相等，否则战利品按数减少。除这一份以外的三分之二由正规军官兵分配。像这样分给正规军的战利品将分成三份，其中一份归军官，两份归士兵。附庸军情形也是一样。分与军官的那一份将复分为四等份，其中一份归军事执政官，另一份归将军，第三份归上校，第四份归上尉。步兵旗手、骑兵旗手和下级军官跟普通士兵一样分。附庸军的情况也是一样。如果不遵照这种规则，由大洋国执掌侵吞贪污案件审理事宜的人民大会加以审判和裁决。

关于最后三条法令，执政官在军队前面曾经像这样讲演过：

"各位亲爱的议员和热爱祖国的弟兄们：

"像我们这样的共和国是拓殖疆土的共和国。关于谋求自保的共和国，已经说过了它们的弊害和弱点。它们的根基是狭窄的，没有分支，也没有根须。它们的树顶很脆弱，而且经不起风吹雨打。除非是偶尔遇到像威尼斯那样的共和国被栽在花盆里，才不会像这样。但它如果生长繁殖的话，便会头重脚轻地也栽倒下来。但一株橡树却没法栽在花盆里。它必须有土壤来生根，也必须在露天底下长枝叶。

　　威令及于海洋，声名响彻寰宇。①

　　"人们说，罗马由于不胜其本身的重量而坍塌下来，但这是一种诗意的烘托；因为人们认为使它坍塌的重量到帝国时期却支撑在更薄弱的基础上。对于一个良好的建筑物说来，大家共同的经验中最清楚的一点是，基础愈巩固，支持本身重量的时间就愈长。产生坍塌的内在原因无非是材料容易腐烂。但一个民族除非是受到政府的腐化，否则是不会死亡的，作为一个政治团体也是不会腐化的。一个人除非是否认原因之链，因而否认上帝，否则他就必须承认结果之链。因此，自然界中的一切结果便都是从第一因中产生出来的。同时，也是从一连串接在第一因上的因果环节上产生出来的。没有这些，它们也不可能产生出来。因此，除非有人能证明共和国的情形与此相反，否则在奠定国基时如果没有腐化的原因，就不可能产生腐化的结果。但我们不要让人们的迷信来玷污这个论断。因为人虽然是有罪的，但世界却是完整的。同样的道理，公民虽是有罪的，但共和国却是完整的。人们看到世界是完整的时候，就不能犯下一种罪恶，使它变得不完整，或使它自然地解体。因此，当共和国是完整的时候，公民便不可能犯下一种罪恶，使它变得不完整或自然地解体。就实际经验来说，威尼斯虽然发现有一些漏洞，但仍然是体制中找不出崩溃原因的

---

① 维琪尔描写恺撒的话，见维琪尔：《伊尼特》，Ⅰ，286。

唯一共和国。由于这一原因，我们便看到它的公民虽不免于有罪，而它现在肩负着一千年的历史之后，在任何内政方面都还是和刚出生时一样年轻、活泼、不带任何陈腐气习，也没有任何陈腐的表现。但自然界中历经一千年还不发生陈腐的东西，便可以与自然同寿而不朽了。在这种推算中，根据我个人所能发现的核对法看来，一个共和国只要法制清明，在内在因素方面是永存不朽的，可以与世界同寿。这一点如果是正确的，自然崩溃的共和国就必然是在开国时伏下了因。以色列和雅典都不是自然衰亡的，而是暴卒的。全世界也将以这种方式毁灭。我们所说的是政府衰亡的自然原因。其数目不过是两个，一个是矛盾，一个是不平等。如果共和国包含着矛盾，它就必然会毁灭自身。如果它是不平等的，就会产生纷争，而纷争就会导致毁灭。拉栖第梦是由于前一种原因灭亡的，罗马则是由于后一种原因灭亡的。拉栖第梦的一切都是为了战争，但不是为了扩张，它顺应自然前进的办法形成了自身毁灭的原因。它获胜的手对于自身的基础说来是太沉重了，所以诚然可以就是不胜自身的重量而坍塌了。

"罗马人由于原始制度中的不平等，使元老院与人民大会互相对立而软化了两方面的内部，甚至导致了毁灭。这一点在上面已经说得很清楚了。

"议员们，好好注意他们的事例吧！我们的共和国如果有任何矛盾或不平等的地方，便也必然会垮台。但如果没有其中任何一项，便不会有死亡的因素存在。大家千万不要以为我说话没经考虑。假如这是真理，那么我要是隐瞒着不说出来，倒是非常欠考虑的做法了。的确，马基雅弗利所主张的共和国不朽的原则比上述的更弱得多。他说:'如果一个共和国幸而经常有人在它偏离原则时使它确遵制度,它就可能永存不朽。'① 但上面已经说过,一个共和国除非是由于制度上的原因,否则就不可能偏离自身的原则。如果它在创立时没有带着任何偏颇的地方进入世界,那么它在内政方面的一切道路便是平坦无阻的。例如威尼斯的情形便是这样。它除非是受到碰击,否则便不会偏到左边去,也不会偏到右边去。但碰撞却是外在的原因而不是内在的原因。对于这些原因只有像威尼斯一样依靠地形防御,或者像罗马一样依靠兵力防御,此外别无他法。根据这些例子看来,共和国也可以不受到外在原因的摧毁。各位请不要以为我是夸大其辞,因为那样我就无法自圆其说了。一个共和国如果制度端正,就绝不会偏离正道,而制度不正的国家用它本身的原则来衡量,则都难免偏离正道。因此,在这一点上看来,马基雅弗利显然没有能全面地理解共和国。这和他在某一个地方所说的话是一样的。他说:'罗马的保民官或其他公民可以向人民大会提出法律,并和他们进行辩论。'同时他又补充道:'这种法令当人民大会良好时便是良好的,但当人民大会变坏时,就流毒很深了。'② 从这话看来,就好像人民大会因之而显然变坏的法令原先可能是好的。也好像是说,某些原则原来本是共和国的恶,但以这种原则来规范共和国时却能使它变好。正和上面所说的一样,罗马的病症是从它均势中先天的不平等这一点上产生的。它的世界帝国中所产生的毛病也是由于这种均势偏到

---

① 见《马基雅弗利论文集》,III,22。
② 同上。

一边之后，贵族的产权均势便把人民的产权均势排挤出去，这是他们那种体制中必不可免的毛病。所以一个人要是能使它抛弃世界帝国，就可以使它复归于自身的原则，然而却远没有使它变成永恒不朽的。如果停留在这一点上，就无法治好它的毛病了。但我们的共和国却是建筑在平等的土地法之上。如果要把土地传给儿子，这种均势便是公平的均势。它照顾到了不同人的不同行业，然而又能凭诚实判断穷人。'君王凭诚实判断穷人，他的国位必永远坚立。'① 共和国自然就更加如此了，因为平等必然会使君主国解体，使共和国诞生，而且是共和国的生命和灵魂。我的话如果还能说得过去的话，现在便是让大家相信的时候，因为共和国的宝座可以永存这句话是可以和《圣经》互相印证的。

"共和国的均势在平等方面，性质是这样：这种国家不论有什么东西落在身上，都必然是平均分配的。纵使是整个地球落在你的天平上，也是两边平均落下的。所以民族可以扩张，但一丝也不会偏离原则。事实上远不会如此，以至在那种情形下你还必须把世界放到自己的天平上，甚至要拿到公平的天平上称一称。但各位议员，我们是不是住在地球之上呢？我们难道没有看见太阳吗？我们难道要去拜访诗人们所假想的幽暗之处吗？

> 我们刚一听到声音
> 就有大声的喊叫。②

---

① 见《圣经》旧约《箴言》，第29章，第14节。
② 见维琪尔：《伊尼特》，Ⅵ，426。

"这些哥特人的王国现在还存在,当初虽然也有自己的基础,但却是一种尾大不掉的基础。现在他们的基础破灭了,那上面的铁片深深地嵌入了被压迫者的灵魂中,请听安慰这些被压迫者的话是怎样一些话吧——'我父亲用鞭子责打你们,我要用蝎子鞭责打你们。'① 如果你的兄弟在受害时向你呼救,你难道不听吗?我们共和国的组织是这样:它洗耳静听关心民间疾苦。它不单是为了自身,而是作为上帝的官员派到人间来的,目的在于伸张共同权利和自然法则。因此,西塞罗谈到罗马的政体结构时也有类似的说法。他说,罗马人宁肯做世界的保护人,而不肯要世界帝国。如果不管这些事例,那就会像某些将要因此而受苦的国家一样,当你获得本身的自由以后,却只是'空空地佩着长官的剑'②,呆呆地坐在那里,把两臂抱起来。更加糟糕的情形是:你'流人民的血如水'③,而这却只是为了使专制君主能保持人民自己身上的枷锁。这样就不仅使上帝的恩宠变成轻率无谓,而且使上帝的'公平变成苦恼的原因'④。

"你们不是在建立共和国,而是'把炭火堆在自己头上'⑤。像我们这种共和国则是上帝派到世界上的使者,使世界能治理得公平。让我们再回到本题上来:由于上述原因,前面所讲述的法令

---

① 见《圣经》旧约《列王记》(上),第12章,第11节。
② 同上书新约《罗马人书》第13章第4节谓:"他是上帝的用人,你若作恶,却当惧怕,因为他不是空空地佩剑。"
③ 同上书旧约《诗篇》,第79篇,第3节。
④ 同上书《阿摩司书》,第5章,第7节。
⑤ 同上书《箴言》,第25章,第22节。

都是国家的蓓蕾。在上帝的祝福下，它们可以使共和国伸出两臂像神圣的救济院一样庇荫着世界，使它得安息的岁月，并使它在自己翅膀的保护下消除疲劳。马基雅弗利的著作在其他问题上本胜过了其他作家，而这一点就其本身说来则是最为精彩的论述。

"他说，共和国有三种方式可以扩张声势。第一种是像雅典人和后期的拉栖第梦人一样，在人家身上加上枷锁，也就是采取君主政体的方式。第二种是像瑞士一样（在马基雅弗利以后出现的国家还可以加上荷兰）组成平等的同盟。第三种是组成不平等的同盟，但让世界感到羞愧的是，除开罗马以外，这种方式还没有实现过，同时也没有任何共和国见到过或想到过。无论是吸取教训还是作为模仿的对象，这三种方式都值得仔细地衡量一番。这儿所要做的正是这种工作。雅典人和拉栖第梦人在两方面，或者至少在其中一方面，给世界带来了羞辱。第一是他们的争斗，这种争斗使希腊陷于绵延不断的战争之中。第二是他们把枷锁加在人家身上来扩张自己的声威，这一点显然和他们自身的原则相冲突。

"就第一点说来，政府的性质不论是什么，如果挨得太近了，就会像急于生长反而迟缓的树一样，彼此会吃掉对方。如果大家念念阿杰西莱尤斯[①]的传记就会看出，他们在认识上和行动上并不是不知道，他们各自领兵三万，就可以称霸东方。同时，要不是彼此遮着光线，亚历山大便会自恨晚生了。那种情形便是或至少

---

① 阿杰西莱尤斯（Agesilaus），斯巴达王，由海军大将吕山德拥登王位，曾领轻骑兵远征小亚细亚的波斯总督，获胜归国。此处即指其出征小亚细亚事。——译者

是它们之中一国灭亡的原因。假如它们复生在今天的话，仍然会是这样。对一个懂得政府性质的人说来，这种事情是可以见谅于人的。以往大洋国与玛辟西亚之间的关系是这样，现在法国与西班牙的关系也是这样（虽然不大说得过去）。将来在类似情形下，永远都会是这样。至于他们在结盟以壮声势这方面所带来的流弊则是无法见谅于人的，因为他们把联盟国家置于桎梏之下。雅典人在这种方式下引起了伯罗奔尼撒战争，其本身由于在这一战争中受了伤，竟致腐烂发臭而死。拉栖第梦人由于受了其尸体的感染，不久也就步了后尘。

"所以，各位议员们，我们应当以这些事情为前车之鉴。上帝让我们有自由来运用这种扩张声势方式，但它对别人既是罗网，我们就不可再运用这种自由了。

"共和国结盟扩大声势的第二种方式是瑞士与荷兰所用的方式，也就是平等结盟的方式。这种方式在其他方面虽然没有什么坏处，但对世界却没有好处，对自身还有坏处。因为未结盟以前的国家如果是白鹳，那么结盟以后的国家则是木头①，它们毫无荣誉感，对旁人的痛苦也不关心。但同类性质的国家伊托利亚被马其顿王腓力兴师问罪时，由于自己把兵力借给人家去满足野心去了，所以便只得屈服。他们的自由是绝嗣的自由，没有留下合法

---

① 《伊索寓言》中有一段说，某次一群青蛙请求宙斯给他们立王；第一次给他们的是木头，大家都欺侮它，看不起它，于是再度请求立王，第二次给的是白鹳，结果青蛙都被吃掉了，这里木头表示的是无能而和善的政府，白鹳表示的是有能力而暴虐的政府。——译者

的后裔。我并不是褒贬某一个民族。瑞士在勇气上是无敌的,荷兰人在勤勉上是无双的。但他们彼此并不体谅对方的政府。因为人人都知道瑞士人的国旗上只有一句格言:倒戈向己。荷兰人虽然流出的金子比西班牙人挖出的还多,他们的格言却是:让他在债务中垮下去。他们本身便是依靠施舍过生活。像他们那样不能命令各省而只能向各省乞讨的政府是很危险的,而且也是不稳定的政府。一件衣服如果是用各种颜色补起来的,便不能说是属于哪一种颜色。它们的州与省如果是一支一支的箭,倒还很好,然而它们也是一张一张的弓,这就等于一无所有了。

"古代托斯干人的共和国也和上述的政府相似。他们像纱锭一样排列在一起,但却没有手去纺织,因而便很容易被当时人数少得多的罗马人征服。自由如果不是繁荣滋长的根,便会形成枯萎凋零的枝叶。这一点就使我想起了各国的典范——罗马共和国。

"罗马人获得各民族的保护权,并终于造成世界帝国时所用的方法,在它兴起和成长的阶段中是各有不同的。当它兴起时,是以殖民地方式发展的;而到成长阶段,则是以不平等同盟的方式发展的。在意大利的范围以外,它没有建立过任何殖民地。直到帝国时代的君主产生了相反的利益,才把罗马人民分散,移殖到国外去。在这以前这种做法是不合法的。同时,意大利境内的城市也未曾毁坏一个,或剥夺掉自由。但这些城市大部分都是共和国,由于看到罗马的兴盛而蠢蠢思动,并向它开战。当它征服了任何城邦时,便把煽动最凶、为害最大的城邦的土地充公一部分,并把自己的人民移殖一部分到上面去成为殖民地。其余的土地与自由权都由本地人保有。用最简短的方式来说,在这种发展的方式下,它完成了许多伟大的事业。因为它在肯定自由的时候就扩张了帝国的声势;在防止居民作乱时,它就约制了敌人的侵略。它解放穷苦的人时,就增加了公民的数目。它为老战士提供优厚的报酬,就使其余的人没有那样好作乱。它由于获得了共同宗主的崇高地位,所以便时常成了新兴城邦的母国。

"在它继续发展的时候,便更多地采取同盟的方式。最初,同盟分成两类,一类是社会同盟,另一类是地方同盟。

"社会或社团同盟又可以分为两类。

"第一类叫拉丁同盟,第二类叫意大利权利。

"罗马人与拉丁人之间的同盟或拉丁权利,最接近于罗马本地人的权利。荣获这种权利的个人或城市便具有公民资格和选举权。他们被接纳为罗马公民,只要两位执政官都同意,就可以在批准法律或裁决案件等方面和人民一起投票。但不同意时就不能取得这种权利。因此,如果这一点不太重要的话,那么这种特权最特殊和最大的部分是:在任何拉丁城邦担任官职(至少是担任营造官与度支官)的人,便可以因此而获得全面的罗马公民权。

"意大利权利也是赠与城市的权利,但没有选举权。参加这两种同盟之一的城邦仍然由自己的官吏和法律统辖,具有罗马公民的一切自由权利。他们按事情的功绩,并按各盟约的规定,向领袖共和国提供一定的税款和人员,并管理这类属于共同性质的事情。各同盟之所以成为平等的同盟或不平等的同盟,便是根据上述盟约的规定来决定的。

"殖民省同盟则按被征服民族的功绩和能力而有不同的范围。但在性质上则只有一种,因为每一个殖民省都有一个罗马长官统治。这种长官根据殖民省地位的不同而成为政务官或执政官，管理内政并指挥殖民省的军队。此外还有一个度支官，收集公共收入。殖民省可以通过这些官员和罗马交往。

"为了更好地了解这些详情，我将按需要尽量举些实例，首先举的是马其顿。

"马其顿曾三次被罗马人征服。第一次是由 T. 昆图斯·弗拉铭尼乌斯领军征服的。第二次是由 L. 艾米利乌斯·鲍罗斯领军征服的。第三次是由 Q. 卡西里乌斯·麦托奴斯领兵征服的。在第三次以后就改名为马其顿省。

"马其顿的腓力①攻占了科林斯地峡之后，便夸口说他已经把希腊置于桎梏之下了，其实这也是事实。当他第一次被弗拉铭尼乌斯征服时，有一句话说：'腓力②求和，就允许他有和平，并且允许希腊人有自由。'他被允许恢复自己的王国，但条件是他必须立即使他在希腊和小亚细亚所占领的一切城邦恢复自由。同时，未经罗马元老院允许，也不得到马其顿以外去作战。腓力由于没有其他办法来保住任何东西，所以便同意照办。

"那时希腊人正聚集在地峡竞技场中③，那里集合的人很多。弗拉铭尼乌斯派了一个人到会场大声喊道：全部希腊都自由了！人们听到这话后感到很诧异，对于这样一桩不敢想望的事情总有些

---

① 指马其顿兴国之君腓力二世。
② 指马其顿亡国之君腓力五世。
③ 希腊古代有四个全国性的竞技会，地址分别设在奥林匹亚、尼米亚、庇底亚和科林斯地峡。此处的竞技会是为祭海神波赛顿而设的。会上有圣火一炬敬神。——译者

不相信。后来他们得到了确切无疑的证据,于是便马上跑到总督那里去献鲜花和花圈。他们如醉如狂地倾吐感谢与欣喜之词,青年的弗拉铭尼马斯(年仅三十三)要不是身体强壮,就一定被他们这一番盛意压死了。他们每人都挤上前去握握他的手,大家一窝蜂似地把他抬起来在场上走来走去,满嘴里直嚷:啊呀!世界上竟然有一个民族,自己花钱并且冒生命危险来为另一个民族的自由战斗!他们是不是这一炬圣火的邻居!他们远渡重洋,为的只是使世界能得到公平的治理,这是怎样一个民族啊!希腊和亚洲的城邦在使者的喊声下摆脱了自己的枷锁。想望这样的事情是不是疯狂呢?现在这事情已经完成了!美德啊!幸福啊!光荣啊!

"在这个事例里,各位议员可以看出将自由或意大利同盟权利赐予人民的例子。这儿的方式是恢复他们以往所享受的权利。某些人、家族或城邦还根据他们对罗马人的功绩(如果不是在这次有功,便是在类似的事情上有功),被赐予拉丁同盟成员的身份。

"但腓力通过这种方式所得到的地位使他感到不满,因此他的儿子帕修斯便破坏了这个同盟。结果马其顿人第二次又被艾米利乌斯·鲍罗斯征服。他们的国王被抓走,他们自己在胜利后的一个时期之后也被召到将军的审问台前。他们想到自己要得到饶恕是很少希望了,于是便估计着会受到一种严酷的判决。但这时艾米利乌斯却首先宣布马其顿是自由的,可以充分享有自己的土地、财货,并且可以完整地行使自己的法律。他们有权选举每年一任的官员。对罗马人民所纳的贡只等于他们习惯于向本国君王缴纳的赋税的一半。做完这一切之后,他接着又以熟练的技巧把全国加以划分，以便把人民组织起来，使他们形成民主政府的形式。马其顿人首先是对罗马人的美德感到惊讶，现在就感到赞叹，钦佩这样一个外方人竟然会在他们的国家里为他们做下这些事情，而且做得这样熟练，他们简直认为这是不可能办到的事情。问题还不止于此，艾米利乌斯对他们讲话时，并不像是对被征服的敌人训话，而是对某些品德极好的朋友谈心。最后还匠心独具地为他们制定了十分恰当的法律，经过长期的运用与实际经验证明，并没有任何毛病存在，而正是法律这类东西的唯一典范。

"大家可以看出，在这一例子中，他们将自由或意大利同盟权利赐给一个民族，这民族从未尝试过这种权利，现在正在学习着使用。

"议员们，保皇党应当把我们现在正在做的事情拿来和这个例子比较一下；我们则应当把我们自己以往对他们所做的一切拿来和这个例子比较一下。令人惭愧的是，我们虽然把自己吹嘘得高于一切，然而我们却远没有模仿这种例子，甚至不能理解政府如果是风俗的缔造者，那么没有英雄的美德就没有英雄的政府。

"但马其顿人后来又以一个假腓力的名义第三次发动反抗罗马。于是罗马人便认为他们不配享受自由，并被麦托奴斯划成了一个殖民省。

"往下要解释的便是殖民省的性质。我所选择的例子是西西里，因为这是罗马人第一个建立的殖民地，其余的叙述都和这有关。

"西塞罗说：'我们以友好的态度接受了西西里的城市，让它们享受着他们的古代法律。条件只是让他们像以往服从自己的君王或长上一样服从罗马人。'西西里人以往是众王割据，小国林立，以致战祸绵延，厮杀不已，于是邻国或野心家便乘机觊觎。现在他们则循旧制归于新保护者之下，新保护者可以团结他们，敌人也不敢碰他们。根据实际情形看来，西西里人所得的和罗马人所给予的都不能更多。

"西贡尼阿斯对罗马殖民省的定义是具有殖民省权利的地区。殖民省权利一般说来是这样：至少在民政和军事方面由罗马政务官治理。公共收入由度支官收纳。具体的殖民省权利将按同盟性质的不同而有区别，也可以说是由于共和国与降为殖民省的民族之间的协议各不相同而互有区别。西塞罗说：'西西里有这样的法律，即一个公民和另一个公民之间发生争执时，可以按照自己的法律在邦内解决。不同城邦的人则由政务官审判，这是罗布利伊法令的规定。如果一个城邦的个人向另一个城邦的人民有所请求，或是另一个城邦的个人向某一个城邦的人民有所请求，而又不接受各该城邦的元老院的决定时，则请第三城邦的元老院来裁决。如果西西里人与罗马公民之间发生问题，则请一个罗马公民来裁决。为其他事情所选出的审判官一般是从罗马人民大会中选出的。种地的农民和收什一税的人发生争执，则按土地法（耶罗尼加法）裁决。'[①] 其余的部分要讨论起来就太长了，因此把西西里的情形加以说明就够了。

"议员们：关于我国的殖民省制度问题，我不打算多谈，因为法令中已经谈得很详细了。同时我也很难相信，各位会认为这种

---

① 见西塞罗：《反维勒斯》，Ⅱ，34。

制度低于政务官和度支官的办法。罗马共和国的殖民省制度既是他们保持世界帝国的办法,那么我们的制度便至少也能起类似的作用。在这一点上可能会发生许多争执。有人会问,这种事情是合法的吗?还有人会问,这是办得到的吗?罗马人既然因此而灭亡了,我们的共和国是不是也会因此而灭亡呢?

"关于第一个问题,如果共和国的帝国是一个保卫者,那么谁要是问共和国致力于世界帝国的事业是否合法,就等于是问共和国完成自己的任务是否合法,或者是问它使世界臻于佳境是否合法。

"谁要是问这事情能不能办到,那就等于是问大洋国在类似的政府管理制度之下,何以用二百人不能完成罗马人一百人的事。如果我们把两个共和国兴起时的情形加以比较,就可以看出差别比这还要大。罗马人很晚才发生悭吝与贪欲之风,这是由于他们制度中先天的贪婪引起的。最后当他的殖民省发展到极限时,就自己毁了自己。这情形就等于是一个先天不足的人生了水肿病以后就会因饮水而死一样。事实很明显,它的土地法如果实行得好的话,就不会像这样垮台了。同时我也已经证明过,我们的土地法一旦订好之后,就绝不会再被损坏或发生偏离。

"为了能从本讨论中得出一些结论,我主张用一个办法,那就是从许多理由中选出少数理由来。这儿关于世界帝国的看法适用于一个政治清明的共和国,特别有力的理由共有两个。

(1)根据以上提出的典章制度而成立的共和国在完成这样伟大的任务时特别有方便。

(2)忽略这种共和国就一定会发生危险。

"根据已经提出的理由来说,从事这种事业的方便一定是很大的,因为无论是根据经验还是根据理性来看,世界帝国只能是这种性质的共和国的必然结果。原先这种结果也曾被所有其他共和国追求过,如雅典和拉栖第梦就是例子。他们要不是一个遮着另一个的光线,便早已获得这种成果了,然而他们却一个也无法获得。比方说,雅典通过他们那种结盟扩张声势的办法是无法获得的。因为那是地地道道的暴君方式,绝不能保有它已经获得的东西。同时,拉栖第梦人也无法获得,因为他们征服了较少的土地后就已经被压垮了。这种伟大事业的便利条件既然是专属于这种民主政府的,所以我就将首先谈谈怎样创业,其次再谈谈怎样守成。

"帝国拓殖疆土对于愿意接受的人来说并不是一种侮辱。据说欧麦尼斯[①]统治下的人民就不愿意用自己的臣服来换取自由,因此罗马人便没有搅动他们。

"人民如果对自己的政府感到满意,这就肯定地说明那个政府是一个好政府,而且人民有了这个政府也能得到许多好处。你们的长官之剑只能造成一种恐怖,使他受到许多流弊。

"欧麦尼斯就惧怕上帝,也可说是惧怕眼前的罗马人,所以在这方面并没有足资借镜的地方。

"但罗马人没有出现以前,欧麦尼斯又到哪里去了呢?千万不要以为上帝最近向你现身就是为了你自己。'你的百姓所受的困苦,他实在看见了。他们因受监工的辖制所发出的哀声,他也听

---

① 亚历山大死后,其帝国分裂。希腊人菲勒泰洛斯乘机成立拍加摩斯国,并遗与其侄欧麦尼斯(Eumenes)。此处即指该国情形。——译者

见了。'① 如果有其他的看法，便不但是不顾上帝的道，而且完全是聋了。如果你有耳朵能听见声音，那么你就肯定会以这种方式被召唤。因为我们没有地方能保存自由，也没有至圣避难所②能庇护受难者。所以人民遭受以暴易暴和水深火热的境遇便是司空见惯的事了。如果全世界的人又见到罗马之鹰出现，恢复了它的青春年华，振翅高飞，那我们又将怎样想法呢？它展开翅膀所形成的征兆绝不会比我们的国旗中所看出的征兆好。如果被压迫民族向我们的国旗呼唤，我们就会使他们摆脱自己的枷锁。这时人民便可以坐享其成，或者最多是果实没有事先为他们搜集好，只要去搜集一下成果就行了。所以这一定是很轻而易举的事情，但我们所具有的便利远非血肉之躯所组成的军队所能企及。因为人类的事业如果是上帝的事业，那么万军之耶和华就是我们的统领，我们就会'在地上成为可赞美的'③。

"防守的好处是妨碍扩张的说法。比如像雅典人和拉栖第梦人那样，纵使是密密地布下罗网，你要是不捕捉，就不可能防守住任何东西。'说谎言的嘴为耶和华所憎恶'④，如果你以争取自由为名而对人家加上枷锁，上帝就肯定会摧毁你。从另一方面说来，如果以一个没有领袖的同盟来从事这种事业，那你就是把上帝不仅交给你而且命令你述职的官职放弃。'懒惰为耶和华行事的，必

---

① 见《圣经》旧约《出埃及记》，第3章，第7节。
② 按西俗，在圣殿中的至圣所不得捕人，有难者常去趋避，谓之至圣避难所。——译者
③ 见《圣经》旧约《以赛亚书》，第62章，第7节。
④ 同上书《箴言》，第12章，第22节。

受诅咒。'① 因此我们将要采取罗马人的道路。当我们征服了一个能具有自由的民族,那么我们就会把自由当成礼物送给他们,像弗拉铭尼乌斯对希腊就是这样。艾米利乌斯对马其顿也是这样。我们将收取他们以往依法应交给旧政府的税款的一部分,同时也获得同盟领袖的权利,其中包括征集公共事业所必需的人力和金钱的权利。因为一个民族如果通过我们的帮助获得了自由,那么他们便不但应当感谢这种事业,而且应当感谢我们,我们的帮助将使自由的果实传遍全世界。但并不是每一个民族能享受这种程度的自由,所以你要不愿像罗马人在马其顿一样弄好又毁了,毁了又再弄,那么你就应当细心地观察一下,哪些民族适于这种程度的自由,哪些不适合。这一点可以根据两种征记来判断。第一种征记是:它'愿意帮助耶和华攻击勇士'②。因为不顾人类自由的民族自己就不配享有自由。但在这一方面你很可能受到虚伪的欺骗。好在这种作伪在一个时候有效,过后就会成为泡影。另一种征记的标志更加肯定。也就是说,它可以实行一种平等的土地法。杰出的艾米利乌斯在赠与马其顿人以自由并在他们之中成立一个民主国家时,没有遵守这一点。有两个理由使我不得不相信这一点。第一,那时罗马贵族对于土地法是极感厌恶的。第二,假腓力往后竟然那样容易地恢复了马其顿,这一点要是没有贵族是不可能完成的。如果说贵族会急于要把自己的大财产拿来和人民平分,生怕不这样就会他人民在听到某一个人的名字时便抛弃自由,

---

① 见《圣经》旧约《耶利米书》,第 48 章,第 10 节。
② 同上书《士师记》,第 5 章,第 23 节。

那是很难令人相信的。因此，请相信我的话吧，一个国家如果不能实行平等的土地法，就无法保有像这样赐给他们的自由。比方说，除非是玛辟西亚的贵族瓦解了，否则那个民族在当地既不可能具有自由，我们也不可能安然坐在家里加以治理，因为他们仍然可能被贵族出卖给外国君主，尤其是在一个别无他利可图的国家中，这种人贩子是大有人在的，而我们就必然成了他们转手生意的市场。

"那里的贵族如果不通过我们的手也是无法解体的。关于这种人我们有殖民省制度加以管理。这种制度由于配合着被征服国家的尺度，所以就很容易保持住那土地。世界上没有任何其他民族比玛辟西亚更难保持。这一点他们自己虽然归之于自己的天性，其实是出自他们的国家。然而我现在有九千人经常在监视着他们，这一支军队如果受到袭击的话是有地方可退的，而且还有四十万人在接到警告消息后的第一天就马上可以开去支援他们，所以没有任何理由可以说明这一地区会从我们手里分裂出去。如果有人认为，海外有一个更远的殖民省就不可能像这样保住。其实这种人是只见到了我们的鹰爪，没有考虑我们的鹰翼。我们的船运几乎使我们的军队不论要开到哪个国家去都同样方便，所以能攻下的国家就能守住。这一方面是由于我们的军队本来已经很多了，将来还会大大地增加。另一方面也是由于我们有同盟国家，当他们在攻守殖民地时，我们就更加能攻守殖民地。

"我们帝国或保护国中的人民是最容易保持的。议员们，我跑到门口去不会只看看门是不是大致上已经关严了。这不是什么黑市交易，也不是赌博。赌博时谁要是看见了你的牌就可以占便宜，但这儿的便宜反而是你自己的。因为一万八千人就把一切事情都摆明了，我们因之也就可以防守住最大的殖民省。我之所以提一万八千人是因为这一数目会在殖民省的组织中以每年轮换六千人的速度周转。这一万八千人的薪饷纵使比任何国王所给予的薪饷都大，也不会使殖民省费去一百万镑的税收。① 从这一点上看来，他们的田产可以自由保有，由自己的法律和官员来管理。一个殖民省的净地租如果是四千万镑（大洋国中某些殖民省的数目比这要大四倍），那么他们的工业收入便至少要大两倍。所以那里的人民目前虽然受到压迫而没有饭吃，将来便会由于付给一百万镑而至少收回七十九万镑作为本身的用途。在这一点上，我倒要所有的人来说说，如果帝国成立的话，是不是全世界的保护人。

"如果我们不仅考虑到公民自由的传布，而且考虑到信仰自由的传布（这是我国自然具有而不能忽略的东西），这个世界的保护者，这个帝国便是基督的王国。因为圣父的王国如果是一个共和国，那么圣子的王国便也是一个共和国。《圣经》旧约《诗篇》第110篇第3节说：'当你掌权的日子，你的民……甘心（牺牲自己）。'

"在这里以及其他地方我已经说明这种政府的无限好处。同时也说明了从这种源泉之中将自然而然地产生一些什么东西。现在我要提醒大家一句话，天与不取，反受其咎。上帝已经向你们现身，因为他就是自然之神，就是这光辉灿烂的一群辅助原因之中的自然之神。我们一直是由于这些原因而蒸蒸日上。我如果不提

---

① 全国议会军薪饷所费的税收将在结论中说明。——作者

醒大家,他也许'把脚上的尘土跺在你身上'①。

"马基雅弗利谈到威尼斯由于缺乏正式的军队而产生缺陷时说道:'这样就切断了它的翅膀,使它不能上天堂了。'如果我们的共和国不以人民为基础,那么我们就不可能具有正规军,同时也就失去了世界帝国。非仅止此,其他国家还会夺去这个世界帝国。

"哥伦布曾经把黄金献给我们的某一个国王,幸而他没有相信②,所以其他的国王才饮了那一份毒液,甚至弄到民穷财尽的地步。但我并不主张轻启虚耗国帑之衅,这种战争已经使得世界为之凋敝。我所主张的战争对于国家的健康与美说来都是自然称合的。各位不妨留意一下,每当病床上的病人辗转不安时,其结果不是死亡便是恢复健康。当世界上的人民在哥特王国残余中辗转呻吟时,他们不会死去;同时除开古代经纶之道以外也没有其他恢复健康之道。因此,我们就必须更好地理解这种药方。法国、意大利和西班牙如果不是一同患病,一同腐化,那么它们之中就没有一国会腐化患病。因为疾病之国不能抵御健康之国,而健康之国如果不治好疾病之国也不能保持健康。这些国家中第一个恢复古代经纶之术的健康的,就一定能统治全世界。各位如果想中了一国的话,我猜就是法国。试问意大利具有这种健康的时候情形又是怎样的呢?如果我们处在那种世界之中,就必然会被降为

---

① 《圣经》新约《马太福音》第10章第14节中说:"凡不接待你们、不听你们话的人,你们离开那家或是那城的时候,就把脚上的尘土跺下去。"

② 据《哈克路特游记》(*Hakluyt's Voyages*)所载,哥伦布曾将西印度群岛献与英王亨利七世,但由于为时过晚,所以未能获得。作者此处谓英王未接受,不知他所根据的文献是什么。

285

一个殖民省,这话并不是随便说的。意大利在 L.艾米利乌斯·巴博和 C.阿迪利乌斯·列哥罗斯时代曾以自己的武装而不借助外国雇佣军,平息当时发生的高卢人叛乱,他们用了七万骑兵和七十万步兵。意大利在三国中幅员最小,法国则人口最多。

光荣啊,前进吧!
继续发扬光大吧!

"议员们,大洋国是'沙的玫瑰花,是谷中的百合花。我的佳偶在女子中,好像百合花在荆棘内'①。'她秀美如同基达的帐篷'②,'威武如展开旌旗的军队'③,'她的颈项好像大卫建造的收藏军器的高台。其上悬挂一千盾牌,都是勇士的藤牌'④。'早晨我必听你的声音'⑤,你是我灵魂所钟爱的。'南风啊已息,西风啊吹来,吹在我的园内,使其中的香气发出来。'⑥'世界的女王起来,耶稣的配偶起来,因为冬天已往,雨水止住过去了。地上百花开放,百鸟鸣叫的时候已经来到,斑鸠的声音在我们境内也听见了。起来,与我同去,不必延宕。'⑦'我的眼睛难道要在巴比伦河边见着你,

---

① 参看《圣经》旧约《雅歌》,第 2 章,第 1、2 节。
② 同上书,第 1 章,第 5 节。
③ 同上书,第 6 章,第 4 节。
④ 同上书,第 4 章,第 4 节。
⑤ 同上书《诗篇》,第 5 篇,第 3 节。
⑥ 同上书《雅歌》,第 4 章,第 16 节。
⑦ 同上书,第 2 章,第 10—12 节。

把我的琴挂在那里的柳树上。最美丽的人啊,难道是这样吗?'[1]

"各位爱国志士:如果人民是主权者,这就是肯定他们特权的方法。如果我们是诚恳的,这便是减轻我们灵魂负担并促成我们一切事业的方法。如果我们是仁慈宽厚的,这就是包容一切方面的方法。如果我们已经确立了,这就是使我能稳固的方法。

"如果我们的宗教不是一种专门歪曲人类的天性或理性(理性就是上帝的圣像,那样做就是一种谋杀)的浮夸的言辞,那么我们这个共和国就会像《阿摩司书》第5章第24节所说的:'公平如大水滚滚,公义如江河滔滔。'那时呼唤我们的是谁?阻挡我们的又是什么呢?是一只狮子吗?[2] 那条龙难道不就是那条古蛇吗?[3] 它们在这里打算干什么勾当?我们有许多事情要做,难道就不能在一个时候做某些事情,在另一个时候又做另一些事情吗?

"议员们,让我们把问题总结一下吧。"

---

[1] 参看《圣经》旧约《诗篇》第137篇说:"我们曾在巴比伦的河边坐下,一追想锡安就哭了。我们把琴挂在那里的柳树上。因为在那里掳掠我们的要我们唱歌,抢夺我们的要我们作乐。"

[2] 《圣经》旧约《阿摩司书》说:"好像人躲避狮子又遇见熊,或是进房屋以手靠墙就被蛇咬。"

[3] 《圣经》新约《启示录》第20章说:"我又见一位天使从天降下……他捉住那龙,就是古蛇……也叫撒旦,把他捆绑一千年……使他不得再迷惑列国。"

关于整个共和国的总结

"基本或中心的法律是这样几条：第一，大洋国境内的土地按土地法规定每年收入不得超过两千镑，这样就使土地财产保持一种均势，使权力不致脱离多数人的掌握。

"第二，通过平等的选举或轮流执政的方式，选票便从树根上将液汁平均地运送到官职或主权的枝叶上去。

"我国的人民组织分为平民组织、军事组织与殖民省组织三方面。同时我们首先将人民分成公民与奴仆，其次又分成青年与长老，第三分成地产、货物或金钱收入每年在一百镑以上的骑兵和不足此数的步兵，最后根据他们的通常住所分成区、百代表辖区和部族。这样一来，就使这些制度以上述中心法或楷模为基础而定了型。

"平民组织是由长老组成的。产生的方式是这样：每年十二月以后的第一个星期一，各区长老每五个人中选出代表一人，半日内就选定。到一月后的第一个星期一，代表们就到各百代表辖区会场上去集合，并从自己的人中推选出治安推事一人、陪审员一人、步兵队长一人和步兵保安长官一人。选举在一日内完毕。

"每年2月以后的第一个星期一，各百代表辖区代表在各部族集会，选出保安司令、保安副司令、首席治安推事、会场指挥员各一人，骑兵监察官二人。部族与百代表辖区官员加上陪审员组成部族议会，按本身官职协助巡回审理，举行季会等等。部族选举完毕后的第二天就选举年度部族代表团，其中包括骑士两人、骑兵代表三人、步兵代表四人。这些人当选后便具有权利，可任国家级行政官职三年。在百代表辖区当选的职员不得当选部族的行政长官。但不论是百代表辖区的还是部族的长官与职员被选入部族代表团后，就可以在本组中选出一人代理他在部族或百代表辖区中的长官或职员职位。在集会中办完这一次选举需时两天，所以全体人民每年在本部族中便有三天半的工作，以便持续他们在分享上述的官职时所接受的权力。

"每年3月后的第一个星期一，每一部族的一百名骑士就将到元老院中去就职。他们就职后就组成该院的第三同届选任组。然后元老院就进行元老选举，这种选举计分每年一届、每两年一届的选举和紧急选举三种。

"每年一届的选举按年度循环表进行。

"年度循环表是由两部分组成的，元老院官员根据第一部分选出。元老院的参议会则根据第二部分更换持续。

"第一部的情形是这样：

军事执政官
传令官
第一监察官
第二监察官 } 这些都是每年一选的官员，所以无论从哪一同届选任组中选出都可以，因为每一同届选任组在循环表上都至少有一年任期未满。

第三法政监督吏
第三财政监督吏 } 这些都是三年一选的官员，所以必须从第三同届选任组中选出，因为唯有这一组才有三年任期未满。

"现任军事执政官和传令官是元老院的议长或主席。

"行军中的军事执政官是军队的总司令,在这种情形下就选出一个新军事执政官代替他的职务。

"军事执政官和六个监督吏就是国家议事官,也就是共和国的中央长官。

"监察官是管选举事宜的官员,是宗教参议会的主席和神学院的院长。

"循环表的第二部分规定国务参议会的更换持续事宜。方式是从元老院的第一同届选任组中选出五名骑士组成参议会的第一同届选任组。由于每一同届选任组都有五名,所以全参议会便共有十五名骑士。

"以同样的方式从元老院的同一同届选任组中选出四人进入宗教参议会,四人进入商务参议会。这些参议会都是由十二名骑士组成的,每一同届选任组四人。

"军事参议会由九名骑士组成,每一同届选任组三人。人员是由国务参议会从本身选出的,而其他参议会则是由元老院从本身选出的。如果元老院从自身中另选出一个任期三个月的九人特任工作团,附加在军事参议会上,该参议会在这一任期中就成了大洋国的独裁参议会。

"中央长官的全体或个人有权参加每一元老院参议会,并进行投票。他们也有权向元老院或任一参议会提议案。参议会的每一同届选任组都选出两个一星期一任的议长。这种议长两人联合,也有权向各自的参议会提议案。他们是这种参议会中特任的和正式的建议人。因此,他们便举行座谈会,任何人都可以到那里用口述或书面的方式把建议向提案人提出。

"年度循环表的选举以下便是每两年在元老院中以投票方式选出驻法国大使一人。这时原驻法大使就调往西班牙，原西班牙大使则调往威尼斯，原威尼斯大使则调往君士坦丁堡，而原君士坦丁堡的大使则调回国来。因此，每两年选出一个大使后，驻外使节的组织就可以在八年中轮转一次。

"最后一种选举是紧急选举。这种选举是以遴选法进行的，方式是这样：当参议会提出一个竞选人送交元老院之后，元老院另外再选出竞选人四名，并将五人一起付诸票决。得票最多而又多于半数的就当选该官职。将军或野战军官由军事参议会以遴选法选出。特任大使则由国务参议会选出，法官和推事是由大法官厅遴选的，男爵和一级财政官员是由财政部遴选的。

"以合法方式提交任何参议会的意见，该会就必须加以讨论。讨论中所批准的结论都提交元老院，在这里再加以讨论和批准，或者是由全院加以否决。经元老院批准的议案就成了法令，对于国务事项有效。但如果不提交特权部族并经该部族批准就不能成为法律。

"每部族的部族代表团由骑兵三人，步兵四人组成。全体部族共有一百五十名骑兵和二百名步兵。他们进入特权部族，并选出队长与步骑兵旗手（都是三年一任的官职）之后，就组成了第三联队，包括骑兵队一队，步兵队一队。他们和整个特权部族一起，选出四个年度长官，职衔是保民官。其中两人属于骑兵，两人属于步兵。他们可以召集特权部族的会议，在军事参议会中也有投票权。他们还可以参加元老院会议，但无权投票。

"当元老院通过一项法令并准备提交人民大会时，就将该法令印发出来，或公布讨论六个星期。下令办理这些事项之后，他们就选出提案官。这种人选必须是行政官员；也就是说，只限于法政监督吏、财政监督吏或监察官。选出这些官员之后，就召集保民官开会，并指定开会日期。人民大会如期召开后，凡属以元老院的名义提出并经人民大会批准的法令就成了大洋国的法律，或全国议会的法案。

"所以大洋国的全国议会便包括着提议案的元老院和作决定的人民大会。

"人民大会或特权部族也是本国的最高审判机关，有权听审并裁决从各级官员以及殖民省与国内法庭中提出的一切上诉案件。行政官员任期届满后，他们也有权加以审问。只要案件是由全体保民官或其中的任一人提出的就行。

"军事组织是由青年人组成的，也就是由十八岁至三十岁之间的人组成的，其选举的方式是这样：

"每年12月后的第一个星期三，各百代表辖区的青年集合起来，选出全部人数的五分之一作为代表，这种青年代表称为青年军事代表队，构成第一级部队。

"每年1月后的第一个星期三，青年军事代表队在百代表辖区集合，选出他们的队长和步兵旗手，并参加竞技会。

"每年2月后的第一个星期三，青年军事代表队由他们的指挥官副保安司令和会场指挥员与监察官接待。当他们举行过操练和竞技会之后，就被传召到瓮前来，并在这里选出第二级部队，每一部族的这种部队都有两百名骑兵和六百名步兵。也就是说，全体部族共有一万名骑兵和三万名步兵。这就是本国的常备军,随时待命出发。他们同时也选出一部分第三级部队,选时将标明"M"字样(去玛辟西亚)和"P"字样(去庞诺辟亚)的票球混起来。每部族抽出每种字样的票球的人应有骑兵十人,步兵五十人。也就是说,全体部族共有骑兵五百人,步兵二千五百人。选出后立即开往各省。

"更恰当地说来,本国第三级部队应当是这样组成的:当元老院、人民大会或独裁议会宣战以后,军事执政官和将军在大洋国会场上提出权力证书,然后从会场指挥员手里接收第二级部队。该部队配装好军事参议会所安排的一切装备后即出发,这样就构成了正式的第三级部队,这时元老院就选出新的军事执政官,而副保安司令则组成新的第二级部队。

"青年人除了独生子以外,如果不向部族议会或监督官提出充分理由而拒绝参加任何一级部队时,就不能担任官职,并且要把他每年地租或田产的五分之一用作罚金,补偿国家对他的保护。在外族入侵时,长老也必须和青年担负同样的任务,经费由自己开支。

"殖民省组织,一部分是青年,一部分是长老,组织的方式是这样:

"第一同届选任组的四名骑士任期届满后,由元老院选出担任玛辟西亚殖民省组织的第一同届选任组。这种官职三年一任,全体就任后,每同届选任组共有骑士十二人。每一选任组都选出每星期一任的议长,主持这种会议。元老院中同一选任组另有一名骑士担任主席,官职每年一任。他们都有权提出议案。主席或议长中任意两人所提议案应在议会中加以讨论。如果该问题属于他们现有权限或训示范围之外，则应转交全国议会。殖民省议会应与全国议会保持联系。

"省议会的主席也由军事执政官或殖民省部队总司令担任。因此，会场指挥员接到他当选和指定会场的命令后，就将抽中他那一省的字母的青年军事代表队移交给他，他就把这部队带到本省去。殖民省部队接受新的军事执政官和第三联队后，议会就撤去旧军事执政官和第一联队。庞诺辟亚和任何其他殖民省都照样办理。

"本共和国的议员或行政官员卸任后再任官职或当选时，任期不论是一年一任还是三年一任，都必须有与任期相等的卸任期，但殖民省议员或行政官员则不需要任何卸任期。殖民省议会和任何其他议会和会议的法定人数在气候正常时期必须有总人数的三分之二，在气候多厉时期则必须有总人数的三分之一。

> 投石成渡头，海岛隐然现。
> 两礁相对矗天立，
> 海水诚安谧。①

"我想除开盖房子时临时用的脚手架以外，并没有遗漏任何东西。这里面究竟有多复杂呢？谁又能提出另一个这种结构的共和国呢？这里面究竟有多少东西呢？试问什么地方还有一个共和国

---

① 见维琪尔《伊尼特》，I，159—164，描写伊尼特到达利比亚安全港口后的情形。此处借喻一切都已经妥当。

只有三十条法令呢？当你去提起诉讼时，某些法庭上便会有二百条原始敕令。任何国家一抬手，动作起来的骨头和神经都要比这里多一些。如果他们去玩牌，口袋里的牌便要多一些。非仅止此，当他们坐在那张椅子里的时候，构件如果不多一些，就坐不稳。他们能同意家具商那样做，难道就不能同意立法者那样做吗？一张椅子所必要的东西，难道宝座上就不能有吗？

"议员们，如果你希望共和国的法令少一些，法令反而就会更多了。因为它一开始时就没有做到完美的程度，那么往后它就会每天、甚至每时每刻都在产生新法令。其结果是法纪荡然无存，而只由某些煽动家来胡作非为。他是不是在准备他的摇钱树呢？抬起头来吧！野心是政客们可憎的面目，就像苏拉那样满脸血污，让这种面目滚蛋吧！'神使元老们具有智慧，使我们的脸上发光，照亮坐在黑暗中死荫里的人们，把他们的脚引到平安的路上。'[①]……天哪！到底发生了什么事情！……"

参议院秘书菲勒德菲斯宣读上述若干条法令之后，接到了一个小包。这是他的通讯者，巴纳苏斯的秘书博卡里尼寄来的。他在读其中的一封信时，竟突然哇地一声哭将出来，而且只是号叫，立法议员们都大吃一惊，害怕有什么惊人的噩耗到了。其中有一人从他手里夺过信来时，其他的人都连声嚷道"快读，快读"，他听从大家的要求读道：

"本月3号，菲比陛下圣躬亲自考虑了自由国家的性质。他坚信这种政府的法律比其他法律优越得不可比拟，同时还能更加可

[①] 参看《圣经》旧约《路加福音》，第1章，第78节以下。

靠地导致人类的幸福；他还坚信这种民族的勇敢是圣火最好的火种，这种土地上的天才是最少迂腐气习的文学的根源，当这种土壤上结出的果实变得成熟丰美时，对于野心家的野心和暴虐作风非常痛恨，所以篡夺本国自由的人就变成了自身情欲的奴隶，因为不论事情怎样违反本性或良心，他们也一心行恶，专门迫害好人。用鞭子夺来的权力是不会善用的。菲比陛下用了恶人的规律中应有的甚至更大的力量，把那些居住在学问高深的法庭中的元老们聚集到麦尔朋米尼戏院中。在这里，他让独裁者恺撒上台，接着又让他的妹妹阿克茜娅，他的侄子奥古斯特，他的女儿朱丽叶带着她和马可·阿格利帕所生的子女列西阿斯，还有凯尤斯·恺撒家族，阿格利帕·波斯特宇麦斯、朱莉娅、阿格丽苹娜，以及她和有名的丈夫日耳曼尼古斯所生的无数后裔都上台来。谁看了都会感到这是一个可怜的景象，但在恺撒眼中则是最可悲叹的事情。他看到他那奇特的野心不以自身血迹斑斑的幽灵为满足，对于自己无辜的后代造成了多大的灾难，甚至自己的全家都毁灭了。有人性的地方就必然有同情存在。奥古斯特的姐姐渥大维娅以及他的女儿朱丽叶的满门家族，没有一个不是死于刀剑、饥馑与毒药之下的，说起来令人不禁为之泪下。如果恺撒的伟大灵魂已经是登峰造极了，然而具有同样或更大权力的人[①]却又看到克劳底乌斯[②]可诅咒的家族如狼似虎地吞噬了他的血以后仍然得到了罗

---

① 指奥古斯特。
② 指奥古斯特的姐姐渥大维娅与克劳底乌斯·玛尔凯路斯所生的子嗣。奥古斯特死后由这一世系继承王位，从提庇略至尼禄共四世皇帝，都不得善终，国家动荡，形成恐怖时期。原文是说他们虽有表面昌盛，但实际上并不幸福。——译者

马帝国，并一直充分地保持着有名的家产。事情果真是那样，那就是玷污天国之光的事情了。然而，就像恺撒还没有看够似的，菲比陛下又在戏台的另一边引入了最有名和最快乐的国王安德·多利亚和他亲爱的后裔，永远被热那亚城柔软的两臂拥抱着。他在它那充满慈爱的怀抱中，将它平易宜人的自由像天国之露一般降下。这位罗马的暴君看到这一桂冠在人民的心中生了根，和他所夺取的那一桂冠比起来，真可以说得是万古长青。这时他四肢扭曲，面色如土。到会的元老们原来以为自己对于这样的场面是可以无动于衷的，所以便像阿尔卑斯山的雪一样，以一种孤标傲世的态度在看戏。但看到这里以后，全都举起自己的大袖掩脸而泣了。"

执政官站起来说：议员们，聪敏机智的菲勒德菲斯用一幕可怕的悲剧给我们提出了一个严重的忠告。"听到忠告的人们，应当虔诚地敬奉神。"[①] 光辉而伟大的恺撒是凡人中最高的人物，然而他进行统治时却只能用兽性的部分。但是共和国却是以上帝为王的王国，因为上帝的敕令——理性就是它的主权。

说完这些话之后，他宣告议会散会，不久之后典章制度就公布出来了。其中的精神是："有利于共和国的事情，贵族就应实行，元老就应考虑，人民就应决定。"愿大海发声，愿大水拍手。[②]

---

① 见维琪尔：《伊尼特》，Ⅵ，620。
② 见《圣经》旧约《诗篇》，第98篇。原义是歌颂耶和华来临，按公义审判世界、按公正审判万民的情形。

大洋国的执政官在公布典章制度时标明了两个大字
自　由

　　执政官和议会在制定现在所公布的典章制度时，并没有任何私人利益夹杂在里面，也没有存在任何野心。他们只是敬畏上帝，并以人民福利为重。他们始终希望，这一伟大的工作应当按这一精神进行。目前这一通告是告诉我国善良的人民，当执行议会在制定典章制度期间开设时，将随时接受明智与热心公益的人为政治清明的共和国的制度所提出的建议。所以该议会在典章制度公布讨论期间（为时三个月）将和往常一样在万神殿的大厅中开设。反对典章制度的全部意见或部分意见，都将接受并加以考虑，有机会时还将提交立法议会。为了使事情不致做得过于鲁莽，或不得人民同意就做出来，所以无论任何党派的人要是存在着任何疑难或疑问之处，都欢迎尽快向执行议会提出。如果这种反对意见、疑问或疑难解决后使得仲裁者感到满意，他们就将受到公开致谢。如果从仲裁者那里得到的满意解决是重新审定已公布的典章制度。那么造成重新审定的人就将得到公开致谢，并将得到执政官马厩中最好的一匹马，此外他还可以成为立法议会中的一员。上帝在保佑着你们。

　　在这里，我提起执行议会的理由有两个。第一，前面是时间短而叙述的事情多，所以我已经十分劳累了。其次，人们免不了还有新的反对意见提出。因此,任何读者对于典章制度有任何新的反对意见,我就请他像对执行议会提意见一样用讲演的方式向自己提出来,以便在这草案变成一部正式的典章时,他的讲演就能忠实地插在这里,并使修正本能得到改正。因为经过笔录的东西将得到考虑,但闲谈的方式在目前只是一种赌博,在这种赌博中,有金子的人就有本钱。

这也像是用草做花的妇人们的游戏,花必须插起来,但不能摸。① 更糟糕的是,这还不是交谈方式的唯一缺点。对于一个考察者说来,我要提出的是:如果发明一种方法和使旁人学会一种技艺是一回事,那么我就请他指出这方法是不是没有真正地被发明,这种技艺是不是没有忠实地被教会。②

要画好一个圆圈就不能不把头和尾接上,共和国正好比是一个圆圈。典章制度公布讨论时期完毕之后,就派遣视察员下去。他们在适当的时机报告自己的工作已圆满结束后,接着就派传令官下去。在这两种官员和职员的主持下,共和国便在全体人民之中通过库里亚大会、百人团大会、部族大会等组织被批准和建立了。传令官由于本身的签,同时又是各部族的成员,所以便被选成第三名单或部族代表团的第一骑士。因此他们回来时,在帮助执政官推动元老院、人民大会和特权部族行动起来以后就放弃传令官和立法者的官职。

---

① 此语是说,交谈方式无真凭实据,不可捉摸。——译者
② 此段的意思是说他的这番探讨同时也就是教给人家怎样治理国家。

结　论

普卢塔克在结束莱喀古斯的生平传略时说：后来，当他看到自己的政府生了根并且生长得十分茁壮，足以独立时，他内心感到一阵喜悦，[1] 就像柏拉图描写上帝在创造世界完毕，并看到自己创造的天体在自身之下运行时所感到的喜悦一样。[2] 自然是上帝的创物，人类的创物是自然的摹本。[3] 在人类的创物之中，除开秩序良好的共和国的建造设计以外，没有任何东西更像从混乱之中造成美妙秩序的律令。因此，当莱喀古斯看到自己的法令具有良好的实效以后，便进行深刻的思索，想在人类思维所能做到的范围内使它永恒不朽、万世不易。为了达到这一目的，他把人民召集起来并向他们训示道：就他所能见到的情形说来，他们的政策已经成了这样的性质，而且已经建立得这样好，以致能使他们和他们的共和国获得人生所能具有的最高美德和幸福。

然而，他说那时还有一桩比任何东西都重要的事情，还没有准备好向人民作出一个完整的叙述，同时在他求得阿波罗的神示

---

[1] 见普卢塔克：《莱喀古斯传》，XXIX。
[2] 见柏拉图：《提迈斯篇》。
[3] 见霍布士：《利维坦》序言。

之前也无法作出。他要人们在他从德尔斐回来之前毫无变更地遵守他的法律。人民一致兴高采烈地以诺言应允了，并且希望他尽快回来。但莱喀古斯在启行以前，先从两个国王和元老们起，然后依次及于全体人民，让他们为自己的诺言发誓，然后才走上了旅途。到德尔斐之后，他向阿波罗献了祭，然后便求问他所建立的制度是不是好，是不是足以产生美德和快乐的生活。立法者的格言是：不要制止目前流行的迷信，而要最好地利用它，因为它在人民之中最有力量。普卢塔克本身是一个祭司，所以对于这事有另外的看法。然而西塞罗在他的《论神示》中说得最清楚，除了祭司的手法以外，根本没有所谓神示。但我们不妨遵从作者普卢塔克的话。他说，上帝答复莱喀古斯，认为他的制度是十分优越的。他的城邦严格遵行他的政府形式之后，就可以声威大振。莱喀古斯命人把这神示记下，当然也没有忘记把它送给拉栖第梦人看。做完这一切之后，为了使他的公民永远神圣不可侵犯地遵守誓言，在他回去以前不能更改任何东西，所以他便决心从那时以后不再进食，饿死在那里，接着他就开始绝食。从结果上看来他也没有受骗。因为他的城邦是世界上最光辉和最杰出的政府。以上所说的就是普卢塔克对莱喀古斯的描述。

大洋国的执政官不但看到了国家运行的盛况，而且看到了他所建立的制度一无障碍地按照自然造就的规范，处于欢乐与和谐的状况中，他的精神也和莱喀古斯一样振奋。但他认为叫人民大会和元老院发誓遵守他的制度，不过像是叫一个健康良好、体魄健全的人发誓不自杀一样，此外就没有任何理由或必要了。不过基督教虽禁止自杀，但主张自我节制并不比其他宗教少，所以他便决心使一切尘世贪欲在当地死去。他为了不让野心得到任何食物，于是当他在热烈的掌声中进入元老院以后，接着就像莱喀古斯在人民大会之前所说的一样说了一段关于新政府的话，然后就辞却了执政官的职位。元老院在吃惊之余沉浸在沉寂的气氛中。人们遇到这样一个突如其来的事情时，完全没有想到要说什么好。后来执政官退出会场，快到门口时，许多骑士从自己的座位上拥上前去，好像是要强行拦阻似的。这时执政官摆脱了热泪盈眶、如稚子失慈父的元老院；他为了躲避进一步的渎求，于是便退隐到乡下一所房子去了。这房子十分偏僻而秘密，以致人们在一个时期内竟然都不知道他的下落。因此，立法者便成了新法律的第一个目标和反映。由于获得全面自由是人民最欢迎的事，所以对人民的本性说来，最可怕的事就是不知感恩。我们谴责罗马人对卡米卢斯等许多最伟大的恩主都犯了这种过失。他们由于无力判断自由之中究竟包含一切什么，所以便一再犯错误。我们要成为更合格的美德的评断者。但正像珠宝对于佩戴最多的人一样，美德对于罗马人成了一种庸俗的东西。我们茫然无知地从粗鲁的罗马人中取得了这种宝石之后，就像瑞士人拿着他们从伯干地的查理的袋中取得的宝石[①]一样把它卖掉。卡米卢斯以一种比卡匹托尔山还坚定的信心挽救了罗马的覆亡，这一点是大家公认的。但从另一方面说来，他维护贵族利益反对人民的自由却也是明显的。所以他根本不要那些为他效命沙场的人，也不要那些在城里直言

[①] 伯干地是中世纪欧洲的公国，大部在法国境内。查理在格兰德逊地方与瑞士人作战曾失去大宗财宝和一个大宝石，这事流传一时，已成民谣。——译者

极谏的人。有些人根据这一点认为卡米卢斯错了,其实他们对自己和罗马人民都不公平。罗马人民在这一事实中只是表示自己对奴隶制的痛恨比对罗马覆亡的惧怕更深,这是豪迈之气达到极点的表现。同样的情形也可用其他民主政府中反对这种现象的例证来说明,如雅典用贝壳流放法放逐公正者亚立司泰提就是这样。这种流放最初并不是一种处罚,甚至也没有认为是表示轻蔑。而只是为了共和国的安全起见,把一个在财富方面或植党营私方面受人猜忌的公民送出去十年,使他不能为害。这并没有减少他的财产或荣誉。其次,亚立司泰提的美德是没有问题的,但他获得了公正者的称号,以致成了一切人民案件的仲裁者,甚至不顾共和国的法令与法律,形同素王。所以雅典人把他送出去对他并没有亏待,对政府也做得很对。所以这事不像普卢塔克所假定的那样,是由于特密斯托克利斯的嫉妒而造成的。因为亚立司泰提比特密斯托克利斯更有名,而且特密斯托克利斯不久也在一个更坏的时机上走上了同样的道路。马基雅弗利在他所论述的问题中斩钉截铁地证明民主政府是一切政府中最知道感恩的。我却要指出,大洋国的执政官的退隐使人们普遍地对他这蒸蒸日上的共和国的光荣感到一种忧伤并且留下了一层阴影。

这事在私人谈话中曾讲遍一时。那时国内还分成许多党派,彼此敌意未消。人们感到苦恼之余就把眼光集中在元老院身上。多林部族中的纳瓦科斯·德·帕拉罗阁下,新共和国中维谨维慎的执政官,在敬神和举行感恩祈祷之后,向国务参议会提出了议案。该参议会一致欢迎、热烈鼓掌通过,然后就提交元老院,元老院以更热烈的情绪通过了这一议案。因此马上就印制发行了这一议案，许多印本由秘书按法令公布方式送交部族议会和法政监督吏。监督吏包括欧底亚部族的佛斯佛奴斯·德·阿治、纽比亚部族中的林修斯·德·斯特拉、图尔米部族中的多拉柏拉·德·恩尼阿。他们被选为临时提案官。他们通知保民官，从那天起在神光殿连续举行人民大会六星期，这是公布讨论的最后期限。

各部族人民对于法令的公布极为满意，官员或平民等友好之间的通信使信差每星期都满包满袋地载运。提议案的那一天到了之后，特权部族在纪律规章所指定的地方集合。萨尔通部族的骑兵队长桑奎英·德·林武接到保民官的命令之后带着队伍进入万神殿广场。他的号兵凭自己的纹章标志进入大厅，通知骑兵队长已到。这时元老院的差役走过来接待并回报提案官。当他们下来的时候，骑兵队长便走到楼梯下去迎住他们，并陪同他们走上国家马车。那时法勒拉部族的查马官卡尔卡·德·基尔佛以及身骑高头大马的扈从已经在门外等候。

提案官坐上马车之后，接待大使时所用的仪仗队便按下列秩序前进：骑兵旗手领着队伍在前面走，骑兵队长跟在后面。队伍后面跟着二十个传令兵或号兵。管票员骑马腾跃前进，前面是领队官，后面是查马官。管票员后面是属于柏斯歇亚部族的纹章官布朗科斯·德·罗科，带着本部族的武装人员。他后面是属于爱维部族的典礼官波利斯丁尼·德·霍利瓦特。槌杖与大法官厅的玉玺杖紧接在马车前面走。车子两边是元老院扛着战斧的门警，另有骑士或元老的差役二百人或四百人跟随。传令兵、管票员、门警、左右骑手、马车夫和差役都穿着漂亮的共和国制服。除管票员以外，都不戴帽子，他们只戴黑天鹅绒平帽，额前有一小角。提案官后面跟随着一长串马车，里面坐着一些缙绅先生，他们在这样的机会经常都来参贺共和国。他们这样缓缓地通过街道，前面是庄严的仪仗队，后面是祝贺的人们。对于万神殿与神光殿之间的人民说来，这是一个异常热闹的场面。这一段距离一共有半英里，到达神光殿以后，他们发现特权部族已经齐集在一起，周围搭上了许多台，台上站满了看热闹的人们。保民官接待了提案官，把他们领到部族前面的座位上去，这座位很像一个讲坛，但很长，而且由纹章官装饰了许多鸟兽之类的装饰品，只是这些都画得很坏，没有一个具有自然的颜色。保民官们坐在长座下的一个长桌子上，骑兵的座位在当中，步兵的座位在两头。各单位的前面都有两个盆子，右边的是白的，左边的是绿的。桌子当中放着一个红色的。选举亭的管理员原先已将一部分亚麻球送交每一个部族，这时便把票箱交给管票员。提案官答礼时已将帽子取去，走入长席就座后，人民大会向他们欢呼致敬。这时青年监督吏坐到两头的座位上，第一监督吏则立在中央，以下列方式致辞道：

"大洋国各位官员与人民大会会员：

我以这种身份来向大家致辞，感到十分荣幸。大家的脸上都洋溢着喜容，充分地证明都有同样的感觉。各位已经是满腹锦绣文章，而且消化得非常良好，享用得非常称心快意。现在我如果再唠唠不休地说上许多话，便是不必要的了。我要提醒大家的是应有的感恩知情之意，而不以虚荣的词句来奉承各位。我们难道是凭人间的军队获得这一切幸福的吗？请看罗马共和国已经倒在自己得胜之剑底下了。我们自己的智慧难道已经使我们甚至开始为自己的胜利感到后悔吗？先生们，我们绝没有向自己的网献祭①，我们也是差一点没逃脱这种罗网。我们当口贴尘埃，②正如同另一日更好地学习到这一点时一样，心怀感激，向山举目。③我们也看到当先知有所疏忽时，上帝是如何地震怒。所以我们便可以得出一个必然的结论说，上帝希望把荣耀降给他选来当传道者的人身上。因此，我的保证中便没有可怀疑的，我将进而讨论特别有关目前的事情。也就是说，要把我们执政官的美德与功绩发现出来，由国家使之永照万世。

"议员们：

"我现在的课题不是叫我停滞不前，而是叫我寻找出最伟大的例证。首先让我们看看亚历山大，他筑下了剑与瘟疫的共同纪念碑，他像那样用大堆的尸体污染空气，对人类究竟有什么好处呢？战争之剑如果不是劝善罚恶的长官之剑，在上帝眼中便是一种恶，是一种谋杀之剑。非仅止此，亚伯的血④只是一个无辜者的血，尚且有声音哀告上帝复仇，那么一个无辜民族的血又将如何呢？这种帝国是野心家的宝座，是强悍猎人的猎场。这诚然可以说得是一种大抢劫。但亚历山大如果恢复了希腊的自由，并且把

---

① 见《圣经》旧约《哈巴谷书》，第1章，第16节。原语是说上帝借不择手段的迦勒底人惩罚以色列人，此处借用其义，说大洋国人不是迦勒底人。

② 同上书《耶利米哀歌》，第3章，第29节。

③ 同上书《诗篇》，第121篇，第1节。

④ 据《圣经》旧约《创世记》记载，亚当与夏娃的大儿子叫该隐，事神诚；二儿子叫亚伯，事神诚笃。献祭时上帝只接受亚伯的祭，该隐怒而杀之，其血呼吁上帝复仇，上帝使该隐流浪受苦。

它传播到全人类中去,那么他所做的就和我们的执政官一样,而且真正称得起'大帝'了。亚历山大并无意盗得本来可以获得的胜利。①但我们的执政官却把人家盗得的一次胜利夺回来了。那时我们正驯驯服服地服从着一个在我们田地里掳掠的民族,他却把他们的田地降归我们的帝国,并用胜利之剑把他们钉在本地的高加索山上。②

"马基雅弗利提出一个很中肯的警告说:文人们夸张恺撒的光荣,大家千万不要上当。他的帝国在名义上比在他家族中流传得更长。这种暴虐作风使这一批文人的自由换成了谄媚。但人们要是知道罗马人对恺撒的真实印象怎样,那就只要听听他们对喀提林说一些什么话就清楚了。

"犯下滔天大罪的人比图谋未遂的人坏多少,恺撒就比喀提林坏多少。相反地,谁要是想知道古代和英雄时代的人以及希腊罗马人对我们的执政官究竟会说些什么,那就请看看他们对梭伦、莱喀古斯、布鲁土斯和普布利科拉的评语如何。这些人在目标和实践上格局都不低,但我们的执政官非但德行过人,而且功业彪炳,其超过古人之处正是他比梭伦、莱喀古斯、布鲁土斯和普布利科拉更受人爱戴之处。

"我们也不应该避而不谈西庇阿的光辉事例。这位英雄和我们

---

① 亚历山大某次与波斯军对阵,对方声势浩大,僚属劝他乘黑进攻对方,但亚历山大答道:"我不要盗得一次胜利。"语见普卢塔克:《亚历山大传》。
② 据希腊神话记载,普罗米修斯盗得天火传与人类,后被天神钉在高加索山上受苦,其内脏白天被鸟吃,晚上又复生。——译者

的执政官可以就是最为接近,然而他却是由于建立了那样一个共和国才被认为其他方面的美德也是光芒无瑕的。试问这又如何能超过我们执政官呢?罗马共和国使得自己的官员们眼花缭乱,因而也就窒杀了自由。但他们也许会提出一些口实说他们自己并不喜欢这样做。那么我如果不同意以上的对比法,便也是不喜欢这种事情的。试问我们的执政究竟到哪里去了呢?任何潇洒的天才在他的面前难道不会感到自愧不如吗?他已飘逸天外。这个国家借他的光明照亮了自己的道路,而他却在这个国家里销声匿迹地遁隐了。他对自己的光荣感到不耐,深恐妨碍大家的自由。

"自由!我们如果不知感恩,自由又是什么呢?如果我们知道感恩的话,我们又会由于有所负于人而没有自由了。试问我们所有的一切难道不都应当感激别人吗?议员们,美德的条件有些是很让人感到作难的。如果要讨这一笔债的话,这是无法偿还的。然而取消这笔债,我们又都受到束缚了。从另一方面说来,如果我们付出一笔与自由人民不能相容的债,我们便非但没有使我们的执政官更加富有,反而把他的全部财产和无限的光荣全都夺去了。

"这些细节根据本共和国的法令作了适当的考虑和成熟的辩论。现在以元老院的名义向大洋国人民大会各位会员提出:

1. 执政官或大洋国的保护者的地位与官职根据此法令由大洋国的元老院与人民大会授予本共和国最光辉的王者以及唯一的立法者奥尔佛斯·麦加利托终身享有,愿上帝保佑他万寿无疆。

2. 原国库收入中每年尚余三十五万镑,在上述期间将拨归该光辉的王者或执政官任其使用。

3.根据本共和国法令,执政官应在国务参议会中与该会人员一同接待外国使节。

4.执政官具有一支一万二千人的常备军,薪饷由每月税收开支,为期三年,以便保护共和国不受乱党侵扰。该部队由军事参议会提出意见并根据本共和国法令加以管理、指导和指挥。

5.本共和国对任何个人或党派都无特殊待遇。任何人当选并宣誓后,根据本共和国的法令,都可以担任官职。在未当选时,也可以同样享受自由,除缴纳共同负担的赋税以外,可以不受其他侵扰,保有自己的财产。

6.任何人如果发生异动,在选举时拒绝宣誓,或宣称自己属于某一与世俗政府规定不符的党派;在具有常备军的三年内,可随时将他本人及其财产不加任何损害地迁往外国。

7.当常备军的三年期满后,如果仍有异动党派与本共和国世俗政府规定不符,因而使共和国不得不延长该部队的期限时;该部队逾期开支应由继续不符民政政府规定的党派的财产中征集。"

提案官讲完以后,号兵即吹起号声,骑兵保民官骑马视察投票场,命令几乎拥到回廊附近来听讲的部族后退二十步左右。这时林修斯·德·斯特拉拿着提案,和纹章官布朗科斯·德·罗科一同走到部族中央搭的一个台上去坐下来,纹章官则脱帽站在他的右边。管票员已将票箱准备好,站在走廊之前。听到保民官的命令之后就骑着马到骑兵队去,每队去一人。同时又步行到步兵队去,每队去一人。每人之后都有小孩背着红箱子跟在后面,这是决定该问题应不应当提出的票箱。选票很快就送回给桌子旁边的保民官,并当着提案官的面加以点数,结果发现所有的全是赞成票。因此，红箱或疑票箱便被放到一边去了。这说明投赞成与反对票的部族已经弄清了这一问题。因此，当纹章官在部族中央的台上宣读第一提案时，投票的只有赞成票与反对票两种。布朗科斯声如洪钟，在投票进行时一再反复念诵这一提案。其他条文也照样进行，直到投票完毕为止。这时保民官聚集在一起，记下点数，也就是说，每次投票的票数由书记当着提案官的面根据各保民官所说的数目总加后记下来。这一点不能忽略，因为这就是人民的意见。人民大会投票的结果应由保民官呈报元老院，他们用三个银球和一个金球抽签，决定这项任务。结果金球由巴斯考部族第一步兵保民官阿各斯·德·克罗克亨抽中了。这人在本地是一个善良而能干的人，但他认为自己作为一个发言人是不行的，因之对自己当选的幸运感到发呆。后来他的同事劝他说，这事情不大，只要他拿着纸条会念就行了。提案官坐上马车，在会场上受到一阵鼓掌欢迎。然后他们又以同一次序回过头来，只是这回由保民官陪同，由整个特权部族送到万神殿的广场上。在这儿他们受到另一阵鼓掌欢送之后，就启行了。阿各斯一路上全然无暇想到自己的家人子女，十分庄重地走将上去。元老院中人人就座以后，全场鸦雀无声，似乎在等待着报告。这时阿各斯站起来以下述的方式发言道：

"全国议会各位议员与元老们：

"现在轮到我向各位报告共和国开国第一年本月3日人民大会在神光殿中进行投票的结果。欧底亚部族中的佛斯佛奴斯·德·阿治阁下，图尔米部族中的多拉柏拉·德·恩尼阿阁下，纽比亚部族中的林修斯·德·斯特拉阁下，大洋国的法政监督吏，临时提案官，我的同僚保民官和我自己在投票时都在场。我们都向各位元老证明，人民大会上述投票的结果是这样：

第一条议案	无反对票
第二条议案	无反对票
第三条议案	无反对票
第四条议案	赞成票超过半数二百十一票
第五条议案	赞成票超过半数二百零一票
第六条议案	赞成票超过半数一百五十票
第七条议案	无反对票

"议员们，这是我在虔诚的祈祷中说出的话，如果我自己也极力想到这种结果，那并无妨碍。

"关于执政官，正和我刚才所说的一样，应当报告各位的是人民大会中的诚意与善意。他们认为自己和各位联合起来所能贡献的，和执政官这样一个人比起来实在是太渺小了。元老们，一个人如果能为恶而不为，就诚然可以称得起是诚实的人。我们的执政官完全有权力使我们遭到我们这种可怜的国家可能遇到的特大灾难，因为我们对于自己认为好的人是完全信任的。然而他却为我们做下了这样多好事，这是我们自己都不知道怎样做出的。对于这样一个执政官我们又能说什么呢？佛斯佛奴斯大法官十分动听地把这事向人民大会说出来。各位元老请原谅，我敢说其中没有一个人能不像我这样流出喜悦的眼泪。我们的执政官可以戴着假发在街上散步，人民会跟在他后面祈祷。他的脚绝不会沾湿，因为人民会在他所行走的道路上掷满鲜花。他在人民的心目中和善良人们的估价中所占的地位，将比步上宝座的君主的地位还要高。那些君主们会把妨害他的其他君主从宝座上推下来。但我们的执政官却有二三十万人愿意为他当尽家业、效命驰驱。他的枕头是鸭鹅绒做的，他的坟墓将是同样安适的。在世的人将在他的坟墓上悲恸得紧紧地握住自己的手。至于各位元老（原文可译作父老。——译者），是名副其实的父老，是爱民如子的父老。各位的确不知道他们对各位的仁慈有什么感想。各位既是这样专心致志地从政，所以任何坏事来临的时候他们都会认为是自己造成的。这些可怜的人们看到自己既是各人一心，所以纵使自己永远有心为善，但有任何好事来临时，他们也会感谢那些教导他们做得更好的人。所以当新典章制度建立的时候，他们就诚心诚意地相信这就是他们经常想望的东西，如果他们能说出应当怎样做法，那就会和现在的典章制度一样了。我们不妨举个例来看。当提案官把各位的意见刚一宣布出去的时候，他们就认为这是人心所希望的东西。可以告慰诸位的是：当这一切宣布出去之后，世界上没有任何一个民族能像他们那样高兴去认识为了自己幸福的东西，也没有任何一个民族像他们那样喜欢去看这一切。所以他们爱诸位就像爱自己一样。他们尊诸位为父老，看来是决心永远服从诸位了。他们对各位杰出的法律十分感激，所以便把全国议会中的议员与元老当成世界上最高贵的人来祈祷。"

阿各斯没有想到自己能做得那样好。因为他构思正确，然后又按照自己所想的说出来；从议会的情形和他们对他表示的感谢来看，那儿的人都认为他绝对是最好的讲演家。对于这一点他一直非常担心，这时他感到非常光荣，同时想到下一个星期这一切将印给他的妻子和邻人看时，心里就感到非常高兴。李维的书中把罗马的保民官和执政官所说的话弄成一样的风格,其实这是不可能的。因此,就他这次讲演中相反的情形看来,维勒罗和卡奴里乌斯[①]的风格也不会与他不同。然而这两人都不是在共和国成立的第一年选出的。大洋国往后的保民官的讲演术都超过了必要的程度。当法律订立,并把前言加上之后,就送交给布朗科斯。他最喜欢的事就是像这样在城里到处视察吆喝,有如鹿在森林里跑一般,带着全副武装的同部族的人和说不清的号兵,宣布议会法律。前面说过,执政官毫无做作地退隐了,目的只是去敬神,并且通过斋戒和祈祷来祈求神护佑他的事业。这时他刚刚到城里来,和这一批宣布法律的人遇上了。柏斯夏部族的纹章官拉开嗓子吆喝了一阵,然后就神气十足地从他身旁走过去,就好像他这官比执政官还大似的。这种做法在这里倒被好好地接受了,不过布朗科斯这种高傲作风后来也碰上了钉子,使他感到大煞风景。话太长了,简直说不完。

执政官到城里的消息传出去之后,中央长官便领着保民官一起去见他,并且告诉他说自己听到了纹章官所说的消息。这时军事执政官补充道:"执政官对于我们所表示的心迹是无可怀疑的。人们都坚决地认为执政官不可能是贪图尘世虚荣的人,因此,人民大会和元老院对他所表示的感激就不能被认为是对他有这种污染。我们由于国外的敌人和国内的党派所造成的危险,没有一支常备军就不能自信,而常备军则除非交付给执政官就不能放心。"

[①] 维勒罗指维勒罗·普布利留斯,公元前470年保民官。卡奴里乌斯指盖约·卡奴里乌斯,公元前442年保民官。——译者

执政官答称他希望这是元老院和人民大会的意见。现在这既然是他们的心意,而他们又不得不选旁人当常备司令官就使他感到很遗憾。首先,因为这样并不更有助于他们的安全,其次因为只要他们还需要常备军,他的工作就还没有完。他不会反对元老院与人民大会的判断,这样做也是不应当的。他不怀疑,经验会为每一个人证明他们在这个政府中具有什么样的利益。而且这种利益在这政府中所能得到的改进也比其他政府中所能期望的要大。不论在任何时候,人们因仇恨而忘记自身利益的情形是不可能的事。这种情绪不可能持久,而且也不可能通过政府的组织在最初一阵发作时发生任何效果。我们不妨假定一种最坏的情况,也就是说人民选入元老院和特权部族的人全都是保皇党。那时就会有一万四千人在选举宣誓时便存心不仅背誓而且违反自身的利益。在那种情形下,他取得主权机构中的地位之后,就必将订立法令使这种地位失去。这种事情非但在经验中没有,而且在理性上也讲不通。要是保持这种地位的话,他们所做的就必然和任何其他人做的一样。同时,他们也会把政府从一个显然能站得住脚的基础上移去,而把它安放在一个显然站不住脚的基础上。如果元老院和人民大会被清一色的保皇党占据了还不可能发生这种事情,那么他们之中的一部分当选就更不可能发生这种事情了。如果元老院和人民大会所害怕的是某一个党其中没有一个人不当选,而且也不宣誓服从共和国的利益,那么这种党派必然非常之大,以致这样做就违反了自身的利益,因为他们和其他党派同样自由,同样拥有财产;要不然就非常小,以致无法为害。人民大会是有武装的,并且有军事执政官领导。任何一个部族不论在什么时候都可能比这种党派成为更好的一支军队。那时国内既没有党派纷争，外侮的恐惧就会消失。但元老院和人民大会既已作了不同的决定，那么最好的道路就是他们认为最安全的道路。在这种道路中，他一方面诚心地感激他们的丰厚赠与，同时也决心以完全服从和负责的态度来为他们服务。

不久之后，成为平等的公民的保皇党人就证实了执政官的判断。他们人人都认为滋味最好的东西莫过于政府。塞涅卡说过："没有经历过痛苦的人就连这个世界的一半也没有认识到。"

同时他们也清楚地看到，如果恢复旧政府的话，他们就要把自己的财产交给三百人的手中。如果元老院和特权部族包含着一千三百人，而且全都是保皇党人，那就必然会有、而且永远有一千人反对这种意见。后来元老院接到中央长官的通知说，执政官已经接受了他的地位和职务，所以便要在军事执政官与议长之间为他设下第三个座位，每一个参议会中也都像这样做。他可任意去参加会议，但不用必须去参加会议。阿各斯的话并没有空说，他是世界上最伟大和最善良的公爵。因为他的朝廷气派不下于任何其他君王，而他在战场上的军队则又是所向披靡的。在我们政体的性质中并没有任何原因要让他由卫士摆布，也不会使他寝食不安。神学院有许多明智之士作了宏伟的辩论，研究一个执政官如果有野心的话是不是能这样伟大，结论一致是否定的。其理由不但是根据目前这种民主的均势得出的，而且是假定了君主的均势之后推论出的。有些民族的共和国所能崇奉的公爵比君主国所能崇奉的君主地位还要高得多，大洋国的民族就是这样一个民族。西班牙认为奥伦治公爵是他最可怕的敌人，但那个国家如果有一个君王，他就会成为西班牙最好的友人了。因为共和国中的公爵的伟大是以人民为根基的，而君王的伟大却是从某几种均势上取得的，这些均势将从根消灭他的伟大。因此，尼德兰在国君统治下是贫穷而不足道的，但具有公爵之后就会发展到难以想象的高度，并且使他的行动的光荣超过了基督教国家中最伟大的君主。对于欧洲某些君王说来，大洋国的君王不过是一个小伙伴。但这个共和国的公爵却是他们共同畏惧的人，而且也成了他们的裁判者。

那时这位执政官最关心的是土地法问题。在这一辩论中，他不断敦促元老院和国务参议会，以便使它建立在稳固的根基上，把它当作共和国国祚的主要问题和根基。

以上所说的就是这政府成立第一年所发生的重大事项。到第二年末尾时，常备军就被撤销了，但税收在三年半之内仍然保持每月三万镑的数目。通过这种方式就铸成了一座大炮，并购置了一块每年收入五十镑的土地以便永远维持各百代表辖区中的竞技会和奖品武器。

到共和国成立十一周年时，原先用来维持元老院和人民大会并作为一项公共收入的消费税已经到期了。这时，财政部每年除了三十万镑的薪资支出外，由一百万镑的收入中累积七十万存在银行里，总数这时已达八百万镑。他们用这一笔钱分成几次为人民大会和元老院购置了每年净收入四十万镑的产业。此外还有庞诺辟亚的土地以及两殖民省的购置财产费，这些就足够公共收入的总数了。然而当财产税已经完全免除时，消费税是很轻的，由于有人提出许多表面的好处说它能提高公共收入，所以人民大会和元老院很高兴地规定消费税继续征收十年。采取了这种办法以后，到共和国成立二十一周年时，公共收入在地产方面就有一百万镑，因之消费税便暂时取消了。大家认为这是最好、最有效和最容易的税收方法，将来在有紧急事务时再设立。但公共收入现在每年都能购置土地了，所以就引起了人们的不平，认为共和国的均势是由私人财产构成的，像这样就会被吃掉。因此这一年就元老院和人民大会订立了一条有名的法律，禁止公家在大洋国领域之内或邻近殖民省中再行购置土地，这样就把土地法加在共和国本身之上了。习惯于君主制度的人嘲笑这种增长是不可能的，所以他们对于维护这种制度的人就不断提出强硬理由来反对。他们的眼睛只看见豪华和浪费。由于这种开销，不但国王的每一个儿子都是一个王子，消耗他父亲的府库，而且逢迎谄媚这些王子的人也日趋傲慢和浪费，成了他们主子的好报应。他们认为能欺骗主子是很光荣的，于是便吸吮他们的膏脂，永远让他们贫穷。这样一来，他们便不能理解一个共和国何以能具有帝王气派，并且能以这样一点点收入过得这样繁荣；这些钱给一个王子只能使他过着最不堪的生活。看来这好像是一个奇迹，一个随便浪费的人会把每年一万镑的收入花得什么也不值，但一个勤勉节俭的人却能使一点点钱显得每年有一万镑的收入。但一个人的勤勉和节俭绝不可能像一个共和国一样。首先是因为本金大、增长也大。其次，一个节俭的父亲多半有一个浪费的儿子，而共和国本身就是继承人。

这一年，庇科斯部族的议员，第一财政监督吏，阿瑞斯·德·武尔萨克向国务参议会提出了一个议案，后来很快就经元老院和人民大会投票通过。根据这一议案，岁入达一百万镑的公共土地应分成五千等份，按地名与分量登入财政部地册中。任何女孤儿如果把一千四百镑的财产交与财政部，财政部依法就应当每年付与她二百镑，按季支付，终身不再纳税。并且应当划与她一份地作为担保。当她结婚以后，她的丈夫不得她本人的允许就不能取出本金。事情应由她本人向某一个财政监督吏提出，该监督吏可按她是自由或被迫的而决定批准与不批准。同时这一笔钱除开她本身的正当用途外，不得挪作他用。取出本金时，财政部偿还的金额无需超过一千镑，而且本年除开在结婚的第一年之外，不应在任何其他时间付与。关于半份地或四分之一份地的财产也可以采取同样的办法。

这对于女性是一种很大的慈善事业。据某些比我更精通这种事务的人说，这对共和国也是有好处的。

从那时起，大洋国的郁积之气开始消失，人们不会装出一副愁眉苦脸的相或迂腐不堪的样子。老年人会记得当初他们也是青年。机智和风流本身绝不会被认为是罪恶，大家都会注意保持它们的纯洁。因此，斯丹纳姆部族的议员，第一监察官卡底斯科斯·德·克勒罗向宗教参议会提出了一个议案。他说过着风流生活，成天在城市里乱跑的妇人名声是很坏的，很难证明她们是依靠自己的财产或勤劳生活的；他还说，如果自己有财产，可是在生活中挥霍浪费则应受到宗教参议会或监察官的督责。这种事情应按下述方式进行。首先以私人的方式向犯禁者提出警告。如果在六个月之内没有改进，就应当把她传到上述参议会或监察官之前加以申斥。如果再过六个月仍然无效，就应禁止她出席任何公共会议、竞技会或娱乐场合。违者就由元老院门警予以逮捕拘留，直至每次违令事件都交付五镑罚金为止。

同时，国内的两个戏院中如果出现任何公共娼妓或在台上出现任何诲盗诲淫的东西，那么每犯一次，戏院院长就将由宗教参议会罚以二十镑。写剧本的人每犯一次就应当加以鞭笞。这一法令和另一条法令有关，也是同一年在同一个时候订立的。

座谈会中的青年人与贤者在维护喜剧方面把事情说清之后，议长就没有其他事情可以考虑，只是要反对前面两条法令所禁止的事情。这一意见很受欢迎，所以国务参议会的两个议长联合提出一个议案，经过一番周折就成了法律。根据这一法律，拨出了十万镑在神光殿的两旁各建一个剧院。并且在官职循环表上增加了两个一年一任的官员——剧院院长，由骑士中选拔。其中一人是悲剧院院长，专门监督悲剧，称为麦尔波门。另一个是喜剧院院长，专门监督喜剧，称为塔利亚。他们的薪金是每年五百镑，由剧院利润中开支。其余的收入，除四个剧作家的薪金每年八百镑以外，都应上交国库。军事执政官在这两个剧院中所选出的桂冠作家可得到价值五百镑的金质桂冠一顶，费用由利润中开支。但人选应由议长座谈会以下列方式选出，事先六个星期通告，然后开会，会上需要获得三分之二的多数票，否则不得当选。

这些事情在我们之中一定会有人议论，但只是那些不知道共和国性质的人才会加以指责。如果我们说那些人是自由的，然而又约制人民天性所好的娱乐中的天才，那便等于是说废话。我曾听说法国的牧师受到同道中明智的人指责，说他们不该禁止舞蹈。那一行中的天才是十分爱好这种艺术的，所以他们就把不愿放弃舞蹈的人都丢失了。他们谴责原先的决定太鲁莽，于是便慢慢地默许自己以往粗暴禁止的东西。大洋国对这些娱乐作了这样规定：

认为这些艺术可以娱乐私人，对于公众也有益处。因为剧院不久就收回了本身的开支，而且获得优厚的收入。这一切绝不会败坏道德，反而会促进道德。因为有些妇女以往牺牲自己的名誉，以便寻求娱乐，现在失去名誉而不能进行娱乐。

在共和国成立后四十一周年，监察官根据每年的惯例报告尼罗河的柱子，结果发现人口增加了将近三分之一。这时元老院便指定军事参议会报告军事开支情况，财政监督吏则报告财政开支情况。军事开支或军队的薪饷与开支旋即由该参议会提出了这样一个账单：

议会军出征薪饷

	每年镑数
军事执政官（出征）	10000
将军 ┌ 骑兵司令	2000
骑兵副司令	2000
炮兵司令	1000
兵站总监	1000
陆军少将	1000
└ 军需总监	1000
陆军准将二人	1000
上校四十人	40000
骑兵队长一百人，每人每年五百镑	50000
步兵队长三百人，每人每年三百镑	90000
骑兵旗手一百人，每人每年一百镑	10000
步兵旗手三百人，每人每年五十镑	15000

八百名 { 军需官 / 军曹 / 号手 / 鼓手 }	··· 20000
骑兵一万人，每人每天二先令六便士	··············· 470000
步兵三万人，每人每天一先令	··························· 50000
军医	·· 400
	合计：1114400
四万名辅助部队约为	··· 1100000
二万名骑兵马匹鞍具	··· 300000
炮手训练费每开炮一次三便士总共	············· 900000
	总计：3414400

武器与弹药未计算在内，由安波利恩武器库供应。车辆费用也未计入，由海军经费中开支。海军经费由关税收入维持。关税由商务参议会管理，由于贸易的增长，这笔收入早就加到一百万镑左右了。元老院听取了军事开支的情况以后，财政监督吏又提出了下列开支账目：

大洋共和国四十一周年财政收支状况表

镑数

自共和国二十一周年起每年自银行收入七十万镑，加利息共为	··· 16000000
自共和国二十一周年起开支账目如下：总项，武器库或安波利恩塔中增加十万人武器	············· 1000000
该库中储存炮弹	·· 300000

该库中储存弹药 …………………………………………… 200000
安波利恩与希尔拉增建公共建筑、下水道、雕像和喷泉
　　等以美化市容、公园、花园、公共道路、游憩场所等 ……1500000
特任大使 ………………………………………………… 150000
　　　　　　　　　　　　　　　　　　　　总计 3150000
财政部人员薪水除外，国库结余 ……………………… 12000000

将以上两个开支表加以比较就可以看出，如果要开支一场八万人参加的战争，共和国便可以维持三年以上不征税。但这种军队如果不崩溃就一定有大进展，否则就会与一切经验、意识、理性等发生冲突。不论是崩溃还是大进展，经费都会大量开销。如果在大进展中处置得宜，就可以获得利益。比如罗马人，除开胜利以外就没有其他有效的办法来充实国库，然而他们的国库却很少空虚。亚历山大计划对波斯作战时，从不问财源如何。马基雅弗利指出，李维曾推论亚历山大如果进攻罗马按理必然会发生一些什么事情，他仔细地衡量了两方面在这样一场战争中需要一些什么，从来没有提到金钱问题。谁也不能想象高卢人、哥特人、汪达尔人、匈奴人、伦巴底人、撒克逊人和诺尔曼人在侵略或征战时要依靠财政的力量。如果有人认为用现代的话来说，那个时代已经成过去，这样就可以答复这些情形；那么试问现代武功最盛的国王、已故的古斯塔夫[①]究竟从瑞典带了一些什么东西到日耳曼去了呢？用一条金腿走路的军队就像有一条木腿一样是瘸的。

[①] 指阿尔道夫·古斯塔夫二世，1611—1632年时的瑞典国王，以武功著称，曾以组织完善、武器精良的本国军队击溃欧洲各国的雇佣军。——译者

但一支正式的军队是有血肉、有神经的，它需要的经费是四百万镑或五百万镑。这样一个数目，在具有大洋国这样的收入的国家里是随时可以取得的，根本无需或很少需要向人民抽税。具有这样一种军队的共和国在世界上到底有什么影响，我就要请历史家来判断了。他们自来的习惯就是专看对外作战，不顾国内革命。国内革命没有那样多浪漫情调，比较枯燥，但对政治家说来却更有益。这一缺点如果在我身上不存在，但在其他现代作家身上却是愈来愈多了，所以我才写了这一本书，抒发己见。但我所写的也许离我所要研究的时代太远，而言论也不足参议庄严的事实。

在我未向执政官告别之前，我还不能离开这个共和国。他是福德配天的公爵，其圣智使国运昌隆，其武功使国基巩固；根据他自己不爽分毫的运转轨道来看，自从开始建国到现在已经是第五十年了。

提木良[①]是一个极端憎恨暴君的人，他无法劝告他的兄弟提木芬尼斯放弃科林斯暴君的地位，于是便把他杀了，后来人民选他当将军。那时西西里人也在暴君的压迫下呻吟，于是他便被派去援救他们。为了这一问题，科林斯共和国最有权威的特勒克莱底斯起来对提木良提出训示，告诉他在远征中应当怎样行动，并告诉他说如果他恢复了西西里人的自由，就会被认为是摧毁了一个暴君。否则他就等于是谋杀了一个君主。提木良领着很小一支军

---

① 提木良（Timoleon）是科林斯的将军，西西里受暴君戴奥尼苏斯压迫时曾由他领军解救，他平乱后引入一万名希腊殖民者，并建立民主制度。后当地人立像纪念他。——译者

队去完成这样伟大的计划。其武勇一时无与伦比，而计谋则尤其过人，八年间他把西西里的暴君根源完全拔除了。人们由于憎恶暴君政治，大量逃离家乡，以致一个一个的城市完全走空了。这时由于他美德名闻四方，而当地土壤又极肥沃，所以从四面八方归来的人有如奔往世界的花园。叙拉古人在城市里献给他一座房子，在乡下献给他一座别墅，两处都是最幽美的地方。他和他的妻室儿女在这儿过着最圣洁、最恬静和最快乐的生活。他绝不以胜利为己功，而把一切都归之于神的庇佑和安排。当他以这种方式生活，并受到人们的尊敬与爱戴时，一个心怀嫉妒的煽动家拉斐斯修斯走来以某种口实传他到人民大会去叫他答复问题。这时人民发生了一阵骚动，以致除了提木良本人以外就没有人能平静他们。他明白这桩事情，向人民提出了谴责，历数他所经过的千辛万苦，为的是使每个人都能自由地运用法律。后来另一个鼓动家德明尼托斯又施用了同样的阴谋，并且无礼地提出他在任将军时所做的事情来在人民面前谴责他。这时提木良没有答复，只是举起手来，感谢上天诸神经常应允他的祈求，他只要活着时看到叙拉古人能像这样自由地生活，他们要质问谁就可以质问谁。

他年老之后，不久就由于先天的缺陷，而双目失明。叙拉古人经常去探望他，他虽然看不见，但他们却把自己的伟大目标显示给他看了。每当有外人到临时，他们都带着那些人去参见这一动人的景象。人民大会发生辩论时，小事情就由自己决定，大事情就经常去请提木良来。他由仆人用椅子抬来，坐在剧院的中央，群众总是接着一阵高呼，然后便有一段时间由人民举行祝祷。提木良提出意见之后，事情就进行投票。投票完毕后，仆人就用椅子把他抬回去。人民在旁边陪同，一边鼓着掌，一边用一切方式表示他们的喜悦与称赞；一直把他送到家里之后，才回去进行自己的事务。这就是提木良的一生，后来他终其天年而死，有如瓜熟蒂落。人民的眼睛这时如秋天的泉水一般涌出了眼泪。

我们的执政官的生和死正和提木良一样。只是他始终五官健全，而且是共和国的缔造者而不是恢复者，所以就更加伟大。有一些完全不谙史迹的人指责我是在编故事。现在他们两人既如此相似，我就不再重复了。我所要说的只是那一年整个大洋国的人民，以致妇人孺子都在哀悼，而且举行了一次前所未有的盛大悲寂的葬礼。葬礼完毕后不久，一座骑着结构优异的铜马的巨像就在万神殿的广场上建立起来了，像座的东面刻上了这样几个字：

令名如珠宝之光。

西面则刻上了这样几个字：

可爱的祖国永远虔诚地纪念大洋国的国父、
执政官和独尊的立法者奥尔佛斯·麦加利托。
并立颂词如下：
疆场所向无敌
信仰坚如磐石
处世肝胆照人
令名万古长青
最伟大的将军

最善良的公爵

最快乐的立法者

最虔诚的基督徒

他使人间的王国获得自由,使天国降临人间。

大洋国五十年立(距生一百十六年)

人名对照表

三画

马基雅弗利（Machiavill）

马利乌斯（Marius）

四画

日耳曼尼古斯（Germanicus）

贝地艾伊（Beidiaei）

贝蒂厄斯（Bertius）

巴博，L.艾米利乌斯（Papo, L. Æmilius）

巴纳苏斯（Parnassus）

以笏（Aod）

以利（Eli）

以利亚（Elijah）

以斯拉（Esdras）

五画

艾克修伯朗修斯，J.（Exuperantius, Jubis）

布拉克通（Bracton）

布朗科斯（Bronchus）

布鲁土斯（Brutus）

卡米卢斯（Camillus）

卡奴里乌斯（Canuleius）

卡尼底斯（Carneades）

卡西乌斯（Cassius）

弗拉科斯（Flaccus）

弗拉铭尼乌斯，T.昆图斯（Flaminius, Titus Qintus）

古斯塔夫，A.（Gustavus, A.）

汉尼拔（Haniball）

叶忒罗（Jethro）

卢孔（Lucan）

卢克莱修，C.（Lucretius, Caius）

尼禄（Nero）

尼细阿斯（Nicias）

包散尼亚（Pausanias）

皮拉多（Pilate）

六画

伊奥鲁斯（Æolus）

伊利达（Eldad）

伊凡德（Evander）

伊索克拉底斯（Isocrates）

亚立司泰提（Aristides）

亚里士多德（Aristotle）

亚历山大（Alexander）

安泰（Antæus）

安东尼，马可（Antony, Marc）

西塞罗（Cicero）

西庇阿（Scipio）

西贡尼阿斯（Sigonius）

西朗奴斯，J.（Silanus, Junius）

米达（Medad）

丢尼修（Dionysius）

多密善（Domitian）

多利亚，安德（Doria, Andrea）

朱莉娅（Julia）

列西阿斯（Lucius）

列哥罗斯, C. 阿迪利乌斯（Regulocos, C.Atilious）

扫罗（Saul）

托勒密（Ptolemy）

吕山德（Lysander）

色诺芬（Xenophon）

约瑟夫斯（Josephus）

约书亚（Joshuah）

七画

玛托（Matho）

玛克森提乌斯（Maxentius）

阿克茜娅（Actia）

阿多修斯（Adoxus）

阿加托克里（Agathocles）

阿杰西莱尤斯（Agesilaus）

阿吉斯（Agis）

阿格利帕，马可（Agrippa, Marcus）

阿格利帕，M.（Agrippa, M.）

阿格丽萍娜（Agrippina）

阿哈拉，S.（Ahala, Sarvilius）

阿基比阿德（Alcibiades）

阿尔柏斯特（Alpester）

阿拉图斯（Aratus）

阿各斯（Argus）

阿利斯托丹姆斯（Aristodemus）

伯干地的查理（Charles of Burgundy）

伯罗庇达斯（Pelopidas）

伯利克里（Pericles）

辛辛纳图斯, T. 昆修斯（Cincinatus, Titus Quintius）

克劳底乌斯，爱皮乌斯（Claudius, Appius）

克列门斯（Cleomenes）

克莉阿帕特拉（Cleopatra）

克拉苏（Crassus）

君士坦丁（Constantine）

库尼乌斯，彼特奴斯（Cuneaus, Petrus）

库尼乌斯，M.（Curius, Marcus）

希律（Herod）

李维（Livy）

麦克纳斯（Maecenas）

麦加利托，奥尔佛斯（Megaletor, Olphaus）

麦尔波门（Melpommene）

麦托奴斯，Q.卡西里乌斯（Metellus, Q.Caecilius）

努马（Numa）

佛斯佛奴斯（Phosphorus）

八画

欧麦尼斯（Eumenes）

杰弗里（Geoffrey）

耶弗他（Jephtha）

拉吉乌斯，T.（Largius, T.）

拉斐斯修斯（Laphystius）

拉雷，W.（Raleigh, Sir Water）

罗利丹诺，D.（Loridano, D.）

罗波安（Rehoboam）

罗慕洛（Romulus）

罗布利伊（Rupilii）

弥提阿狄斯（Miltades）

帕皮里乌斯（Papyrius）

帕西妮娅（Parthenia）

帕修斯（Perseus）

波罗克斯（Pollux）

波利比乌斯（Polybius）

波利多尔（Polydore）

波米利亚（Pomaeria）

波斯特休米乌斯，M.（Posthumius, Marcus）

波斯特宇麦斯，A.（Posthumus, Agrippa）

庞培（Pompey）

参孙（Samson）

所罗门（Solomon）

苏旦尼乌斯（Suetonius）

苏拉（Sylla）

底比斯（Thebes）

底修斯（Theseus）

图利乌斯，塞维尤斯（Tullius, Servius）

图博（Turbo）

九画

恺撒，凯尤斯（Cæsar, Caius Julius）

寅梦（Cimon）

柯克（Cook）

哈德良（Adrian）

哈利堪纳苏斯（Halicarnaseus）

哈维，W.（Harvey, W.）

科朗奴斯（Coraunus）

科利阿朗奴斯（Coriolanus）

科尔维奴斯（Corvinus）

革拉古，提庇略（Gracchi, Tiberius）

革拉古，盖乌斯（Gracchi, Gaius）

查士丁尼（Justinian）

俄陀聂（Othoniel）

保罗（Paul）

柏拉图（Plato）

奎克修斯（Quictius）

修昔底德（Thucidides）

贺雷西（Horace）

费边（Fabius）

费拉都斯（Philautus）

十画

哥伦布（Columbus）

莱喀古斯（Lycurgus）

埃魁（Aequi）

埃德蒙（Edmund）

埃皮蒙奴斯（Epimonus）

埃色利德（Ethelred）

格老克斯（Glaucus）

格林曼尼，安东尼（Grimani, Antonio）

格劳修斯（Grotius）

桑地斯（Sandes）

特勒克莱底斯（Teleclides）

特密斯托克利斯（Themistocles）

爱皮乌斯（Appius）

爱密乌斯（Emmius）

荷诺里乌斯（Honorius）

十一画

菲比（Phaebean）

菲利士（Phaleas）

菲勒德菲斯（Philadelphus）

菲洛匹门（Philopœmen）

萨利纳托（Salinator）

萨勒斯特（Sallust）

谢维路斯，A.（Severus, Alexander）

康塔里尼（Contarini）

康尼莉娅（Cornelia）

基甸（Gideon）

基达（Kedar）

曼利阿斯，M.（Manlius, Marcus）

莫利乌斯，S.（Melius, Spurius）

理查（Richard）

第欧根尼（Diogenes）

梭伦（Solon）

维罗拉密厄斯（Verulamius）

维图修斯，T.（Vetusius, Tilus）

维琪尔（Virgil）

维吉尼乌斯，A.（Virginius, Aulus）

维吉尼乌斯，P.（Virginius, P.）

维勒罗（Volero）

十二画

博卡里尼（Boccalini）

喀尔文（Calvine）

喀提林（Catiline）

奥古斯特（Augustus）

奥伦治（Aurange）

奥维伯利（Overbury）

奥利维勒托（Oliveretto）

渥大维娅（Octavia）

腓力（Phillip）

普里尼（Plinie）

普卢塔克（Plutarch）

普布利科拉，维拉利乌斯（Publicola, Valerius）

斯平狄欧斯（Spendius）

斯派，彼勒格斯（Spy, peregrine）

提木良（Timoleon）

提木芬尼斯（Timophanes）

十三画

塔西佗（Tacitus）

塔昆（Tarquine）

塔利亚（Thalia）

詹诺蒂（Janotti）

塞尔吉乌斯，M.（Sergius, Marcus）

塞涅卡（Seneca）

塞维奴斯（Servilius）

塞尔维尤斯（Servius）

鲍罗斯，L. 艾末利乌斯（Paulus, Lucius Æmilius）

十四画

黎塞留（主教）（Richelieu〔Cardinal〕）

十五画

德·阿治，Ph.（de Auge, Phosphorus）

德·卡多西，H.（de Caduceo, Herm）

德·克勒罗，C.（de Clero, Cadiscus）

德·克罗克亨，A.（de Crookhorne, Argus）

德·恩尼阿，D.（de.Enyo, Dolabella）

德·佛尔明，A.（de Fulmine, Alpester）

德·加博，Ph.（de Garbo, Philautus）

德·加拉勒，E.（de Garrula, Epimonus）

德·基尔佛，C.（de Gilvo, Calcar）

德·霍利瓦特，B.（de Holiwater, Boris-tenes）

德·伊斯摩，A.（de Isthmo, Aratus）

德明尼托斯（Demaenetus）

德马拉都斯（Demaratus）

德·帕拉罗，N.（de Paralo, Navarchus）

德·罗科，B.（de Rauco, Bronchus）

德·林武，S.（de Ringwood, Saltum）

德·西塔尔，L.（de Seytale, Laco）

德·斯特拉，L.（de Stella, Lynceus）

德·色替伯斯，M.（de Syrtibus, Mago）

德·乌尔纳，G.（de Ulna, Glaucus）

德·武尔萨克，A.（de Woolsacke, Aureus）

德奥庞普（Theopomp）

德菲厄斯（Morpheus）

摩西（Moses）

纳古斯（Panurgus）

十六画

霍布斯[①]（Hobbes）

十七画

戴奥尼苏斯（Dionysius）

戴克托密（Dictome）

戴西阿古斯（Dicaearchus）

---

① 书中以其著作《利维坦》出现。

汉译文学名著

第一辑书目（30种）

伊索寓言	〔古希腊〕伊索著	王焕生译
一千零一夜		李唯中译
托尔梅斯河的拉撒路	〔西〕佚名著	盛力译
培根随笔全集	〔英〕弗朗西斯·培根著	李家真译注
伯爵家书	〔英〕切斯特菲尔德著	杨士虎译
弃儿汤姆·琼斯史	〔英〕亨利·菲尔丁著	张谷若译
少年维特的烦恼	〔德〕歌德著	杨武能译
傲慢与偏见	〔英〕简·奥斯丁著	张玲、张扬译
红与黑	〔法〕斯当达著	罗新璋译
欧也妮·葛朗台 高老头	〔法〕巴尔扎克著	傅雷译
普希金诗选	〔俄〕普希金著	刘文飞译
巴黎圣母院	〔法〕雨果著	潘丽珍译
大卫·考坡菲	〔英〕查尔斯·狄更斯著	张谷若译
双城记	〔英〕查尔斯·狄更斯著	张玲、张扬译
呼啸山庄	〔英〕爱米丽·勃朗特著	张玲、张扬译
猎人笔记	〔俄〕屠格涅夫著	力冈译
恶之花	〔法〕夏尔·波德莱尔著	郭宏安译
茶花女	〔法〕小仲马著	郑克鲁译
战争与和平	〔俄〕列夫·托尔斯泰著	张捷译
德伯家的苔丝	〔英〕托马斯·哈代著	张谷若译
伤心之家	〔爱尔兰〕萧伯纳著	张谷若译
尼尔斯骑鹅旅行记	〔瑞典〕塞尔玛·拉格洛夫著	石琴娥译
泰戈尔诗集：新月集·飞鸟集	〔印〕泰戈尔著	郑振铎译
生命与希望之歌	〔尼加拉瓜〕鲁文·达里奥著	赵振江译
孤寂深渊	〔英〕拉德克利夫·霍尔著	张玲、张扬译
泪与笑	〔黎巴嫩〕纪伯伦著	李唯中译
血的婚礼——加西亚·洛尔迦戏剧选	〔西〕费德里科·加西亚·洛尔迦著	赵振江译
小王子	〔法〕圣埃克苏佩里著	郑克鲁译
鼠疫	〔法〕阿尔贝·加缪著	李玉民译
局外人	〔法〕阿尔贝·加缪著	李玉民译

汉译文学名著

第二辑书目（30种）

枕草子	〔日〕清少纳言著	周作人译
尼伯龙人之歌	佚名著	安书祉译
萨迦选集		石琴娥等译
亚瑟王之死	〔英〕托马斯·马洛礼著	黄素封译
呆厮国志	〔英〕亚历山大·蒲柏著	李家真译注
波斯人信札	〔法〕孟德斯鸠著	梁守锵译
东方来信——蒙太古夫人书信集	〔英〕蒙太古夫人著	冯环译
忏悔录	〔法〕卢梭著	李平沤译
阴谋与爱情	〔德〕席勒著	杨武能译
雪莱抒情诗选	〔英〕雪莱著	杨熙龄译
幻灭	〔法〕巴尔扎克著	傅雷译
雨果诗选	〔法〕雨果著	程曾厚译
爱伦·坡短篇小说全集	〔美〕爱伦·坡著	曹明伦译
名利场	〔英〕萨克雷著	杨必译
游美札记	〔英〕查尔斯·狄更斯著	张谷若译
巴黎的忧郁	〔法〕夏尔·波德莱尔著	郭宏安译
卡拉马佐夫兄弟	〔俄〕陀思妥耶夫斯基著	徐振亚、冯增义译
安娜·卡列尼娜	〔俄〕列夫·托尔斯泰著	力冈译
还乡	〔英〕托马斯·哈代著	张谷若译
无名的裘德	〔英〕托马斯·哈代著	张谷若译
快乐王子——王尔德童话全集	〔英〕奥斯卡·王尔德著	李家真译
理想丈夫	〔英〕奥斯卡·王尔德著	许渊冲译
莎乐美 文德美夫人的扇子	〔英〕奥斯卡·王尔德著	许渊冲译
原来如此的故事	〔英〕吉卜林著	曹明伦译
缎子鞋	〔法〕保尔·克洛岱尔著	余中先译
昨日世界：一个欧洲人的回忆	〔奥〕斯蒂芬·茨威格著	史行果译
先知 沙与沫	〔黎巴嫩〕纪伯伦著	李唯中译
诉讼	〔奥〕弗兰茨·卡夫卡著	章国锋译
老人与海	〔美〕欧内斯特·海明威著	吴钧燮译
烦恼的冬天	〔美〕约翰·斯坦贝克著	吴钧燮译

汉译文学名著

第三辑书目（40种）

埃达	〔冰岛〕佚名著　石琴娥、斯文译
徒然草	〔日〕吉田兼好著　王以铸译
乌托邦	〔英〕托马斯·莫尔著　戴镏龄译
罗密欧与朱丽叶	〔英〕莎士比亚著　朱生豪译
李尔王	〔英〕莎士比亚著　朱生豪译
大洋国	〔英〕哈林顿著　何新译
论批评　云鬈劫	〔英〕亚历山大·蒲柏著　李家真译注
论人	〔英〕亚历山大·蒲柏著　李家真译注
亲和力	〔德〕歌德著　高中甫译
大尉的女儿	〔俄〕普希金著　刘文飞译
悲惨世界	〔法〕雨果著　潘丽珍译
安徒生童话与故事全集	〔丹麦〕安徒生著　石琴娥译
死魂灵	〔俄〕果戈理著　郑海凌译
瓦尔登湖	〔美〕亨利·大卫·梭罗著　李家真译注
罪与罚	〔俄〕陀思妥耶夫斯基著　力冈、袁亚楠译
生活之路	〔俄〕列夫·托尔斯泰著　王志耕译
小妇人	〔美〕路易莎·梅·奥尔科特著　贾辉丰译
生命之用	〔英〕约翰·卢伯克著　曹明伦译
哈代中短篇小说选	〔英〕托马斯·哈代著　张玲、张扬译
卡斯特桥市长	〔英〕托马斯·哈代著　张玲、张扬译
一生	〔法〕莫泊桑著　盛澄华译
莫泊桑短篇小说选	〔法〕莫泊桑著　柳鸣九译
多利安·格雷的画像	〔英〕奥斯卡·王尔德著　李家真译注
苹果车——政治狂想曲	〔爱尔兰〕萧伯纳著　老舍译
伊坦·弗洛美	〔美〕伊迪斯·华尔顿著　吕叔湘译
施尼茨勒中短篇小说选	〔奥〕阿图尔·施尼茨勒著　高中甫译
约翰·克利斯朵夫	〔法〕罗曼·罗兰著　傅雷译
童年	〔苏联〕高尔基著　郭家申译
在人间	〔苏联〕高尔基著　郭家申译
我的大学	〔苏联〕高尔基著　郭家申译

地粮	〔法〕安德烈·纪德著	盛澄华译
在底层的人们	〔墨〕马里亚诺·阿苏埃拉著	吴广孝译
啊,拓荒者	〔美〕薇拉·凯瑟著	曹明伦译
云雀之歌	〔美〕薇拉·凯瑟著	曹明伦译
我的安东妮亚	〔美〕薇拉·凯瑟著	曹明伦译
绿山墙的安妮	〔加〕露西·莫德·蒙哥马利著	马爱农译
远方的花园——希梅内斯诗选	〔西〕胡安·拉蒙·希梅内斯著	赵振江译
城堡	〔奥〕弗兰茨·卡夫卡著	赵蓉恒译
飘	〔美〕玛格丽特·米切尔著	傅东华译
愤怒的葡萄	〔美〕约翰·斯坦贝克著	胡仲持译

图书在版编目（CIP）数据

大洋国 /（英）詹姆士·哈林顿著；何新译. —北京：商务印书馆，2022
（汉译世界文学名著丛书）
ISBN 978-7-100-21449-0

Ⅰ.①大… Ⅱ.①詹… ②何… Ⅲ.①政治思想史—英国 Ⅳ.① D095.61

中国版本图书馆 CIP 数据核字（2022）第 129235 号

权利保留，侵权必究。

汉译世界文学名著丛书
大洋国
〔英〕詹姆士·哈林顿 著
何新 译

商 务 印 书 馆 出 版
（北京王府井大街36号 邮政编码100710）
商 务 印 书 馆 发 行
北京中科印刷有限公司印刷
ISBN 978 - 7 - 100 - 21449 - 0

2022年9月第1版　　　　开本 850×1168　1/32
2022年9月北京第1次印刷　　印张 10¾

定价：58.00 元